10堂国学智慧课

方习文 编著

全国百佳图书出版单位
时代出版传媒股份有限公司
黄山书社

图书在版编目(CIP)数据

10堂国学智慧课 / 方习文编著.—合肥：黄山书社,2022.10
ISBN 978-7-5461-9973-3

Ⅰ.①1… Ⅱ.①方… Ⅲ.①国学-通俗读物 Ⅳ.①Z126-49

中国版本图书馆CIP数据核字(2022)第002645号

10 堂 国 学 智 慧 课

SHI TANG GUOXUE ZHIHUI KE

方习文　编著

出 品 人　贾兴权
责任编辑　张　锐　王陶然
责任印制　李　磊
装帧设计　李　昕
出版发行　黄山书社(http://www.hspress.cn)
地址邮编　安徽省合肥市蜀山区翡翠路1118号出版传媒广场7层　230071
印　　刷　安徽联众印刷有限公司
版　　次　2023年1月第1版
印　　次　2023年1月第1次印刷
开　　本　787 mm × 1092 mm　1/16
字　　数　200千字
印　　张　17
书　　号　ISBN　978-7-5461-9973-3
定　　价　59.00元

服务热线　0551-63533706
销售热线　0551-63533761
官方直营书店(https://hsss.tmall.com)

目　录

第1课 《易经》的智慧启示

《易经》含有两个部分,“经”与“传”。“经”成书远早于“传”,编定大约在西周初年。“传”其实就是对“经”的解释、解说,大约在战国后期编定。“经”是占卜的书,“传”是解释“经”的书。二者既有区别,又有联系。

《易经》在西汉之前不叫《易经》,叫《周易》。到了汉武帝时,《周易》才被抬高到经典的地位,被尊称为《易经》,并排在众经之首,成为历朝历代封建社会教科书,也是天下知识分子的必读之书。

《易经》很难懂,内容古奥、玄妙、抽象。举个例子,先看首篇《乾》:

> 乾:元,亨,利,贞。
>
> 初九,潜龙,勿用。
>
> 九二,见龙在田,利见大人。
>
> 九三,君子终日乾乾,夕惕若厉。无咎。
>
> 九四,或跃在渊,无咎。
>
> 九五,飞龙在天,利见大人。

上九，亢龙，有悔。

用九，见群龙无首，吉。

这是“经”的部分，怎么理解？不好懂。

再看“传”：

初九曰“潜龙勿用”，何谓也？子曰：“龙，德而隐者也。不易乎世，不成乎名，遁世无闷，不见是而无闷。乐则行之，忧则违之，确乎其不可拔，‘潜龙’也。”

这段解释也不好懂。“初九”是什么意思，没有解释，只解释了“潜龙勿用”，而且是用孔子的解释，这也只能算是孔子的一家之言。

一、一部充满智慧的伟大的书

《易经》堪称我国文化的源头，几千年来对中国多个领域都产生了极其深远的影响。孔孟之道、老庄学说、《孙子兵法》、《黄帝内经》都与其有着密切的联系。《易经》创造了中国人独特的思维方式，体现了中国人独特的智慧。

中国的历法、政治、军事、文化、中医，都受到《易经》的影响。譬如中医学把《易经》中的阴阳之道和五行生克之理作为看病、治病的指导思想和方法论，所以自古就有“易医不分”之说。

成语和俗语，是汉语的独特现象，它们被固定下来，被不断承传，作用于我们的思想、价值观。很多至今仍备受推崇的成语和俗语就是来自《易经》。如：

自强不息——《乾》卦《象》辞："天行健，君子以自强不息。"

厚德载物——《坤》卦《象》辞："地势坤。君子以厚德载物。"

与时俱进——《乾》卦《文言》辞："与时偕行。"

惩恶扬善——《大有》卦《象》辞："君子以遏恶扬善，顺天休命。"

求同存异——《睽》卦《象》辞："君子以同而异。"

劳民伤财——《节》卦《象》辞："不伤财，不害民。"

突如其来——《离》卦《象》辞："'突如其来如'，无所容也。"

进退存亡——《乾》卦《文言》辞："知进退存亡而不失其正者，其唯圣人乎！"

刚柔相济——《系辞上》辞："是故刚柔相摩，八卦相荡。"

从一而终——《恒》卦《象》辞："妇人贞吉，从一而终也。"

耳聪目明——《鼎》卦《彖》辞："巽而耳目聪明。"

防患未然——《既济》卦《象》辞："既济。君子以思患而豫防之。"

居安思危——《系辞下》辞："是故君子安而不忘危。"

革故鼎新——《杂卦》辞："《革》，去故也。《鼎》，取新也。"

《易经》传入日本后，备受推崇。日本学者对《易经》的研究，不论在"学"的方面，还是在"术"的方面，都有很高的成就。

韩国受《易经》影响颇深，对《易经》有一种特殊的感情，所以，韩国把《易经》八卦太极图（取了乾卦、坤卦、离卦、坎卦四卦）选为本国的国旗图案。韩国人对《易经》的崇拜程度由此可见一斑。

二、《易经》的核心要义

《易经》本叫《周易》，这个名字值得玩味。“周”，它的第一个意思是“周代”，或者说“周人”“周民族”，所以将《周易》理解为周代或者周人的作品是没有问题的。“周”的第二个意思是“周到”“周密”“周全”，意味着《易经》讲的事情无所不包，非常全面，且非常严谨合理。“周”的第三个意思是“周转”，周而复始，循环往复，生生不息。

“易”也有三个意思。第一个意思是“简易”。这似乎并不难懂。《易经》的内容就是“六十四卦”，六十四个符号，以及这些符号的名称（卦名）和解释（卦辞、爻辞）。从表面看，确实是够简单的。

这一层意思告诉我们，真理简单明了，易懂易行。反过来也说明，很多东西是被人自己弄复杂了，越复杂就越糊涂，也就越远离真理。生活的真理就是这样：人饿了怎么办？简单，找食物。天气炎热了怎么办？无论怎么做，根本目的是消暑就对了，就这么简单。

《易经》的简易也是最高的原则。宇宙间无论多么奥妙的事物，只要我们有足够的智慧了解它们，这些事物就会变得平凡且简单。把那么复杂的道理，变得非常简化，叫作简易。《易经》首先告诉我们：尽管宇宙间的事物随时都在变，但在我们懂了原理、原则以后，错综复杂的现象也会变得非常简单。

“易”的第二层意思是“变易”。变易，就是真理虽然简单，但是世界是不断变化的。同样是天气炎热，今天和昨天不同，今年与去年不同,人与人感受到的温度不同,所以面临的具体情况不同,落实到每一次消暑的方法上自然也不一样。不能天天吃冰激凌,人是爽快了,但是肚子可能受不了。这一层意思虽然好理解,但并不是很多人都会觉察到变化,并且因变而变,顺势而变,这里面有智慧的考量。

在时空当中,没有一事、一物、一种情况、一种思想是不变的。时间不同,环境不同,情感亦不同,精神亦不同,万事万物,随时随地,都在变中,没有不变的事物。所以学《易经》先要知道“变”,不但知变而且能适应这个变,这就是为什么不学《易》不能为将相的道理。

由这一点,我们同时亦了解到印度佛学中的一个名词“无常”。这个名词被一些佛教徒慢慢地变成带有迷信色彩的词汇。实际上“无常”这个名词,是一种佛理,意思是世界上没有一种东西能永恒存在,所以名为“无常”,这就是《易经》中变易的道理。我们中国文化中的《易经》,是将变化视为原则,宇宙中的万事万物,没有不变的,非变不可,这是原则。印度人则是将变化视为现象,譬如看见一幢房子盖起来,这房子将来一定会倒,看见人生下来,也一定会病、会老、会死,这是看现象,因而名之为“无常”。

“易”的第三层意思是“不易”。不易就是不变,不变就是规律。所以《易经》讲简单易行的真理,也讲永恒不变的真理。万事万物随时随地都在变,可是却有一项永远不变的东西存在,就是能变出来万象的那个东西是不变的,那是永恒存在的。那个东西是什么呢?宗教家称它为“上帝”“神”“主宰”“佛”“菩萨”,哲学家称它为“本体”,科学家称它为“功能”。

《易经》把阴阳变化看成是宇宙中不变的定律。但这种变化是在三个维度上进行的，即理、象、数。《易经》认为，宇宙间万事万物都有它们的理，也有它们的象；反过来，宇宙间的任何一个象，也一定有它的理，同时每个象，又一定有它的数。《易经》中的每一卦、每一爻都包含理、象、数三个维度的内容。人的智慧就是要懂得理、象、数之间的变化关系。弄懂了事物的变化关系，就会成为智慧通达之人。

这是《易经》的三个原则，先要懂得。如果总结一下《易经》的特点，它主要体现了“三观”：本质观、系统观、运动观（变化观）。

什么是本质？两个字：阴阳。《系辞上》有一句话：“一阴一阳之谓道。”

《红楼梦》中第三十一回，史湘云和她的丫鬟翠缕讨论阴阳。

> 翠缕道：“他们那边有棵石榴，接连四五枝，真是楼子上起楼子，这也难为他长。”湘云道：“花草也是和人一样，气脉充足，长的就好。”翠缕把脸一扭，说道：“我不信这话！要说和人一样，我怎么不见头上又长出一个头来的人？”
>
> 湘云听了，由不得一笑，说道：“我说你不用说话，你偏爱说。这叫人怎么好答言？天地间都赋阴阳二气所生，或正或邪，或奇或怪，千变万化，都是阴阳顺逆；就是一生出来人人罕见的，究竟道理还是一样。”翠缕道：“这么说起来，从古至今，开天辟地，都是些阴阳了？”湘云笑道：“糊涂东西，越说越放屁。什么‘都是些阴阳’！况且‘阴’‘阳’两个字，还只是一个字：阳尽了，就成阴；阴尽了，就成阳；不是阴尽了又有一个阳

生出来;阳尽了又有个阴生出来。”

…………

翠缕又点头笑了。还要拿几件东西要问,因想不起什么来,猛低头看见湘云宫绦上的金麒麟,便提起来,笑道:“姑娘,难道这个也有阴阳?”湘云道:“走兽飞禽,雄为阳,雌为阴;牝为阴,牡为阳:怎么没有呢。”翠缕道:“这是公的,还是母的呢?”湘云啐道:“什么‘公’的‘母’的!又胡说了。”翠缕道:“这也罢了,怎么东西都有阴阳,咱们人倒没有阴阳呢?”湘云沉了脸说道:“下流东西,好生走罢,越问越说出好的来了!”翠缕道:“这有什么不告诉我的呢?我也知道了,不用难我。”湘云“扑哧”地笑道:“你知道什么?”翠缕道:“姑娘是阳,我就是阴。”湘云拿手帕子掩着嘴笑起来。翠缕道:“说的是了,就笑得这么样?”湘云道:“很是,很是!”翠缕道:“人家说主子为阳,奴才为阴,我连这个大道理也不懂得?”湘云笑道:“你很懂得。”

世间的一切事物都有阴阳,或者说分为阴阳,或者说有阴性、阳性。任何事物都是一对一对出现的,不可能只有一个方面。有些事物看上去可能有很多方面,本质上还是一对。阴阳既对应事物的存在,也对应事物的性质和结果。人分为男女。单个人,看得见的是“身”,看不见的是“心”,前者是“阳”,后者是“阴”。人的动机无非是“善”或者“恶”,行动的结果无非是“凶”或者“吉”。

抓住了“阴阳”二字,就抓住了根本,就可以将复杂的问题简单化、本质化。但是不太好理解的是,“阴阳”是一种关系。这种关系看似简单，但是运动起来有点复杂。不过《易经》还是找到了这些关系存在的基本规律，主要是四种形态：相生、相克、共存、转化。相生，没有你，就没有我，有了你，就有了我；相克，看似对立不和，又是互相制约、补充；共存是你离不开我，我离不开你；转化是你变成我，我变成你，或者孕育出一个新的“你我”。

三、《易经》的知识体系

怎么进一步理解《易经》的核心要义？《易经》有一套自身的知识体系。大家已经知道《易经》有“经”“传”，这是文字性的，它还有一套符号体系。实际上文字性的东西是用来说明符号体系的。也就是说，首先要弄懂符号体系，再参照文字，最后结合个人感悟与实际情况，这样才能很好运用《易经》。

《系辞上》说：“是故《易》有太极，是生两仪，两仪生四象。四象生八卦。”

简单解释一下符号体系。一根实线叫阳爻，一根虚线叫阴爻。《系辞下》说：“爻也者，效天下之动者也。”爻就是仿效天下运动的事物。实线就是阳，虚线就是阴。这就是两仪。

因为运动，所以实线上再加一根实线，叫“太阳”或者“老阳”，实线上加一根虚线，叫“少阴”；虚线上加一根实线，叫“少阳”；虚线上加一根虚线，叫“太阴”或者“老阴”。这就是“四象”。所有符号的推演是从下往上的。要从基础开始，从根本开始。“四象”是推演的第一步。

第二步就是在“四象”四个符号上，各自再加一根爻。每一卦形代表一定的事物。乾代表天，坤代表地，巽代表风，震代表雷，坎代表水，离代表火，艮代表山，兑代表泽。八卦就像八只无限无形的大口袋，把宇宙中万事万物都装了进去。当然八卦还代表不同的方位，也可以代表其他事物的构成。

朱熹还发明了八卦记忆的办法：

乾三连，坤六断，震仰盂，艮覆碗，离中虚，坎中满，兑上缺，巽下断。

八卦也是一对一对出现的。八卦互相搭配又变成六十四卦。如果理解了八卦，推算六十四卦则不难。

再回到六十四卦第一卦，"经"文是这样：

乾：元，亨，利，贞。
初九，潜龙，勿用。
九二，见龙在田，利见大人。
九三，君子终日乾乾，夕惕若厉。无咎。
九四，或跃在渊，无咎。
九五，飞龙在天，利见大人。
上九，亢龙，有悔。
用九，见群龙无首，吉。

"乾"，卦名，画出来就是，下面三根实线（阳爻），上面三根实线（阳爻）。"乾"是什么意思，"元，亨，利，贞"四个字又是什么意思，各有不同的解释，但都代表大吉大利。经文里面出现“龙”的形象，“龙”是中国人崇拜的神物，后来成为帝王的专用之物，至高至大，阳刚威猛。里面还有“大人”“君子”的形象。

这段经文字面上的意思可简单解释为：初始阶段，潜龙潜伏，默默无闻，还不能用。随着时间推移，在田野上看见龙的影子，暗示大才大德之人的出现。君子自强不息，努力不懈，小心谨慎，有压力甚至有危险，但没有灾祸。可能崭露头角，可能伺机而动，没有灾祸。一跃飞天，受到大才大德之人的拥戴。潜龙飞得过高，会遇到困厄。这一卦，事物不断转化，看见天空出现一群巨龙，首尾不见，变化无穷，预示大吉大利。

这一卦预示美好事物发展变化的规律，从潜伏、努力到成功，从酝酿、低级到高级的变化，它的主导方向是吉利。但是里面的思想也是辩证的。如潜伏期，就像地下的种子一般，不要急着用。如奋斗期，虽然艰苦卓绝，过于辛苦，同时会面临困难，但只要自励自律，是可以渡过难关的。离成功不远的时候，也不要急于求成，此时可能一跃成名，也可能暂时默默无闻，但是没有灾祸，前途依然是美好的。升得太快，爬得过高，未必是好事。物极必反，福祸相生，高处不胜寒。所以要面对，又要自我警醒。这是上上签，结果很好，既要树立信心，又要把握好每一个环节。

再看“传”对这一卦是怎么解释的。

初九曰“潜龙勿用”，何谓也？子曰：“龙，德而隐者也。不易乎世，不成乎名，遁世无闷，不见是而无闷。乐则行之，忧则违之，确乎其不可拔，‘潜龙’也。”

这是一段孔子的解释，孔子将“潜龙”比喻为品德高尚、意志坚定、是非鲜明、知行合一的君子，算是孔子的理解与发挥。

总之，《易经》的知识体系，主要是由“太极”“两仪”“四象”“八卦”“六十四卦”构成符号体系，“经”构成文字说明，至于“传”则是结合“六十四卦”、围绕“经”再作的文字说明。

四、八卦中的生活启示

《易经》的思维模式和表述方式非常奇特，不像其他经典是用文字来表述思想，《易经》是用象、数、理、占四位一体的思维模式来表述其思想的。虽然也有文字，但很简练。如果弄不懂象、数的含义，只看这些文字，犹如看天书。因为这些文字是在象、数的思维基础上所说的“理”，它是供占卜者占卦时断吉凶的参考语。

了解《易经》，只要了解一些基本的东西，并加以自己的感悟，有益于自己的成长与生活就可以了。“大道至简”，这是《易经》的特点之一，在“简”中感悟变和不变的道理才是最重要的。

乾卦的卦象是天，特质是“健”——强健，所谓“天行健，君子以自强不息”，有着强烈的男性特质。乾卦三爻皆阳，是纯阳之卦。乾卦虽然强健有力、一往无前，正所谓物极必反，至刚易折，所以又有欠安之象，蕴含向反方向逆转的征兆。

对于男性，这正是最值得警惕和学习的地方。因为生理和心理原因，男人强势起来容易，但如果完全不知收敛，就会产生破坏力。比如：对妻子，过于强势就会造成大男子主义的现象；对孩子，过于强势就可能施加暴力；在职场，过于强势就会刚愎自用并得罪人。这样的男人，其实就是收敛的功夫还没有练就，强中含弱、柔中带刚的秉性还没有修成。万法都是阴阳和合。只有两者兼备，刚强中有韧劲，才能真正地顶天立地。所以，男性学会示弱才是智慧。

坤卦的卦象是地，特质是“顺”——顺下，所谓“地势坤，君子以厚德载物”“上善若水，善利万物而不争”。这种品行，让人自然而然地想到女性。

坤的特性就是包容万事万物，平静和睦，承受忍让。简言之就是：身份上是贤妻良母，待人上是温暖宽厚，内心里是安忍坚韧，姿态上是宽容顺下。

顺下，绝非屈服于男权之下，而是明白男女无论是生理还是心理，的确有别，因而各有其适当的位置。这种位置是平等的，而不是非要女性去做男性擅长、得力的事情才叫平等。对于这一点，女性需要重新思考，男性也应反省自己对这种“各居其位，并行不悖，举案齐眉”是否不够尊重。

震卦的卦象是雷，特质是“动”——震动、震荡。但因为可以荡除沉闷、污浊之气，又未必不是一种亨通畅达。所谓阳光总在风雨后。

人生的际遇，平静顺心的时候总是显得少，坎坷动荡的时候总是那么多，有时甚至还有雷霆霹雳、暴风骤雨。我们应当如何对待人生的顺境和逆境呢？震卦正好可以为我们提供启示，它指向的是一点——心态。于是此卦的象传才说：“君子以恐惧修省。”

在顺境之时，不得意忘形，而是淡然处之；在逆境之时，不慌乱失态，而是泰然自若。只有心中具备一份坚实厚重、实实在在的修养，展现在外人面前才能是这样一种宠辱不惊、安之若素的教养，也才能如震卦所揭示的那样，涤荡污浊沉闷，迎来清朗畅达。老子说："祸兮福之所倚，福兮祸之所伏。"无论何时，淡定且具有平常心、态度平和从容才是最重要的。

巽卦的卦象是风，特质是"入"，合之就是长风不绝、无孔不入，说的是一种顺达，"巽"的意思就是"顺"。此卦讲顺从他人才能受益，也就是要谦让恭顺，是关系人际交往、为人处世的一卦。

占卜上对此卦的形容是："一叶孤舟落沙滩，有篙无水进退难；时逢大雨江湖溢，不用费力任往返。"从为人处世的角度去看，说的正是一个人如果没有谦让恭顺的态度，就会成为一叶孤舟，陷入有篙无水的境地。什么是这个水呢？就是学会对人谦虚、待人恭敬的人际交往之道。朋友多起来，人脉旺起来，水自然就满了，自己的人生才能如鱼得水、乘风破浪。

内心谦恭是一种修养，对人谦恭则是一种教养。哪怕内心的修养不足，如果外在能尽量做到谦恭，也会反过来涵养自己的修养。巽卦，就是告诉你，对人谦逊，待人恭敬，真诚待人。

坎卦的卦象是水，特质是"陷"，合之即陷进水坑。越是身处险境，越是要谨慎，学会等待时机，不可轻举妄动。

但能不能谨慎，其实要看平时的态度，一个平时就不认真谨慎的人，到了紧要关头也只能慌乱，不可能突然谨慎起来。这就要求我们在平时就要具备这种谨慎做事的态度，不断地提高自己的涵养。

无论是自己的本职工作，还是答应帮别人做的事，认真负责、谨慎行之原就是本分。如果做不到，也只能说教养不足了。所以此卦的象传就说:“君子以常德行,习教事。”要求人不断砥砺自己的德行,认真负责,谨慎细致。

离卦的卦象是火,特质是“丽”,合之有艳阳高照之意,所谓“日月丽乎天”。中国人喜欢的生活,是红红火火,热热闹闹。但是中国人还有一句话,叫大喜大悲,乐极生悲。“离”与“丽”这两个含义截然相反的字,让人想到当下的婚姻状况。离卦虽然本意不在婚姻,却能为现代婚姻提供某些启示。

离婚的理由不同,但说到底往往都是感情不和。离卦是火之象,如果两个人都像火一样,争相燃烧,争夺光芒,互相烧灼,不肯退让一步,也不肯努力去理解和谅解对方,除了冲突、不和,又能有什么好结果呢?家庭之中其他家庭成员之间的关系,也是同理。

离卦之“丽”,有附着之意,即依附,需要一方弱下来。如果夫妻一方能作出妥协,站在对方的角度想一想,矛盾至少能得到缓和;如果能感染到对方同样将心比心,矛盾不仅能够得到解决,还能更增恩爱。当然,妥协和理解是互相的,不能完全要求其中一方。如此,自然就能艳阳高照了。离卦也含有行事应中正之意,道理就在这里。

离卦,事关家庭教养:婚姻严肃,莫当儿戏。

艮卦的卦象是山,特质是“止”——止住,停下。此卦说的是言行要谨慎,当行则行,当止则止;当说则说,不当说则不说。卦象之山,强调的就是这止的力度。山之高大厚重,人前人后则正是沉甸甸的教养和修养。

言行是一门艺术,得体是一种追求。言之得体,就在于懂得适时沉默,该说的时候说,但懂得把握度。行之得体,核心就在于礼貌二字，无论动静，皆以不失礼为准则。

如何才能做到呢？此卦的象传说："君子以思不出其位。""思不出其位"就是知道什么是自己该说该做的，什么不是自己该说该做的，脚踏实地，实事求是。也就是在与他人交往时，要懂得态度真诚，如此方能考虑对方感受，自然不会逾矩。真诚其实才是最好的办法，最大的教养。

艮卦，对于言行方面的启示，就是该说则说，否则沉默；该做当做，做当做好，否则别做。

兑卦的卦象是泽，特性是"悦"——愉快，欢乐。此卦是八卦中唯一谈论喜悦的卦。在人与人的交往中如何才能收获喜悦呢？秘诀就在于关系和谐。关系和谐，内心喜悦，陌生人就可以成为朋友，已经是朋友的则可以加深友情。这就是兑卦带给我们的交友启示。如何才能和谐？兑卦的卦象有水，交友则如同两水相交，你中有我、我中有你。在感情上，这代表着应该坦诚、交心；落实到行动上，这代表着应该经常走动，互帮互助。总而言之，就是两方互补，互利共赢。最高明、最有效的道理，往往就是这么寻常。兑卦，对于交友方面的启示就是坦诚相待，互帮互助。

五、《易经》的思想与智慧

《易经》是一部深奥玄妙的书，后世有很多人将其弄得玄乎其玄，高深莫测，但这实际上违背了《易经》既简约又具有实用价值的主旨。《易经》的启发性表现在多个方面，这里主要谈谈《易经》中重要的思想与智慧。

（一）天人合一的思想

《易经》把世界分成天、地、人三大类。“天”既是风雨雷电云等自然之象的统称，又指能觉知人事的有意志的神灵，含义多样；“地”的基本含义即山岳河流、草木荒原等土地之象的统称，亦隐含与神意之天相对的鬼神之意；“人”既指客观存在的具体的人身，又指与人相关的一切人事活动。天、地、人三者相互关联、相互感应。正因如此，世间万象才是可以推测、可以预知的。

《易经》是从整体上描述、把握世界的。系统模式和系统理论是《易经》的又一大特色。《易经》认为世界是多样性的、统一的物质世界，人类和自然界是一个有机的整体，物质世界是一个相互联系、相互制约、相互作用的整体，强调对立双方的共生共存，侧重于对世界的整体性、动态性的把握。

《易经》所谓阴阳不是互相独立的阴阳，而是作为一个整体的阴阳。“阴阳合德，而刚柔有体”。在易卦中，如果阴与阳相亲相应、刚柔相济，每多吉占。反之，阳刚过躁，阴柔无主，则凶多吉少。所谓“凡《易》之情，近而不相得则凶，或害之，悔且吝”，“一阖一辟谓之变，往来不穷谓之通”，“穷则变，变则通，通则久”，“原始反终”，即表明，《易经》从未把个体孤立游离于整体之外，而是将个别现象融于整体之中，从而使内涵丰富，变化多端。

《易经》八卦与六十四卦的构成卦序以及卦、爻辞都不同程度地表达了事物普遍联系的观点。八卦中只有乾为纯阳，坤为纯阴，其余各卦均为一阴一阳构成，是为二体。每卦三爻，象征天、地、人三才，体现了《易经》天、地、人合一的思想。《系辞上》云：“《易》与天地准，故能弥纶天地之道。仰以观于天文，俯以察于地理，是故知幽明之故;……与天地相似,故不违;知周乎万物,而道济天下,故不过;……范围天地之化而不过,曲成万物而不遗,……”在这里,天、地、人三者被纳入宇宙之中。这种思维方式是一种宏观把握的全方位思维,是宇宙整体观即天人合一的自然观的体现。

(二)强烈的忧患意识

《系辞下》:“作《易》者,其有忧患乎?”

意思是,为什么要弄出这样一套东西,是来自一种忧患意识吗?

孟子曾告诫我们要谨记“生于忧患,死于安乐”,历来的圣贤们也大多提醒我们勿忘忧患,可见中国传统文化当中忧患意识的重要地位。

在孔子看来:“作《易》者,其有忧患乎?”即认为忧患意识乃是《易经》作者的主体思想。

概观《易经》文本,卦辞第三爻为凶者有:师(卦七)、履(卦十)、颐(卦二十七)、大过(卦二十八)、离(卦三十)、夬(卦四十三)、困(卦四十七)、革(卦四十九)、渐(卦五十三)、兑(卦五十八)、小过(卦六十二)、未济(卦六十四),共有十二个之多。卦辞为吉者仅有二:谦(卦十五)、鼎(卦五十),而且即使有吉,也须多经舛途,在一二爻阶段历经磨难,否则难以坐享吉利。此外,从中亦不难看出:第三爻虽多言谨慎行事却收获甚微,大咎虽可避,悔吝却不可免,稍有不慎则终生获咎,甚至前功尽弃、毙命于斯。可见,第三爻确为卦辞中最为不利者。

有鉴于第三爻的上述特殊性,对第三爻的思量于人生而言便显得尤为重要。因此,对位处患难的第三爻的人而言,如何做出应对才能从忧患中重生便成为十分重要的任务。

首先,第三爻已经位处一二爻之上,即已经有了地道之益,得到了很好的滋养。在这一爻中决不可放弃地道所积攒之气,并且要更加注重阴阳调和。一方面以此和谐之气扩展自己的精神广度,摒弃纷扰,使灵魂得到安宁;另一方面抵制造成忧患的不正、不和之气,使其归于正道。以基于地道之上的阴阳协调为基础,才能够使人认识到患难背后的深层原因,以正常的阴阳一团和气克服阴阳不调之气,从而早日脱离苦厄。其次,第三爻之忧患多为来自位处第三爻的人自身的性格缺点。在此容易犯急躁、冒进、鲁莽、贪吝、淫邪等错误,言行有违人伦,为人所不能容忍,使得本来与之相应为伍的第一爻对其望而却步,而在上与之相应的第五爻亦因此弃之而去。加之社会对其亦采取反对、惩治的态度,固然患难重重,难以脱离苦海。因此,在这一爻中,须反思自己的言行,总结过失,找出自身的弱点,然后全力改正,并且要与人友好,如此,才能有所进步。

第三爻中的人生虽然是惨淡、危险的,但是前已有辛勤的播种,后将有丰厚的收获,所以必须懂得面对忧患和处理危机的道理,精心呵护、孜孜耕耘,最终才能收获绚烂夺目的果实。

(三)要有"知几"之功

《易经》特别强调"知几"之功。"几"是什么呢?通俗一点说,就是苗头、兆头,就是事物的精微、深奥之处,它启示我们:天下之事都有一个开始,如果我们能在混沌不清的太易之时,或在气之未分的太初之时,或在形之未成的太始之时,或在质之未定的太素之时就辨察,及时地发现并研究细微征象,就可能因势利导,逢凶化吉。在混沌不清的太易之时就悟知，则是先知、是神智；在气之未分的太初之时就感知，则是睿智；在形之未成的太始之时就察知，则是慧智；在质之未定的太素之时就晓知，则是明智；在万事已成定局时才知，则是愚痴。

> 圣人之所以极深而研几也。唯深也，故能通天下之志；唯几也，故能成天下之务；唯神也，故不疾而速，不行而至。

《易经》里面的这段话讲的是什么意思呢？“深”，就是“深奥”，高深而不易理解；“几”，就是苗头、兆头。而“深”与“几”的最大的特点，就是隐含着一个“神”，也就是隐秘深奥，变化莫测。

“研几”就是研究事物的精微之处。研究事物的精微之处就是研究事物的“变通”之兆和“趣时”之奥。《易经》“研几”的方法难以穷尽，但是，对立统一、循序变化、物极必反、变通、活用等方法则是“研几”常用的方法。

事物发展无论是内容上还是形式上，都是循序渐进的，有一个从低到高的变化过程。《易经》中的“积善之家，必有余庆；积不善之家，必有余殃。臣弑其君，子弑其父，非一朝一夕之故也，其所由来者渐矣”“履霜，坚冰至”“小人以小善为无益而弗为也，以小恶为无伤而弗去也，故恶积而不可掩，罪大而不可解”便是如此。

《易经》认为天大的坏事都有一个开始，如果你能及早辨察，及时发现并研究细微的征象，就有可能避免。好事也是如此，关键看你是否能及早辨察，及时发现并研究细微的征象，若能，就能够成就大事业。这叫“知几，其神乎”！因为“几”是“动之微”，是“吉凶之先见者”,是吉凶最先表现的那个地方。

总之,《易经》是中国人智慧的肇始与宝库。在这里,中国人学到了以自然为参照系的天人合一智慧,以有限知无限的智慧,用确定性把握不确定性的智慧,以过去、现在预测未来的智慧,以显知隐的智慧,等等。

第2课 《道德经》的思想智慧

《道德经》,又称《道德真经》《老子》《五千言》《老子五千文》。其实《道德经》的版本很多,据说清代以前有103种版本。《道德经》到底是不是老子写的,也有很多争议。

对老子的记载,最早见于《史记·老子韩非列传》:"老子者,楚苦县厉乡曲仁里人也,姓李氏,名耳,字聃,周守藏室之史也。"

老子生活在春秋时期。《史记》记载孔子见过老子,孔子说:

> 鸟,吾知其能飞;鱼,吾知其能游;兽,吾知其能走。走者可以为罔,游者可以为纶,飞者可以为矰。至于龙吾不能知,其乘风云而上天。吾今日见老子,其犹龙邪!

《道德经》这部书对中国历史影响很大,可以说影响到社会生活的方方面面,包括政治、军事、文化等。

举几个例子。

历史上有一个政治人物叫刘备,字"玄德","玄德"一词来自《道德经》(五十一章):"生而不有,为而不恃,长而不宰,是谓玄德。"生养万物而不据为己有,促进万物成长而不自恃己能,作为万物之长而不自视主宰，这就是最高深的德行。胡适认为，老子面对政治与社会问题时，是“从根本上着想，要求一个根本的解决，遂为中国哲学的始祖”。自古以来，仅给《道德经》做注解的就有几千家。足见其影响之大，内涵之深。

这里需要说明的是，要注意“道家”与“道教”的联系与区别。

广义上的道家，是指包括道家与道教等以“道”为最高信仰的思想流派。换句话说，它们同出一源，视老子为宗师。

狭义上的道家，是指春秋战国时期由老子、庄子开创，然后被继承、解释与发展的文化思想流派。

道教的兴盛是在唐代以后，甚至超过了道家。其实两者的区别很大。主要是目的性不同，道家侧重于个性自由，思想解放，生命的清静无为；而道教侧重长生不老，得道成仙，这是道家思想中没有的。

虽然只有五千字，但《道德经》包含的思想内容极其深奥玄妙，原因在于《道德经》用极精炼、简约、含蓄的语言去表达最本质的东西。这个本质的东西围绕两个字展开，一个是“道”，一个是“德”，抓住了这两个字，就抓住了《道德经》核心的东西。“道”与“德”是互相联系的，最根本的是“道”，其次才是“德”，可简单理解为，“道”解决思想问题，“德”解决实践问题。所以《道德经》说：“道生之，德畜之。”一切生命来源于“道”，一切生命要靠“德”蓄养。这才会有丰富多彩的生命形态与状态。

《道德经》是一部思想深刻的书，也是一部充满智慧的书。它的智慧在于其和一般人看待事物、处理事情的方式方法不一样。它认为很多道理不是靠你说得多别人就明白，关键看你是不是把握了这个根本的东西，是不是悟出了其中的道理。

一、认识世界的智慧

人真的无所不能吗？

人们对世界的看法往往不同。关于认识世界的学说，自古有很多。老子是怎么认识世界的呢？

> 道可道，非常道；名可名，非常名。无名天地之始，有名万物之母。故常无欲，以观其妙；常有欲，以观其徼。此两者同出而异名，同谓之玄，玄之又玄，众妙之门。（第一章）

这段话是《道德经》的首篇。意思是，道可以用语言表达出来，就不是永恒不变的道；名可以用名字命名，就不是永恒不变的名。无名，是天地混沌未开的状态；有名，是万物产生的开始。所以，要常从“无”中去观察领悟“道”的奥妙，要常从“有”中去观察体会“道”的端倪。“无”与“有”这两者，来源相同而名称相异，都可以称之为玄妙，而且是玄妙之中的玄妙，是宇宙天地万物之奥妙的总源头。

这段话本身显得特别而且玄妙，自古以来解释很多，但是再怎么解释，一定含有以下意思。

第一，“道”“可道”“常道”，“名”“可名”“常名”，这分别是三个不同的概念，分别指向不同的事物与意义。“道”可以理解为本体，“可道”可以理解为认知，“常道”可以理解为不变的规律。

“道”是世界的存在，也是运动的规律，它永恒无限，生生不息。而人的认识却是有限的。“道”是可以认识的，也是可以说的，事物是可以命名的，但是都只是“道”的表现，并不是“道”，并不是事物本体。

从宏观世界层面看，宇宙是一个巨大无形的客观存在，人只是地球上一个短暂的生命体。宇宙是怎么回事，万事万物是怎么回事，人可以探讨它，议论它，但最终谁又能说清楚？从微观世界层面看，人的精神、心理，一滴水，一粒沙，到底存在怎样的秘密与规律，也没有人最终穷其究竟。所以，未知的秘密无穷无尽，错误的认识也层出不穷。这就是《道德经》这段话首先给人的启示。所以《道德经》一开始就确立了“道”的存在，而不是将“人”作为世界的中心，相反，它认为人是渺小的，人是有认知缺点的。这和以“人”为中心的世界观是完全不同的。

人类历史的发展，就是认同人是高级生物，人是地球的主人，人是世界的主宰。这一认知导致人类在不断改造这个世界和自身的过程中认为自己无所不能，似乎人类可以将自己的命运完全掌握在自己手里。老子却认为，这样的想法太自以为是，太狂妄自大了。这是由人类自身的愚蠢与无知造成的。如果人类这样聪明自信，为什么人类纷争不断，自相残杀？

老子是不是就彻底否定了人，彻底认为人不能有作为？不是，恰恰相反，老子认为人是可以认识这个世界，人是有能动性，可以有作为的，关键是有没有对自己正确定位，也就是摆正自己的位置与心态。怎么做？要知道天外有天，人外有人，要知道自身的微小与不足。要作为，不要乱作为。

第二,“道”神秘吗?

“道”既神秘又不神秘。说它神秘,是因为它有时候只可意会不可言传;说它不神秘,是因为通过一些途径与现象是可以认知它与把握它的。这就牵涉到另外两个概念——“无”“有”。

老子说“无”,并不是什么也没有,而是天地产生之前宇宙混沌未开的状态。天地之始,就是无影无形、恍惚混沌的状态,是人的感觉器官难以感觉与把握的。

《道德经》还说:

> 有物混成,先天地生。寂兮寥兮,独立不改。周行而不殆,可以为天下母。吾不知其名,字之曰道,强为之名曰大。大曰逝,逝曰远,远曰反。故道大,天大,地大,王亦大。域中有四大,而王居其一焉。人法地,地法天,天法道,道法自然。(第二十五章)

万物形成之后,就成为“有”,就“有名”。在科学极不发达的时代,老子的这个思想可以说是一种伟大的猜想,与当今的“宇宙大爆炸”理论不谋而合。世界到底是什么,到底是怎么出现的,生命到底是从哪里来的,怎么孕育的,老子没有具体解释,他说了两层关系:

“无”,天地之始,“有”,万物之母。这里有一个前后的关系。

“无”“有”同出但名不同。同出什么,老子说勉强叫它“道”,“无”也是“道”的体现,“有”也是“道”的体现。这就相当于每一个人都是生命个体,这些生命个体都来自母体,都来自神秘的生命之道，无论是对生命来源的母体的思考，还是对生命个体的思考，都是同出于“道”，这才是玄妙的地方。

老子为了把“道”讲得更清楚，主要通过以下的事物来加以比喻性的说明。

以“母”喻“道”。

> 天下有始，以为天下母。既得其母，以知其子；既知其子，复守其母，没身不殆。（第五十二章）

天地万物都有本源，这个本源就是道；道创生天地万物，所以也是天地万物之母。既然知道天地万物之母是道，就能够认识天地万物；既然能认识天地万物，就可以坚守创造天地万物的道，那么终身就不会有任何危险了。

> 众人皆有以，而我独顽似鄙。我独异于人，而贵食母。（第二十章）

世人都有本领和作为，只有我不仅愚钝还粗俗。我与别人不同的地方在于，我特别注重像婴儿食乳于母一样，用自然之道滋养自己。食母，字面意思为食乳于母，就像婴儿吃母乳一样，比喻从自然中汲取营养，注重养育万物的自然之道。这里婴儿食乳于母映射了万物与自然之道间的关系，“母”即“道”，即身心之家园，拥有返璞归真的自然之心方能心归家园。

以“婴”喻“道”。

老子对婴儿特别钟情,不仅是因为婴儿标志着血脉的传承,象征希望和未来,更因为从婴儿的身上老子悟出了"道""德"及他所追求的理念:无知、无欲、无为、质朴、柔韧及和谐。

> 专气致柔,能婴儿乎?(第十章)

聚合精气归于柔顺,能够像婴儿一样吗?婴儿的身体最柔软,生命力最旺盛,人可以通过自身意念调节、聚集生命中的精气,使自己的精神和肉体均处于柔和温顺的状态,如婴儿般纯真质朴。婴儿不谙世事,万物皆清,其本身的状态表现了老子无为的思想,此处从婴儿向"道"的映射正是老子追求天然质朴的思想境界的体现。

以"水"喻"道"。

> 上善若水。水善利万物而不争,处众人之所恶,故几于道。居善地,心善渊,与善仁,言善信,正善治,事善能,动善时。夫唯不争,故无尤。(第八章)

道德最高的善人就像水一样。水可以滋养万物,却不与万物相争,汇集在人们不喜欢的低地,因此,近于大道。善人居于低洼之地,思虑深邃宁静,结交善良之人,说话遵守信用,为政精于治理,处事发挥特长,行动把握时机。正因为不争夺,所以没有过失。

老子将水的品质概括为善利万物,不与万物争,以及甘愿处在低下地位。老子以水的特性来透视其与"道"的联系,阐释"道"的本质和特征。在老子看来，水的这三个品质较好地体现了“道”的自然无为、生而不有、为而不恃、虚静守柔等方面的特性，因此说它最接近“道”，并由此引申出“上善”之人应有的思维方式和行为方式，即“上善若水”。可以说，人们所熟悉的水的特性很好地映射了“道”这一概念，使“道”也具有了水的特征，二者具有很强的相似性。

> 天下莫柔弱于水，而攻坚强者莫之能胜，以其无以易之。弱之胜强，柔之胜刚，天下莫不知，莫能行。是以圣人云，受国之垢，是谓社稷主；受国不祥，是为天下王。正言若反。（第七十八章）

水虽然是天下最柔弱的，然而冲击坚硬的东西时水是最强的，因为它是无可取代的。弱能够胜强，柔可以胜刚，天下人没有不知道，但无人可以照着去做。因此，圣人说：“能够为国家承担耻辱，才有资格被称为国家的君主；承受国家的灾难，才配做天下的君主。”正面的言辞却像反话。

在老子看来，水之“柔弱”主要体现在它的包容和韧性上，其作用具备渐进性、持久性、一贯性的特征。水滴石穿、水浸铁烂、水淹墙倒、水漫山滑，靠的就是它持续不断的渗透和经久不变的韧性。石头和钢铁腐烂了，城墙和山体崩塌了，但水依然存在，依然流淌。所以说“道”如水一样是永恒存在的，能屈能伸的，包容万物的。

以“一”喻“道”。

韩非说：“道无双，故曰一。”庄子也认为“道通为一”，老子也喜欢以“一”喻“道”,这是隐含在《道德经》中另一方面的表现。“一”在自然数中是起点,“道”在万物中是根本,“一”可以说是对“道”最好的描述,“道”即“一”,二者浑然一体。

道生一,一生二,二生三,三生万物。(第四十二章)

“道”整体唯一,“一”产生天地,天地含有阴、阳二气,互相交冲而产生和谐之气,阴、阳、和三气产生了万物。

万物皆由“一”开始,它既是第一也是唯一。任何事物的产生在逻辑上有个初始的本体,这个本体可以说就是“道”。它是一种人的感官无法感知的、混沌未开的物质存在形式,是万物的本源、不可再分。所以“道”与“一”间的相似性非常强,可以说“一”就是有形世界中的“道”。

二、辩证法中的智慧

天下皆知美之为美,斯恶已;皆知善之为善,斯不善已。故有无相生,难易相成,长短相较,高下相倾,音声相和,前后相随。(第二章)

天下人都知道美之所以为美,那是由于有丑陋的存在。都知道善之所以为善,那是因为有恶的存在。所以有和无互相转化,难和易互相形成,长和短互相显现,高和下互相依靠,音与声互相谐和，前和后互相接随，这是永恒的。

第一句还有一种解释：天下人都知道美之所以为美，丑陋就产生了。都知道善之所以为善，恶就产生了。

这里的关键词是“恒”，永远不变的东西。没有东西不变，事物都具有两面性，不存在只有一种性质的事物。譬如成功与失败，有的人看到成功就高兴得忘乎所以，导致乐极生悲；面对失败，就难以接受，甚至产生偏激、绝望的念头。老子不是这样看的。《老子》第五十八章说：“祸兮福之所倚，福兮祸之所伏。”“福”“祸”都是相互联系的，人生没有什么是一帆风顺的，而是有福有祸。所以成功是暂时的，挫折也是暂时的，这就有了“失败是成功之母”的道理，“危机”可以理解为“危中见机”“否极泰来”等中国式的智慧。

两面性的统一在中国文化中几乎成为一种思维模式。阴阳、虚实、黑白都构成一整套对立统一的关键词，运用在方方面面。

《道德经》中的辩证思想主要含有以下内容。

第一，事物都包含着对立的两极。

老子的辩证法思想认为事物都是由对立的两个方面组成的，事物是在对立中来确定自己的性质的，所以《老子》第二章讲“天下皆知美之为美，斯恶已；皆知善之为善，斯不善已”。意思是，正因为有丑，才知道美是美，如果没有丑，就不知道美是美，美丑是相对的。善恶也是这样。所有的事物总是在比较中才能确定自己的性质。

需要指出的是，中国这种思维方式有几种不同表现，其中一种就是老子的思维方式，是从事物的一极来找对应的另外一极。

孔子的思想和老子不一样。孔子是从两极中间找一个中极，也就是他的中庸之道。孔子从过分和不及这两极中来找一个中极，就是既不过，又不及，而是恰到好处。所以他讲中庸之道，认为过犹不及，过分跟不及是一样的。所谓中庸就是“用中”的意思，就是做事要适合一定的度。

一极必须找到另外一极，以及从两极中间找一个中极，寻求一个合适的度，这些思维方式都是非常有意义的。

第二，事物不断发展与转化。

老子认识到事物的发展变化，是由量变到质变的。这方面他讲了很多，如“九层之台，起于累土，千里之行，始于足下”，“图难于其易，为大于其细。天下难事必作于易，天下大事必作于细”，等等。很高的台子是用土一点一点积累起来的，你要走一千米，要一步一步地走。他说天下难事必须从容易的开始，天下大事必须在做好小事情的基础上完成。有的人说一开始不可能把任何大事情全都做好，那常常是需要积累的，经验越多，你做的事情就越大。因为任何伟大的事业，它不是一下子就能完成，总是有积累的过程。等积累到一定程度，这个事物就会发生质的变化。

老子对转化有深刻的认识，如“祸兮福之所倚，福兮祸之所伏”等。老子有一句话需要我们注意，他讲“反者道之动，弱者道之用”，是说道是向相反的方面转化，道的作用是来扶持弱小，因为任何事物都有盛有衰，而且盛极必衰，这就是转化。新生的东西开始比较弱小，而正因为它新生，它才有发展的前途，大家就要扶持它。所以，老子讲“弱之胜强，柔之胜刚”，像这种互相转化的思想老子讲了很多。但是，老子只是提出这样一种转化的现象，并没有讲到转化的条件。我们知道，转化一定是有条件的，如果没条件，弱怎么胜强呢？这就是说，老子在强调转化的时候忽略了条件性，这一点可能是《道德经》的一个不足。

第三，通过否定达到肯定。

老子思想中有非常重要的一点，就是对否定意义的认识。老子讲“道常无为而无不为”，我们把它作为一个思维模式看。如果说“无为”是对“为”的否定，那么“无不为”，就是对“为”的肯定，或者说是对“为”的否定之否定。那么把它作为一种方法论的公式，我们可以有这样的表述，通过否定达到肯定。老子认为，通过否定达到肯定，是“道”的特性。

我们对这个问题可以做两个方面的分析。

一方面，按照老子的看法，“道”不是认识的对象，因为“道可道，非常道”。可道之道，它不是无名的、无形的、永恒的常道。那就是说，不可能在经验中间得到对常道的认识。中国有一个词叫作“烘云托月”，月亮是不能画的，怎么办呢？我们就把它边上的云彩画出来，这样把月亮显现出来。同样道理，“道”是不能说的，我们想要认识“道”，只能说“道”不是什么。因此，老子认为，必须先把一般的认识的经验都去掉，只有思想中形成的有名、有形的东西统统都去掉了，他才不会用经验性的认识来说“道”是什么。达到这一步，才符合“道”的“无为”要求，而“无为”才可以“无不为”。也就是说“道”不能用经验的方法来把握，那就要另辟蹊径，这条路径就是通过否定达到肯定，就是从说“道”不是什么，而达到对“道”的认识。

另一方面，《道德经》把宇宙本体称为“道”，这在原则上说是不符合老子思想体系要求的。因为“道”作为世界的本体，不能说它是什么，不能以任何名字来命名，而称它为“道”是没有办法的办法,只是勉强给它一个名字。因此,《道德经》对“道”的说明大体上都是用了一些不确定的,或者极其模糊的,甚至是否定的形容词来描述,以免人们把“道”看成一个具体的东西。老子怎么来说“道”呢?如他说“玄之又玄”,玄之又玄到底是什么东西,老子也搞不清楚。还有“恍兮惚兮”,他用不确定的很难琢磨的东西来说明“道”,意思就是说“道”不好形容,不能说。根据上面的分析,我们可以得出这样一个判断,“道”作为一种以否定为特征的方法论,至少包含着三个对提高人们思维能力很有意义的层面。

三、老子“三宝”

《道德经》第六十七章提出了著名的“三宝”思想:

> 我有三宝,持而保之:一曰慈,二曰俭,三曰不敢为天下先。慈,故能勇;俭,故能广;不敢为天下先,故能成器长。今舍慈且勇,舍俭且广,舍后且先,死矣。夫慈,以战则胜,以守则固,天将救之,以慈卫之。

这段话的前面还有一句话,意思是:天下人都说我的“道”太大,好像什么都不像。正因为太大,所以看起来什么东西都不像。如果像某种具体的东西,那么“道”就变得很渺小了。老子是说,“道”理解起来有困难,太“大”,不具体,以至于使人产生误解与困惑。于是老子更加具体简洁地表达,我有三件法宝,一直坚守并且珍藏。但是后面的话又值得琢磨。慈,所以勇敢;俭,所以富足;不敢为天下先,所以成为万物之长。如今不慈而勇,不俭而广,不后求先,老子说,死路一条。老子补充说,慈爱,打仗就能取胜,守卫就会坚固,上天要救助谁,就用慈爱守卫谁。

这些话,似乎和我们一般人的思想与经验相反,至少令人费解,似乎纯粹是玩文字游戏。实际上这段话十分独特精辟,且具有现实指向性。

先说"慈"。

《说文解字》对"慈"的解释是爱也。这种解释应该说是深合老子本意的。当然,老子所倡导的不是一般的爱,而是一种无私的爱,犹如慈母对孩子的爱一样。这是一种无条件的大爱,一种超越了贤愚、善恶、亲疏、尊卑、人我等一切差别的博爱。纵观《道德经》全文,无处不闪烁着这种伟大恒久的人性光辉,兹举几例:

> 是以圣人后其身而身先,外其身而身存。非以其无私邪?故能成其私。(第七章)
>
> 上善若水。水善利万物而不争,处众人之所恶,故几于道。(第八章)
>
> 故贵以身为天下,若可寄天下;爱以身为天下,若可托天下。(第十三章)
>
> 是以圣人常善救人,故无弃人;常善救物,故无弃物。(第二十七章)

所以,"慈"就是无分别心地去常善救失,一视同仁地去关爱任何人任何物。细品《道德经》,这种悲天悯人的广博胸怀无不令人动容,让人叹服,也常常让人联想到伟大的母爱。“道”生万物,恰如万物的母亲,所以能够包容关爱万物。所以,真正的爱是从真心本性中自然而然流露出来的,而绝不是任何虚伪和勉强所能做到的,所谓“上德不德,是以有德”。真正的道德之所以可贵,就在于它的真,在于其自然:“道之尊,德之贵,夫莫之命而常自然。”

学习“道”的这种慈爱精神,要有悲天悯人之心,与人为善之心。因为只有这样的心,才能与“道”相应,与自己的真心本性相应,并获得天道的救护和保卫,在修道的过程中一直勇猛精进。所以老子把“慈”列在“三宝”之首,并说“慈故能勇”,真正的慈爱一定会表现出勇敢。在这一章最后,老子更是总结说:“夫慈,以战则胜,以守则固,天将救之,以慈卫之。”与人为善,难就难在善待不善之人,老子说:“善者,吾善之;不善者,吾亦善之。”(第四十九章)“人之不善,何弃之有!”(第六十二章)对不善之人也同样能够善待之。又说:“报怨以德。”(第六十三章)对于那些损害我、怨恨我的人,我也同样以德相报,这需要怎样的胸襟和肚量啊!

再说“俭”。

“俭”字在《说文解字》中解释为:“俭,约也。从人,佥声。”是节约的意思。《道德经》中的“俭”就是节约,爱惜,有而不用或少用,含藏培蓄,不奢靡,不妄为。爱惜者,能“爱”故能“惜”,能“慈”故能“俭”,所以“俭”是从“慈”自然引申出来的一宝。

俭,首先表现在对物质财物的节约珍惜上,过一种少欲知足的简单生活,这就是老子所说的“见素抱朴,少私寡欲”(第十九章)。常言说,欲壑难填,一个人如果沉溺于功名利禄、感官享受的贪道,那么就会招祸损身。老子对当时统治者的奢靡生活进行了批评和告诫:“朝甚除,田甚芜,仓甚虚。服文采,带利剑,厌饮食,财货有余,是谓盗夸。非道也哉!”(第五十三章)又说:“民之饥,以其上食税之多,是以饥。民之难治,以其上之有为,是以难治。民之轻死,以其上求生之厚,是以轻死。”(第七十五章)

在老子看来,造成国家混乱的一个重要原因就是统治者贪图享受,生活糜烂,挥霍浪费,为此加重税收盘剥,导致人民忍饥挨饿,最终只能冒死反抗。所以老子警告人们:“是以圣人去甚,去奢,去泰”(第二十九章),“清静为天下正”(第四十五章)。“俭”的另一个更重要的表现是要求人们爱惜生命,节约生命的精气神,懂得真正的养生之道。老子说:“名与身孰亲?身与货孰多?得与亡孰病?是故甚爱必大费,多藏必厚亡。知足不辱,知止不殆,可以长久。”(第四十四章)世人一般把功名利禄、财产美色看成是珍宝而求之无度,结果付出的却是生命的代价。大道至简,其实生命原本是很简单的,人的需要也是很简单的。“饭疏食,饮水,曲肱而枕之,乐亦在其中”的孔子,“日中一食,树下一宿”的佛陀,都在这方面做出了最好的证明。人能知足知止,则不会受辱,不会遇到危险,如此,生命自能长久。人的真正满足与幸福不是外来而是内生的,所谓“知足者富”(第三十三章),“祸莫大于不知足,咎莫大于欲得。故知足之足,常足矣”(第四十六章)。反之,一个贪得无厌、向外寻求满足的人,是不可能有真正快乐的。因为欲望永远没有止境,而外部的满足往往带来无聊和危殆。正如老子所说:“金玉满堂,莫之能守。富贵而骄,自遗其咎。”(第九章)过多的财富不但守不住,反而会增加一个人的骄慢之气,甚或招致偷抢骗者,这就应了老子的名言:“福兮祸之所伏。”(第五十八章)

对于修道之人来讲，更是要“致虚极，守静笃”（第十六章），使心灵虚寂、清静到极点，则能归根复命、返璞归真：“万物并作，吾以观复。夫物芸芸，各复归其根。归根曰静，是谓复命。复命曰常。知常曰明，不知常，妄作凶。知常容，容乃公，公乃王，王乃天，天乃道，道乃久。没身不殆。”（第十六章）中国文化中的道家思想包含着丰富的贵生、重生和养生的思想，但养生之道不贵多而贵少，不贵奢而贵俭。

对此，老子又提出了“啬”的主张：“治人事天莫若啬。”（第五十九章）在治理国家和养护身心方面，没有什么比爱惜精神更重要的了。这里的“啬”与“俭”的含义相近，也是爱惜和节约的意思，但更侧重于精神与生命力方面，也就是深蓄厚养，含藏动力，培固根基，充实生命。如此，则能达到“深根固柢、长生久视”的目的：“夫唯啬，是谓早服。早服谓之重积德，重积德则无不克，无不克则莫知其极，莫知其极，可以有国。有国之母，可以长久。是谓深根固柢，长生久视之道。”（第五十九章）如果反其道而行之，贪图厚味，挥霍享乐，则会损命折寿、招灾惹祸。所以老子谆谆告诫世人：“五色令人目盲，五音令人耳聋，五味令人口爽，驰骋畋猎令人心发狂，难得之货令人行妨。”（第十二章）一味地追求声色犬马的物欲刺激，势必会造成身心的损害。老子还说：“人之生动之死地，亦十有三。夫何故？以其生生之厚。”（第五十章）“益生曰祥。”（第五十五章）益生、厚生，都是把生活搞得太复杂，在衣食住行方面一味地追求奢华，结果就是“动之死地”“祥”（即灾祸）。所以老子提醒世人：“夫唯无以生为者，是贤于贵生。”（第七十五章）主张人们：“为无为，事无事，味无味。”（第六十三章）“甘其食，美其服，安其居，乐其俗。”（第八十章）“为学日益，为道日损。损之又损，以至于无为，无为而无不为。”（第四十八章）“损”就是减少，修道就要不断地减少，减少自己的欲望、贪念，减少强作妄为、起心动念，总之，减少生命的消耗。这就是“俭啬”的原则，也是达到“无为”的途径。

最后说“不敢为天下先”。

老子的第三“宝”是“不敢为天下先”，也就是老子反复强调的不争、柔顺、处下、身退、守雌。这也是效法“道”的自然无为、慈爱包容精神。老子接着说：“不敢为天下先，故能成器长。”

道生育万物却不与争功，老子说：“道生之，德畜之……生而不有，为而不恃，长而不宰，是谓玄德。”（第五十一章）所以人应该效法道的这种精神，“圣人之道，为而不争”（第八十一章）。无论是在自然界还是在人类社会，我们都可以发现这样的规律：凡是内在强大的东西，其外表都是柔软的，如水，如婴儿。老子说：“天下之至柔，驰骋天下之至坚。”（第四十三章）“天下莫柔弱于水，而攻坚强者莫之能胜，以其无以易之。”（第七十八章）水是柔弱的，却包含着无限的力量。老子又说：“含德之厚，比于赤子。”（第五十五章）婴儿是柔弱的，却包含着无比淳厚的德。高贵的东西反而是处下的，老子说：“江海所以能为百谷王者，以其善下之，故能为百谷王。”（第六十六章）“故贵以贱为本，高以下为基。”（第三十九章）活着的东西都具有柔韧性，而枯死的东西则具有坚硬性：“人之生也柔弱，其死也坚强。万物草木之生也柔脆，其死也枯槁。故坚强者死之徒，柔弱者生之徒。是以兵强则不胜，木强则兵。强大处下，柔弱处上。”（第七十六章）所有这些都反映出一个基本的道理或规律：“反者，道之动。弱者，道之用。”（第四十章）所以，为人处世也应该遵循这样的规律:谦让处下,虚怀若谷,与世无争。唯其如此,才能含藏动力,深蓄厚养,身心安泰,成己成人。因此,这与“慈”和“俭”也是内在相通的。

可见,“不敢为天下先”“不争”并非消极懦弱的表现,而是最大的积极,是内在强大和生命力饱满的表现。不争的结果也不是失败落后,恰恰相反,会获得众人的拥护,最终取得成功。老子说:“是以欲上民,必以言下之;欲先民,必以身后之。是以圣人处上而民不重,处前而民不害,是以天下乐推而不厌。以其不争,故天下莫能与之争。”(第六十六章)在《道德经》一书中,老子反复强调了这个道理,如“后其身而身先”,“夫惟不争,故天下莫能与之争”,“夫唯不争,故无尤”,“不争而善胜”,“柔弱胜刚强”,“不敢为天下先,故能成器长”,“勇于敢则杀,勇于不敢则活”,“强大处下,柔弱处上”,“受国之垢,是谓社稷主;受国不祥,是为天下王”,等等。反之,如果一个人事事争强好胜,高傲自大,不仅易遭众人所恶,而且会导致自身的心理失衡,从而带来灾殃。

在“三宝”之中,最根本的还是“慈”。慈爱实在是人类最高的道德原则、世间最伟大的力量。“天将救之,以慈卫之”,“天道无亲,常与善人”,慈善是人生幸福的最大保障,慈善之人是永远受天道护佑的。真正理解了这一点,就理解了“三宝”的精髓,也理解了《道德经》和全部人类文明的精髓。

四、成功的智慧

什么叫成功,成功是不是意味着挣更多的钱、身居高位和手握大权呢？在《道德经》看来，这只是“胜人者有力”，并不一定代表成功。《道德经》里的成功是做人的成功，是“自胜都强”“道法自然”。“居善地，心善渊，与善仁，言善信，正善治，事善能，动善时。夫唯不争，故无尤。”（第八章）意思是，住在别人不去的地方（意即不出风头、不突出自己），心情舒畅深远，经常给别人以仁爱，这样的人，他的话是值得信任的，他为人正直和蔼可亲，处事的能力很强，行动时又善于选择时机。他不与人争斗，所以无忧无虑。

一个达到这样境界的人难道不算成功吗？这是金钱、地位和权力能够换得来的吗？当一个人能够正确地管理自己的思想、金钱和时间时，这就是成功。正确地管理自己的思想就意味着“方而不割”（大脑思维方寸不乱）和“自胜者强”；而正确地管理自己的金钱就意味着节俭、仁爱和富有远见；正确地管理自己的时间意味着智慧、实干和值得信任。按照现代的标准，这就是道德水平、情商、智商和能力都非常高的人，这就是“道”的意义上的成功！因此成功最重要的标准在于拥有一个不随环境、金钱、权力、地位的变化而变化，而只属于心灵的某种坚韧的东西。

修道是求“道”来塑造人的成功秉性的过程。人们常说，性格决定命运。修道就是用“道”的能量来刻画自己的内心世界，从而使人的思维和言行与客观世界相符合。

下面谈一谈符合“道”的思维与行为有哪些。

（一）坚强不屈

“道常无为，而无以为。”“道”平时是不干预任何事情的，一旦要干预就没有做不到的。“道法自然”，没有哪一件事是不符合自然规律的。“独立不改，周行而不殆。”独自运行而不改变，周而复始地旋转而不停止。所以我们做事就要效法这种精神，要做正确的事，符合客观规律的事，就要下定必胜的决心。“千里之行，始于足下”，不管遇到什么困难都不要屈服，不管做什么都要专心致志、坚持到底。

“民之从事，常于几成而败之。慎终如始，则无败事。”（第六十四章）意思是，人们所从事的事业，经常是在接近成功的时候（也是最困难的时候）失败的，在结束时也要像开始时一样慎重处之，这样就不会失败了。即使在最困难的时候，也必须有开始时的决心和信心，千方百计地去克服困难。所谓成功者绝不放弃，放弃者绝不成功，也就是“强行者有志”，这种品质就是符合“道”的，这种品质就能保证成功。修道就是求“道”帮助自己，使自己符合“道”的品质。

（二）甘愿付出，不求回报

“水善利万物而不争，处众人之所恶，故几于道。”（第八章）意思是，水之所以善是因为其有利万物生长却并不争功，它处于众人都不愿去的地方，所以最接近大道。为什么处在众人都不愿去的地方还最接近大道呢？因为水本来是干净纯洁的，但为了净化万物而把自身弄得全是污浊，最后还要流到最低的地方，不再被人重视。所以为了别人而牺牲自己，最后还落到人人都不愿去、受轻视的地方，这种甘愿付出，不求回报的精神就是“道”的品质。这种品质在《道德经》里也叫“柔弱”，即永远把自己个人的私欲放在最柔弱的位置，而把付出放在最强大的地方。《道德经》写道：“天下莫柔弱于水，而攻坚强者莫之能胜。”（第七十八章）意思是：天下最柔弱的，莫过于水，用它去攻击最坚强的，没有不胜的。在克服困难时，水又变成最坚强的。《道德经》就是以水喻“道”，用水的柔弱与顽强来形容“道”的特性。我们总是强调要无私奉献，无私就是私心欲望要柔弱，奉献就是付出的意愿与力量要强大。无私奉献的精神就是源于万物本源的“道”的特性。为什么那些有着无私奉献精神的人做起事来总是会散发出蓬勃朝气和无穷力量呢？因为他的精神状态符合了万物本源“道”的特性。所以人生要成功，就必须把“道”的特性（道性）变成自己内在的品质，永远铭记要让自己物超所值，永远想着自己能做的比自己想得到的要多得多，这样人就永远不会离成功太远。

（三）用行动决定人生

“希言自然。”（第二十三章）意思是，多做事少说话是符合自然的，所以成功最关键的因素是行动，大量的行动！大量的行动虽然预示着你可能遭遇的挫折或拒绝会比别人多，但同时也预示着你成功的机会也会比别人多。“胜人者有力，自胜者强。”（第三十三章）意思是，胜过别人的人只是有力的人，自己战胜自己才是强有力的人。所以在“道”看来，并不是比别人强的人就是强者，而是自己战胜自己的人才是强者。而自己战胜自己的最好办法就是行动。“处其实，不居其华。”（第三十八章）意思是，把行动放在实实在在的地位上，而不是说些好听的话。所以“道”的行为就是以行动来说话，那么人要想成功，也应牢记行动才是成功的保障。

（四）认真做好每一件小事

大自然的雄伟与壮美，起源于其基本程式永恒不变地在每一细微之处的成功运作。管理学中有一句“成功在于细节”，讲的就是这个道理。

一个人的品质最容易从琐碎的小事上反映出来。“天下难事必作于易,天下大事必作于细,是以圣人终不为大,故能成其大。”(第六十三章)意即,天下困难之事,必须从容易的做起。天下的大事业,必须从小事做起。圣人始终不做大事(只做好各种小事),故能够做成大事。所以人生要想成功,好高骛远、眼高手低是一大忌,必须养成认认真真做好每一件小事(无论思想上,还是生活上的细琐小事)的良好习惯。

“善者,吾善之;不善者,吾亦善之。德善。”(第四十九章)

(五)谦卑处下,时怀感恩

“万物恃之而生而不辞,功成不名有,衣养万物而不为主。”(第三十四章)意思是,道为万物生长而不辞辛劳,成功了而名不归己有,依靠它滋养万物而自己却不为主。所以“道”的伟大在于:本来是“道”哺育了万物生长,而它自己却不争功名;明明是“道”滋养了万物成长,而它自己却不充当主人,这是多么崇高的情怀!这就是“处下”(不争)——虽然成功,有了丰功伟绩,但还是把自己视作很平凡的人,不突出自己。“功成而弗居。夫唯弗居,是以不去。”(第二章)意思是,成功了而不自居,所以就不会失去。我们都知道:世上真正成功的人都是很谦卑的,这就是处下的品质,因为这是符合“道”的,所以这种品质就能将成功长久地保持下去。相反,居功自傲是不符合“道”的,那样成功就只会是昙花一现,不能长久,而且这实际上还算不上真正的成功。所以我们不仅要成功,更要把成功长久地保持下去。

“善者，吾善之；不善者，吾亦善之。德善。信者，吾信之；不信者，吾亦信之。德信。”（第四十九章）成功之人要具有“德善”和“德信”，要心怀感恩，要牢记你的成功离不开别人的帮助。这样你就会很快乐，每时每刻都感受到世间的温暖。

（六）面对竞争——不争而善胜

无论在自然界，还是人类社会，到处都存在着激烈竞争。我们该如何面对这种激烈的竞争呢？实际上，在面对竞争对手时，人应该明确：真正的对手是谁？要战胜的是谁？明确这一点就掌握了获胜的法宝，答案是“不争而善胜”。

我们都知道，胜利的获得是有条件的，而这个条件就是人对自己的有效控制，即“自胜者强”。所以真正的对手其实就是我们自己，要竞争的物件就是阻挠自己成功的内心干扰，要战胜的就是自己的弱点。一门心思地想战胜对方，这就是“有为”。但这绝不是明智之举，风云突变就会使人的精神处于紧张之中，从而导致身心内耗，患得患失。这反而不利于个人客观地看待问题，从而影响个人正常地发挥自己的能力。不想去战胜对方，而是视自己为对手，不断地让自己内心保持清静的状态，这样才能有效克服自己的弱点，冷静地看待问题并保持与客观变化相适应，从而“无为而无不为”。所以在竞争当中要想成功，一定不要把注意力集中在如何成功和怎样才能战胜对方上面，而是要时刻注意保持自己内心的清静无为。以“无为”的心态去面对，这样你才能最大限度地发挥能力，才能“无不为”。

在《道德经》里有句话：“战胜，以丧礼处之。”（第三十一章）这里指的是在战场上，打了胜仗，就用丧礼的方式来处理。为什么？

因为你胜了，就意味着对方的不幸，故应用丧礼的方式对待。所以，以“道”的原则处事是非常具有人文关怀精神的。这并不是说不要胜利，而是说不要把胜利看成至高无上的。那么引申到现实生活中，我们就不要总把胜利看得那么重，要给对手以必要的关怀，而给对手以必要的关怀才是真正成功者的风范。“江海所以能为百谷王者，以其善下之，故能为百谷王。”（第六十六章）成功者的风范并不以胜利为唯一标志，而是哪怕处于下风或失败了，仍然有着内心的坦然，“夫莫之命而常自然”（第五十一章），这样的心态才是成功的心态。很显然地，这样的心态是建立在慈善和关爱的基础之上的，所以“不争而善胜”的本质还是人内心的慈善使然。

（七）为学者日益，为道者日损

《道德经》是提倡学习的，“为学者日益”就是要不断加强学习，每天都有进步。知识和本领越多越好，因为它们是我们事业发展的条件。所以我们要努力学习，终生不殆。但是，人生的成功，知识其实只占较小的分量，大部分因素取决于人的心理素质，即道性的丰富程度，因此人还必须不断去掉人性中那些不符合自然的想法与私欲。而这不是通过学习知识能办得到的，这要靠修道才能办到，这就是“为道者日损”。

“损之又损，以至于无为，无为而无不为。”（第四十八章）那些不自然的、不合理的主观成分都去掉了，人就无为了，即人的想法和心理活动都顺应自然了，那么人在处事为人时就都会因符合客观而顺心自在，人的潜能也会因此得到充分开发。所以人生的成功，“为学”与“为道”必须并重——不仅要学习知识，还要通过修道来修炼本性，这个过程同样非常重要。

第3课　《诗经》的诗性智慧

《诗经》,是中国古代诗歌的开端,也是最早的一部诗歌总集,收集了西周初年至春秋中叶(公元前11世纪至公元前6世纪)的诗歌,共311篇,反映了周初至周晚期约五百年间的社会面貌。其中6篇为笙诗,即只有标题,没有内容,称为六笙诗(《南陔》《白华》《华黍》《由庚》《崇伍》《由仪》)。

《诗经》的作者佚名,绝大部分已经无法考证,相传为尹吉甫采集、孔子编订。《诗经》在先秦时期被称为《诗》,或取其整数称《诗三百》。西汉时被尊为儒家经典,始称《诗经》,并沿用至今。

读《诗经》,不能忽视孔子,他不仅修订了《诗经》,对于《诗经》地位的确定与历史的传播也厥功甚伟。

《论语》记载:孔子的学生陈亢,曾问孔子的儿子孔鲤:"你有没有从令尊大人那里学到点不一样的学问?"孔鲤回答道:"没有。有一天,我父独立于庭,我正快步走过,我父亲问:'学诗了吗?'我答道:'还没。'我父亲言道:'不学诗,无以言。'我就开始去学诗。又有一次,我父亲独立于庭,我快步走过,父亲又问:'学礼了吗?'我答:'还没。'我父又言道:'不学礼,无以立。'我又开始去学礼。"陈亢听了很高兴,感慨说:"我向你问了一个问题,却得到了三个收获。第一是知道'不学诗,无以言',第二是知道'不学礼,无以立',第三则是知道君子即使是教自己的儿子,也没有丝毫偏私。"

"不学诗,无以言",这句话说明读《诗经》是对一个人最基本的学习要求,也是由诗教而及于礼教的体现。子曰:"兴于《诗》,立于《礼》,成于《乐》。"(《论语·泰伯》)诗教,是教育的开端,也是教化的开端。

孔子关于《诗经》整理、选删思想原则标准的诗学观,集中地体现在《论语》之中。子曰:"《诗》三百,一言以蔽之,曰:'思无邪!'"(《论语·为政》)子曰:"《关雎》乐而不淫,哀而不伤。"(《论语·八佾》)子曰:"小子何莫学夫《诗》?《诗》可以兴,可以观,可以群,可以怨。迩之事父,远之事君;多识于鸟兽草木之名。"(《论语·阳货》)这几个论断对后世关于《诗经》的理解以及中国的诗歌观念产生了深刻影响。

关于《诗经》,首篇重要的文献就是《诗大序》。

《诗大序》中有这样一段文字:

> 诗者,志之所之也,在心为志,发言为诗。情动于中而形于言,言之不足故嗟叹之,嗟叹之不足故永歌之,永歌之不足,不知手之舞之足之蹈之也。情发于声,声成文谓之音。治世之音安以乐,其政和;乱世之音怨以怒,其政乖;亡国之音哀以思,其民困。故正得失,动天地,感鬼神,莫近于诗。先王以是经夫妇,成孝敬,厚人伦,美教化,移风俗。

这段话大体的意思是,诗是人的意志的宣泄。人心有所感,存于衷心,即所谓的意志,也就是今天所说的思想感情,一旦发而成言,即是诗了。要让情感表达更加丰富有力,诗中会加上表示嗟叹的语助词,如是尚有不足,则曼音长歌,以增强诗的表现力,“永”训作长,永歌就是长歌。曼音长歌,还不足以表现其情感之浓烈,就需要通过舞蹈烘托其气氛。诗可歌可舞,也为后世中国文学树立了音乐文学的典范。《乐记》有云:“知声而不知音者,禽兽是也,知音而不知乐者,众庶是也。唯君子为能知乐。”声音包括声、音、乐三个不同的层次。声,指宫、商、角、徵、羽;文,指由五声和合而成的曲调;将五声合成为调,即为“音”。从“音”中可以听到喜怒哀乐,这些喜怒哀乐一方面从侧面反映了时代与社会生活的特点,一方面又具有教化与教育的作用。

从周官采诗,到先秦典籍用诗,再到孔子删诗,及至汉代“诗学”兴起与《诗经》并重,足见《诗经》对中国历史文化、诗歌传统、文学创作等具有独特而深刻的影响和价值。

一、诗性的民族

《诗经》是一本诗集,但是这本诗集也是一部记录民族生活、反映民族精神、体现民族特性的经典文本。它体现了中华民族富有诗性的精神特质。何谓“诗性”,简单地理解,就是中国人都具有一点潜在的“诗人”气质,中国人喜欢用诗歌去表达自己的情志。也正因为如此,可以说中华民族是一个诗性民族,中国是一个诗歌国度。这成为中国历史文化的一种特点。《诗经》就是这种特点的证明。

随手翻阅《诗经》，你会发现那样一个时代，用写诗的方式抒发情感似乎是一种普遍的方式，是一个人在日常生活中随时可能产生的行为。《殷其雷》这首诗，写一位妇人听到阵阵的雷声，十分担心外出未归的丈夫，内心充满思念、牵挂、盼望的情绪。她一方面赞赏自己的男人是“振振君子”，在外忙碌奔波；一方面又希望他早点回来，“归哉归哉”，感情婉转真实。这个独居的女人就是用诗的吟哦来排遣自己的心情。《伐檀》，是一首伐木者之歌，一边劳作一边吟唱，歌声铿锵而悠扬，一边述说自己的劳动场景与体验，一边抒发自己内心的不平，感情时而高亢激越，时而低回婉转。《伐木》从题目看似乎是写劳动的诗歌，其实是一首宴请亲朋故旧的诗。宴请是建立与维护友情的重要手段，至今依然如此。想想宴饮之时，主人吟诗助兴，希望珍视友情，和乐相处，天长地久，该是多么真切动人。“伐木丁丁，鸟鸣嘤嘤。出自幽谷，迁于乔木。嘤其鸣矣，求其友声。相彼鸟矣，犹求友声。矧伊人矣，不求友生？神之听之，终和且平！”诗歌的开头不是直接写友情，而是通过描写伐木惊鸟，鸟群相报，迁徙乔木，避险求安来暗含友情之珍贵，似乎连老天爷都能听见人间渴望和平的心声。这是多么真切感人。

在日常生活中，生产劳动中，集体活动与节庆典礼中，用诗歌的方式抒情、言志，体现出先人鲜明的诗性气质与崇尚诗歌的精神。采风就是采诗，诗就是风，就是这个民族的一种风气与风尚。这种风气自然也会延伸到社会生活的其他方面。孔子说“不学诗，无以言”，不只是基于对《诗经》的重要性的判断，也是基于诗歌对于一个人成长的必要性。为什么说“不学诗”，居然到了话都不会说，话都说不好的地步？要知道说话是人最基本的技能与交流方式，这意味着用诗歌去交流实际上就是中国人的一种文化传统？

西周初年，有一种“献诗陈志”的社会风气。人们对好人好事的赞扬，或对坏人坏事的批评，往往不是直抒己见，而是用诗来表达自己的意见。

《国语·周语上》记载了这样一个故事：周厉王在位时做了许多坏事，臣子和百姓对他有许多意见。为了压制臣民不满的言论，周厉王就叫卫巫监视他们，谁要说国君的坏话，密告上去就要被问罪。这时大臣召公对他说，治国像治水一样，应从疏导河流着手，堵住百姓的口，害处比堵塞河道还要大。所以天子听政，使公卿至子列士献诗，瞽（指乐工）献曲，而后王斟酌焉。这个故事说明“献诗陈志”是先王旧制，是天子了解时弊、决定行止的政治手段，也是臣子向天子进忠言，达到止恶扬善，实现自己政治主张的得力工具。它的得力之处在于诗这种作品，是通过文学形式来表现主题的。赞成什么或反对什么，其态度虽然是明朗的，但一般不直指某人某事，而是以典型人物、事件，配以含蓄的语言、炙热的情感，启示人们与类似的社会现象作比，从而得出某类事应如何做为好的结论。这就比直接指出某人某事办得不对，应当怎样做才对的方法好，好就好在能保住做错事的人的面子，使其没有受人教训的感觉，感情上容易接受。加之错误是其本人在诗的启发下认识到的，可以说是自我觉悟。这样做错事的人在认识错误、改正错误的过程中就不会有为人所迫之感。一旦认识和改正了错误，就能增强其聪慧、圣明的形象。用这种方法来对待那些自认为比任何人都高明、虚荣心极强的上司是非常必要的，否则谏者非但达不到目的，且有招来杀身之祸的危险。

当然,在诗中也有直接表明目的的。《小雅·巷伯》是寺人孟子因遭人谗毁而发泄怨愤的诗。后四句说:“寺人孟子,作为此诗;凡百君子,敬而听之。”表明孟子作此诗以为君子之戒。《小雅·四月》写一个小官吏行役去南方,遭遇变乱、久不得归的痛苦心情。诗的第八章写“山有蕨薇,隰有杞桋,君子作歌,维以告哀。”自述作歌之由是“维以告哀”。《大雅·崧高》第八章:“申伯之德,柔惠且直。揉此万邦,闻于四国。吉甫作诵,其诗孔硕。其风肆好,以赠申伯。”此诗创作于周宣王时期,应是尹吉甫赠给在王室为卿士而又出为方伯的申伯的。当时周宣王的母舅申伯来朝,周宣王优待有加,除增加封地之外,还派人给他建造城邑,经营土地。申伯回国,尹吉甫作此诗送之。诗歌颂扬了申伯的品德功绩。由此可以看出“献诗陈志”在西周初年的确是一种社会风气。

到孔子时代,“献诗陈志”已成过去,但“赋诗言志”的风气还在延续中。《左传·襄公二十六年》记录了晋侯为了一个叛臣,把卫侯囚押起来,后来齐侯和郑伯到晋国说情。在宴会上,晋侯先赋了《大雅·假乐》,用其中的“假乐君子,显显令德,宜民宜人,受禄于天”等奉承的话来表示对齐、郑两国君的欢迎和赞颂。齐国的国景子答赋《小雅·蓼萧》歌颂晋君恩泽及于诸侯,郑国的子展答赋《郑风·缁衣》表示郑国不敢背晋。这是外交活动开场时的一番客套。接着就谈到正题。齐人认为晋侯不宜为卫国的一个叛臣,把卫侯扣押起来。晋侯作了一番辩解,表示扣押卫侯还有别的理由。于是齐国的国景子就赋《辔之柔矣》,用驾驭马匹要用柔辔的比喻,来劝晋侯对小国要宽大些。郑国的子展也赋《郑风·将仲子》,因《将仲子》中有“人之多言,亦可畏也”的话,意思是晋侯囚卫侯虽然还有别的理由，但“人言可畏”，在别人看来总是为了一个叛臣。于是晋侯答应释放卫侯。

《左传·定公四年》载：楚国遭受吴国的侵略，几乎灭亡了，楚国将军申包胥到秦国讨救兵。秦哀公先是拖延推托，后来申包胥在秦国宫廷外哭了七日七夜，秦哀公被他感动了，就为他赋《秦风·无衣》表明秦国愿意出兵救难。这首诗无疑是作战动员令，也是行军进行曲，表达了群情激昂、同仇敌忾、勇往直前的精神。

反之，在当时各种外交场合中，如赋诗不当，就会引起麻烦，甚至导致刀兵之祸。如《左传·襄公十六年》载：晋侯与诸侯宴于温，叫各国的大夫“赋诗”。为什么“赋诗”？这叫“歌诗必类”，就是从诗歌中看出是不是一类人。其中齐国的高厚因为“赋诗”不得体，有人就觉得齐国有“异志”，就是不是一类人，另有企图。这使晋国的君臣恼怒起来，要联合与会的诸侯一同讨伐齐国。他们的口号是“同讨不庭”。

再如《左传·襄公二十七年》载：齐国的庆封访问鲁国，美车华服，和鲁国的叔孙一道吃饭。吃饭过程中庆封很不恭敬，叔孙就赋《鄘风·相鼠》一诗来讽刺他，他竟懵然不知其实这是骂他的。此诗言辞激烈尖刻，毫无保留地斥责他人的无礼失德。此诗曰：“相鼠有皮，人而无仪！人而无仪，不死何为？相鼠有齿，人而无止！人而无止，不死何俟？相鼠有体，人而无礼！人而无礼，胡不遄死？”可见当时的士大夫懂诗是多么重要的事情。正因如此，在外交事务中，各国都十分注意挑选熟习诗的人去办这种“诗的交涉”。如《左传·禧公二十三年》载：晋公子重耳出国流亡，来到秦国，秦穆公准备设宴款待他。重耳手下的主要谋臣狐偃事先就对他说：

在外交辞令的修养上,我不如赵衰富于文采,让他陪同你去吧。结果赵衰在宴会上很出色地完成了赋诗应对的任务。

至孔子时代,引用诗句做言论的根据渐成风气。这在《左传》与其他文献中都有记载。如《左传·襄公三十一年》载:卫北宫文子随襄公到楚国去,路过郑,郑国按礼节慰劳了他们。事后北宫文子对卫襄公说:"郑有礼,其数世之福也,其无大国之讨乎!诗曰:'谁能执热,逝不以濯。'礼之于政,如热之有濯也。濯以救热,何患之有?"北宫文子的意思是说,郑国的大夫很懂礼,这能够使郑国几代不受大国的侵伐,这个道理根据何在呢?于是他就引诗《大雅·桑柔》为证。这里北宫文子把礼比作水,说明礼对政治的作用,就像水能解热一样,只要有礼,国家就不怕战乱了。这是用诗宣扬以礼治国的例子。又如《孔子集语·子华子》载:子华子反自郯,遭孔子于涂,倾盖而相顾,相语终日,甚相欢也。孔子命子路曰:"取束帛以赠先生。"子路屑然而对曰:"由闻之,士不中间见,女嫁无媒,君子不以交,礼也。"子曰:"固哉!由也,诗不云乎:有美一人,清扬婉兮,邂逅相遇,适我愿兮。今程子天下之贤士也,于斯不赠,则终身弗能见也,小子行之。"这里孔子引用《郑风·野有蔓草》中的诗句,作为自己路遇程子并以物相赠的依据。再如《左传·哀公二十六年》载:卫出公派人来用弓问候子赣,而且问:我能回国吗?子赣叩头受弓,回答说:我不懂得。私下对使者说:从前成公避居于陈国,宁武子、孙庄子在宛濮结盟,然后国君回国。献公避居于齐国,子鲜、子展在夷仪结盟,然后国君回国。现在国君再次避居在外,内部没听到有像献公时代的亲信,外部没有听到有像成公时代的大臣,那么赐就不懂得根据什么回国了。为了陈述自己的主张,子赣引《周颂·烈文》诗曰："无竞惟人，四方其顺之。"意思是：得到人才能够强大，四方将会顺服。

上述的例子不仅说明《诗经》在各种场合发挥着重要作用，还说明诗歌成为生活与交往、抒情与言志等的一种重要形式。太史公曰"古者《诗》三千余篇"，即《诗经》原有的篇目远远大于三百篇，足见古代流传下来的《诗经》诗篇可谓繁复。这些诗篇所反映的社会生活极其广泛，诸如天子君王治国理政，王公贵族祭祀享宴、大颂功德，祈求社会安定、人间和平幸福，反映君臣百姓民本民生诉求愿望，讽怨不仁不义，讽怨战争徭役苦难，反抗剥削压迫，反映人伦道德、修养情操和各地民风民俗、百姓生活，反映丧葬习俗，讴歌爱情婚姻嫁娶，描绘山川、草木、鸟兽、天文地理，等等，《诗经》的内容几乎无所不包。

就《诗经》的内容而言，后世将其总结为"风""雅""颂"三类。

风有十五"国风"，共计一百六十篇，占了总数的一半之多，多为民间歌谣、地方土乐，可看出各地之政情及民风。十五"国风"，以其深刻的现实主义精神、刚健清新的审美情操和率真活泼的民族风格，构成一大流派，又因各地政治经济发展的不平衡，文化生态环境和风土人情民俗的差异，构成若干地域性流派，而具有丰富多彩、异彩纷呈的艺术风貌。如在爱情诗中，有情侣投桃报李的欢唱，如郑风的《萚兮》《溱洧》和邶风《静女》等佳作；也有弃妇如泣如诉的悲歌，如《卫风·氓》和邶风的《谷风》《终风》等名篇；有迎婚送嫁的风俗画之作，如邶风的《匏有苦叶》《燕燕》等精品；还有思妇征夫的断肠之曲，如《王风·君子于役》《卫风·伯兮》等杰作。举凡爱情婚姻生活中各种酸甜苦辣的复杂感受，悲欢离合的激湍微澜，都写得真切感人、毫无讳饰。那些率真纯朴的自由恋歌，充分表达了郑、卫两国人民对传统礼教的蔑视和反叛，对恋爱婚姻自由的向往和追求。那些充满悲剧感情的弃妇诗，集中表现了妇女反叛封建礼教的痛苦心灵历程和悲惨命运。那些闺中国念远、征役思归之作，则深刻反映了当时频繁的兼并战争和繁重的兵役、劳役给人民带来的深重苦难。

经初步考察，"国风"中对后世诗歌产生深远影响的题材类型有十几种，如田家诗、风俗诗、讽刺诗、送别诗、哭挽诗、征戍诗、爱情诗、闺怨诗、悼亡诗、田猎诗、徘谐诗、丧乱诗、咏怀诗、格言诗、寓言诗以及田园隐逸诗等。

"雅"分为"小雅""大雅"。"小雅"七十四篇，多作于西周末期，以宴飨之乐为多。"大雅"三十一篇，皆为西周作品，多作于西周初期，以朝会之乐为多。"雅"诗中的作品主要是对西周贵族在一定生活方式制约下的社会生活、政治生活以及经济生活的一般描写。占主导地位且能较突出地反映"雅"诗文学性特点的主要有颂赞诗、宴飨诗、史诗和政治批判诗。"大雅"的大部分和"小雅"的少数篇章，同"周颂"一样，都是在周初社会景象比较繁荣的时期，适应统治阶级歌颂太平的需要而产生的。

"颂"分"周颂""鲁颂""商颂"，全部都是用于朝廷、宗庙的乐章。从诗的实际内容看，其中除"鲁颂"四篇以及"周颂"的《振鹭》《有客》是用于朝会宴饮及歌颂功德仪式的诗，其余的则都是祭歌。而这些祭歌的内容是极其丰富多彩的。其中，有敬礼社神的《载芟》《良耜》，又有敬仰百谷之神后稷之歌《思文》《丰年》，有对农神的礼赞，如《噫嘻》《臣工》，又有大量表达对同祖同宗的自豪的诗歌和在神前反思、自责与自励的诗歌。

诗歌是怎么产生的？有人说来自人类的劳动，一起劳作的号子声“杭育杭育”就是最早的诗，既可以抒发情感，又可以协同合作；也有人说来自原始娱乐，譬如歌舞乐，歌词的部分就成为诗歌。这里要提到，汉字的出现也证明了中国人的诗性特点与思维特点，这同样影响到汉语诗歌的特点与特性。诗歌固然可以随口吟唱，但是最终还是要通过汉字进行记录与书写，从汉字到汉语到诗歌书写，本身就存在内在的功能与意义的关系。

纵观中国几千年文化的发展历史，人们不停地在探索世界的奥秘，并试图用自己的方式来表达与交流，因此，文字便成了一种最好、最直接的方式。刘勰《文心雕龙》第一章“原道”开篇即有陈述：“夫玄黄色杂，方圆体分，日月叠璧，以垂丽天之象；山川焕绮，以铺理地之形：此盖道之文也。仰观吐曜，俯察含章，高卑定位，故两仪既生矣。惟人参之，性灵所钟，是谓三才。为五行之秀，实天地之心，心生而言立，言立而文明，自然之道也。”

面对着瑰丽诡谲的自然界，只有人的智慧才能触发无尽的想象力，进而展开艺术的创造。相应地，自然界所蕴含的各种意味和气韵，也只有人才能有所参悟，并设法表达，寻找共鸣。这是人类社会建立和发展的第一奥义。《系辞上》记载：“河出图，洛出书，圣人则之。”图像与文字是先民积极探索世界的两大成果，两者有所差异，又互相关联，并且一起解释了一个道理：人造符号映射的乃是客观真实的世界，但这个世界经过人类的联想和创作之后，会产生不同程度的变形。这种变形，就是我们所认知的诗意的来源。

那么，这种诗意是如何从文字中得到确立，进而形成诗文中间所讲究的意象的呢？文字符号作为表情达意的工具之一，乃是从世上直观的形象中被剥离出来的，并且最终作用于人的视觉激发联想的。而关于世界的想象与人类最终的自由追求紧密相连，这就给诗意的迸发提供了最广袤的空间。

一个字的成长，从象形、指事，到会意、形声，与一个民族集体智慧的成熟程度息息相关、环环相扣。维柯在他的新科学中深刻地探讨了“诗性智慧”这一命题，同时他也注意到了使用象形文字的雅典和中国实际上都是在使用一种诗性的方式来交流互动，阐释世界。因此，每一个汉字都是一种出色的隐喻，源于真实，又作用于人心内部。

汉字作为最古老的象形文字，一笔一画的书写当中都显现了人的感官与自然最本真的沟通。汉字的记录者和传承者对字的发展进行了艰苦卓绝的探索与加工，这是对诗性智慧的理性说明，但在无意中也更加巩固了汉字的诗性属性。

汉字与汉字的组合，既是词语现象，又是言说行为，特别是在古汉语中，汉字组合在汉字词汇和汉语言说中的绝对地位使汉语在语言形成过程中具有创造性、灵活性、无规则性；相应地，在意义上具有模糊性、生动性和不可捉摸性，一句话，具有诗性。我们对汉字这种富于隐喻和象征的属性已有明确认知，所以自然更能体会字中蕴含的美感与诗词意象中蕴含的美感有共通之处，或说是有一脉相承之处。

总之，中国人本就具有诗性思维与诗性智慧，《诗经》的出现并非刻意创作的结果，而是生存与生活顺乎自然的表达方式，是这一思维与智慧的集大成之作，不只是“抒情”“言志”，还是中国人自身的生活与精神的记录。这也不难理解为什么《诗三百》成为“经”，而且居群经之首了。

二、诗性美的核心是“和”“乐”

从中国诗歌的形成之初看，诗、乐、舞本是三位一体的。《吕氏春秋·古乐》记载：“昔葛天氏之乐，三人操牛尾投足以歌八阕：一曰载民，二曰玄鸟，三曰遂草木，四曰奋五谷，五曰敬天常，六曰达帝功，七曰依地德，八曰总万物之极。”葛天氏应该是一位部落酋长，他亲自主持仪式，有三人手持牛尾，边舞边歌唱，完成一组由八个部分组成的古乐。这八个部分的歌词已经无从考证，但是八个方面的小主题是明确的，形成主题明确、结构完整、气势不凡的古乐。

这段文字显示，诗与原始的巫术礼仪、图腾舞蹈组成了一个密不可分的系统。“诗”大概最初就是巫师口中念念有词的咒语，与祭神活动密切相关。“舞”的初文是巫。在甲骨文中，巫与舞原是同一个字。“乐从和”，“乐”通过群体情感的交流来协调人际关系、天人关系，追求人的内心、社会秩序、宇宙万物的彼此感应、和谐存在，正如《乐记·乐论》所言：“乐者，天地之和也；和，故百物皆化。”所以，中国诗歌一开始就具有与天地万物，乃至鬼神和谐相通的性质。

在《诗经》之前，诗歌、舞蹈、音乐相结合的形式还保留了相当长一段时间。这种形式对诗歌的影响是原始而原型化的。即诗歌具有一种特定的形式或者仪式感，同时在情感内容上具有特定的模式与追求。

《诗经》中真实记载了周代的礼俗与和乐的风俗。周礼的含义有狭义和广义之分,狭义上的周礼指三礼中所记载的如婚礼、丧礼、祭礼、冠礼、朝聘之礼等诸多名目繁杂的礼仪;广义上的周礼则是当时社会生活最根本的制度规范。国风中反映"礼"对社会生活各方面影响的作品有很多,例如:《鹊巢》记述当时贵族婚礼中盛大奢华的迎亲场面;《采薇》描写贵族妇女为宗庙祭祀之礼做准备的场景;《氓》叙述纳彩、纳征、请期等贵族婚礼前期的几个重要步骤;《车邻》《驷驖》再现国君游猎出行时的威武仪仗。周礼对社会生活所产生的广泛影响亦波及时人的思想意识领域,在各组国风作品中以不同的形式表现出来。

(一)人与自然的和乐

从人类诞生的那一天起,人类与大自然之间就存在着一种亲密和谐的关系,在《诗经》中存在着"万物一体"的思想原型,这种思想原型的内核是人与万物一体相通的原始交感思维方式以及物人和乐的情感体验。

自然界中各种花草鱼虫、飞禽走兽已不断走进周人的生活圈内。如只就生物名词而言,《诗经》中就有草名一百零五种,木名七十五种,鸟名三十九种,兽名六十七种,昆虫名二十九种,鱼名二十种。这表明,在周代,人们与大自然中事物的接触已经相当广泛而密切,而人们最初的审美对象便是这些与人类的生产生活有着直接关系的动植物。

如《周南·葛覃》写道:"葛之覃兮,施于中谷,维叶莫莫。是刈是濩,为絺为绤,服之无斁。"诗人之所以赞美葛的茂盛,是因为可以获得更多的绨绤。又如《召南·驺虞》写道:“彼茁者葭,壹发五豝。于嗟乎驺虞。”诗人之所以歌咏芦苇的茂密,是因为茂密的芦苇中隐藏着许多猎物,“中必迭双也”。再如《小雅·信南山》中写对雨雪的赞美:“上天同云,雨雪氛氛,益之以霢霂,既优既渥,既沾既足,生我百谷。”这也是因为天降雨雪,正好有利于五谷生长。周人咏“芣苡”,因为据说它是治病的药物,咏“采薇”是因为它“于以用之,公侯之事”,是祭品。显然,这里所表现的对自然事物的审美意识都是与物质的功用相联系的。这并不奇怪,因为在人类审美意识的发展史上,美的观念是伴随着实用的观念而来的,人类最早的审美经验与对物质需要的满足是一致的。

在《诗经》中,从物质功用角度直接描写自然景物的作品并不多,我们大量看到的是这样一些景物描写:“关关雎鸠,在河之洲”(《周南·关雎》);“桃之夭夭,灼灼其华”(《周南·桃夭》);“桑之未落,其叶沃若”(《卫风·氓》);“风雨凄凄,鸡鸣喈喈”(《郑风·风雨》);“蒹葭苍苍,白露为霜”(《秦风·蒹葭》);“山有扶苏,隰有荷华”(《郑风·山有扶苏》);“彼泽之陂,有蒲与荷”(《陈风·泽陂》)……显而易见,上面所写的自然景物,已不囿于对其物质功用的考虑,而与人们的精神生活、心理活动和感情生活有着密切的关系。这种表现出自然美的意识,比起《葛覃》《驺虞》来,已有了重大的演进。

还有一种情况,周人通过祭神等活动,间接地描述了人与大自然的和谐关系。如《小雅·大田》:“大田多稼,既种既戒,既备乃事。以我覃耜,俶载南亩。播厥百谷,既庭且硕,曾孙是若。”这是周代的一首农事诗,其内容是写农业生产中选种、修械、耕种、除草、灭虫、收获等情状。诗中不仅以白描手法，生动地刻画了农业生产的场面，而且深刻而集中地反映了周代的农业生产关系。从中亦可以看出，周人已经把自己融于大自然之中，耕种、除草、灭虫、收获诸项活动，诚为人与自然和谐关系之表现。类似的诗歌还有《小雅·瞻彼洛矣》《小雅·楚茨》等。

随着社会文明的进步，人与大自然的关系日益复杂。大自然不仅是人们摄取物质资料的源泉，也满足了人类精神生活的需要。人们在长期的社会实践中逐步觉察到大自然中的万物与人类的社会生活有着千丝万缕的联系，对人类的社会生活有着多方面的象征意义，自然界内在的有规律的运动也与人们的情绪感受有着一种不可言状的相通之处。“桃之夭夭，灼灼其华”（《周南·桃夭》），美丽的鲜花使人想到容貌姣好的姑娘；“鸿雁于飞，哀鸣嗷嗷”（《小雅·鸿雁》），好似“劬劳于野”的流民；“习习谷风，以阴以雨”（《邶风·谷风》），风雨交加的景象总是使人产生凄凉之感；而“雍雍鸣雁，旭日始旦”（《邶风·匏有苦叶》），大雁叫，朝阳升，这生机勃勃的景象，则唤起人们心中美好的希望。

人类的情感和情绪与自然界中的事物对应还有更直白的，如《召南·摽有梅》，诗中的女主人公是一个怀春少女，当她看到梅树上“其实七兮”“其实三兮”到“顷筐塈之”时，终于发出“求我庶士，迨其谓之”（有意的男儿追求我吧，不要婚礼，我马上跟你结婚）的叫喊，真有点迫不及待之状，又有如北朝民歌中的“老女不嫁，呼天抢地”之叹。还如《邶风·匏有苦叶》中女主人公感觉到自己周围的事物在强烈刺激着她：济河水涨，引起她思绪如潮；山鸡鸣叫，勾起她爱欲如火，此时她竟大胆直率地唱道：“你快来娶我吧！”与《召南·摽有梅》具有异曲同工之妙。

《诗经》的作者们在生活现实中发现,人与大自然之间存在着一种对应关系,即人的思想情绪可以在自然界中找到"对应物",而人们微妙的内心世界、细微的心理活动,也可以通过这些具体形象的"对应物"来表达。

(二)从始祖创业看周人与自然的和谐

人与大自然的和谐共处,是有一个过程的,这个过程的变化,主要是社会文明发展的结果。正如孔子的天命观,经历了回避天命、畏天命、知天命三个过程,这也是人与自然和谐共处的发展过程。《诗经》中的诸多诗歌都反映了这一过程。

从宇宙层面上来说,《诗经》和谐为美的审美观念主要表现在人与自然的和谐相处上。无论是描写劳动、抒写婚姻爱情,还是表现宴饮飨乐的诗歌,大都洋溢着一种和谐融洽、自然亲和的气氛。如《王风·君子于役》"鸡栖于埘,日之夕矣,牛羊下来";《豳风·七月》"春日载阳,有鸣仓庚。女执懿筐,遵彼微行,爰求柔桑"等等,都是将自然景物与人物活动和谐地融合在一起,创作出一幅幅自然隽永、情景交融的美丽图画。

而描述周民族创业的史诗,则证明周人主动和大自然和谐相处。《绵》是一首周人赞美其祖先古公亶父开国功业的诗歌。周人自公刘定居于豳,又传九世至古公亶父。因受戎狄的逼迫,古公亶父便率领周人到岐山之南的周原。周人定居于这土地肥沃的周原之后,在古公亶父的领导下,周人整顿了制度和组织,营建了宫室房舍,由穴居进化到室居,由原始社会逐步过渡到奴隶社会,尤其是"捄之陾陾,度之薨薨,筑之登登,削屡冯冯。百堵皆兴,鼛鼓弗胜。”意译出来是：敛土盛土，其声仍仍，填土倒土，其声轰轰，捣土夯土，其声登登，削高拍平，其声乒乒，百堵高墙，一齐筑成，丈二大鼓，难胜其声。这种劳动之艰辛，声势之浩大，是对大自然的一种征服。《生民》是周人歌颂其始祖后稷的长篇叙事诗。第四章说后稷从幼年时期就热爱农艺并表现出卓越的才能。五、六两章赞颂后稷从事创造性的农艺劳动，立下了丰功伟绩。他培养了许多优良品种，增加了谷物的产量。《公刘》是周人歌颂公刘开国殊勋的长篇叙事诗，它描述了公刘带领族人自邰迁豳的过程。尤其是后几章，写公刘到各处审察地利，选择吉地，始建城邑房舍及定居后整训军旅，大力发展农业生产的过程。值得一提的是《大雅·旱麓》：“瞻彼旱麓，榛楛济济。岂弟君子，干禄岂弟。瑟彼玉瓒，黄流在中。岂弟君子，福禄攸降。”意思是君子贤良，和乐近人，乐易和平，以求天禄。君子贤良，和乐近人，大福大禄，自天降临。我们从中可以看出，周人已意识到主动与大自然和谐相处的重要性。

以上这些史诗都讲述了周人与大自然的关系。乍看起来，这是人类与大自然的一种矛盾与斗争，但这是表象的。通过这表面上的矛盾与斗争，达到实质上的和谐，这种和谐才是更高层次的和谐，也是真正的和谐。这种关系是人类与自然由对立、崇拜、征服，最后走向和谐的普遍现象，也是人类社会文明发展到一定程度的必然结果。

《诗经》中也有反映社会不公、劳役之苦、两情不和、命运不济等主题的诗歌，真实反映了当时社会生活与个人生活中存在的问题，但这与“和”“乐”精神的追求并不矛盾，这种忧患、忧愤、忧愁的情思恰恰是基于对“和”“乐”的强烈追求而自然形成的。这种精神也一直影响着后世。

三、诗性与诗艺

《诗经》还显示了我国最早的诗歌作品在艺术上的巨大成就，这些成就表现在诗性确立、形象构成、形式体裁、语言技巧、表达方式等诸多方面。也是基于其诗艺的精湛高超，它的价值超出了诗歌范畴。或者说，它以诗歌的形式完成了其意义与价值的多重功能。孔子说诗可以兴、观、群、怨。兴作用于情绪与情感，首先是具有感染力；观就是认知的作用，认识自然、社会、生活、人世，既有鸟兽虫鱼，也有人情风俗等；群就是作用于人道人心，也就是具有"礼""教"的功能；怨就是批判，具有反思、反省、借鉴的作用。诗歌何以能具有如此大的内涵与作用呢？

后世说《诗经》具有现实主义精神，开创了中国诗歌现实主义的美学传统。这是有道理的。怎么理解这种现实主义精神呢？就是诗歌关注现实，关注生活，关注由现实与生活触发出的真实情感。这种关注，使得诗歌一方面远离"非现实"的关注，譬如过度无端的想象与妄想，一方面执着于"自我"的个性抒发。这种现实关怀、生活气息、人间情怀，才是《诗经》具有多重价值的核心原因。

诗歌的本质是抒情，但是《诗经》的抒情性体现出"情理合一""情礼合一"的真实性。这实际上也是一种情感的原始结构。后世论《诗经》在手法上是"赋比兴"，这当然可以理解为一种手法，其实深层次上还是一种情感寄托与情感表达的需要。如对"赋"的理解："赋者，赋陈其事而直言之者也"，"直书其事，寓言写物"，"情尽物也”。如“比”,“比者,比方于物也”,“因物喻志”,“索物以托情”,“切类以指事”,“喻类之言也”。如“兴”,“兴者,先言他物以引起所咏之词也”,“物动情也”,“托事于物”,“有感之辞也”。表现形式虽然不同,但这些手法其实都关注到人与事物之间丰富的情感关系与情感需要。

譬如“比兴”。人们在社会实践中发现,有的自然事物与人类社会和生活中的某些现象有相似之处,可以“以彼物比此物也”。这一类的比喻在《诗经》中可以说俯拾皆是。这种相似显然不限于事物的外部特征,这就使得表面上的比喻令情感形象生动,深层次里还有隐喻与寄托之意。

如《小雅·天保》写道:“如山如阜,如岗如陵,如川之方至,以莫不增。”把抽象的福寿比喻为可以感知的山川,有如当今说的“福如东海,寿比南山”。又如《大雅·常武》中用“如江如汉,如山之苞,如川之流,绵绵翼翼”来形容王师军旅,生动地表现出其声威气势。这一类比喻,着眼于自然界事物的外部形貌与人类社会生活中的某一方面的相似点。还有一些比喻,着重把握自然界事物内部特征与人类生活现象的相通之处。比如,“螽斯”有生子繁多的特点,诗人便用它来比喻子孙众多;“蜉蝣”朝生暮死,诗人便用它来比喻溺于安乐而忘远虑的人。《诗经》中还有通篇以自然事物来比喻人的。如较典型的有《魏风·硕鼠》,以老鼠的贪婪来比喻剥削无厌的统治者;《豳风·鸱鸮》全篇以一只失子毁巢的母鸟来比喻处境危殆的人。

“比”往往着眼于表现自然界事物与人类社会生活中相似的属性,往往是表象的、具体的和可感知的,而“先言他物以引起所咏之辞”的“兴”，则着眼于表现自然界中事物与人们在精神上、感情上的，抽象的不可感知的深层次联系，二者有层次上的不同。唐代皎然说的“取象及比，取义曰兴”正是从这个意义上来说的。朱熹也说：“但比义虽切而却浅；兴意虽阔而味长。”

在《诗经》中有大量的自然景物是作为“兴”起某种感情的特定对象而出现的。如“萚兮萚兮，风其吹女；叔兮伯兮，倡予和女”（《郑风·萚兮》），风吹落叶，飘然盘旋，给人以飘飘欲飞的感受，正好与载歌载舞的欢乐气氛相应；“燕燕于飞，差池其羽”（《邶风·燕燕》），在空中上下飞翔的燕子，牵动起人们依依惜别之情；“之子于归，远送于野”（《邶风·燕燕》），生长在坡地水畔的蒲草荷花，引起诗人对“美人”的思念，不觉“寤寐无为，涕泗滂沱”（《陈风·泽陂》）；“振振君子，归哉归哉”（《召南·殷其雷》），从山那边隐约传来的雷声，使诗人想起从役在外的人。上面所举的这些例子，都是由某种自然景物而触发起某种情绪并引出与这种情绪相关的事件。

还有一种情况，就是自然景物不仅是“兴”起一种情绪，而且具有某种象征、暗示意义。比如《邶风·北风》中写“北风其凉，雨雪其雱”，风狂雪猛的景象不仅给人一种悲愁之感，而且暗示着国家危乱将至，所以诗人说“惠而好我，携手同行”，召唤相好之人去而避之。《小雅·四月》中所写的“秋日凄凄，百卉具腓”“冬日烈烈，飘风发发”，也有着象征祸乱日进、时局动荡的意义。《小雅·采薇》末章以“杨柳依依”来渲染昔日上路时的难舍难分之情，用“雨雪霏霏”来表现今日艰难和内心的悲苦。这是以情景的和谐来渲染情感。显然，在这种情况下，自然景物与人的精神生活呈现出比简洁的感情呼应更为复杂的关系，这就是后人所说的“象征之意”。

然而，在许多时候和场合，“比”和“兴”实际上是很难分辨的，因而在过去常是“比兴”并称的。“桃之夭夭，灼灼其华”，写的是繁茂的桃枝、艳丽的桃花，这和新娘的青春貌美、婚礼的热闹喜庆相互映衬。而桃花开花之“灼灼其华”、桃花结果之“有蕡其实”枝叶繁茂之“其叶蓁蓁”，也可以理解为新娘出嫁之后多子多孙、家庭幸福昌盛的良好愿望。而《豳风·七月》第二章则是用“春日载阳，有鸣仓庚”这样的明丽之景来与采桑女“殆及公子同归”的悲伤形成对照，以情与景的对立来加强情感，达到相反相成的艺术效果。

再如“赋”，具体有几种表现。这些表现都是基于不同真实与直接的情感的需要而产生的。其一是直述。《召南·野有死麋》是用赋法白描直述一个恋爱故事。从小伙子的猎物“野有死麋，白茅包之”，说到姑娘的怀春，“有女怀春”，说到男诱女允，“吉士诱之”，家中幽会，“舒而脱脱兮！无感我帨兮！无使尨也吠！”均为直言之也。《邶风·北门》是小吏的怨诗。他从自己的家境“终窭且贫”，说到遭遇、心情，“莫知我艰”“忧心殷殷”“天实为之，谓之何哉”，从“王事适我，政事一埤益我”，说到“室人交遍谪我”，其痛苦、怨恨、无奈的心情，全靠直道、直诉说出。其二是直抒。《邶风·击鼓》是远征异国，长期不归的士兵的怨诉。其“我独南行”之怨，“不我以归”之忧，辗转奔走之苦，生离死别之叹，全是靠速写技法、直抒方法咏出。《鄘风·桑中》写桑间男女幽会之情，所谓“期我乎桑中，要我乎上宫，送我乎淇之上矣”，全是通过自豪的自问自答和甜蜜的回忆表现出来的，发自肺腑，逼真坦率。其三是直绘，就是直接描绘。《郑风·大叔于田》写行猎勇夫的乘马动作、驭马技艺、围猎场面、搏虎之勇、雄豪性格、射猎过程、射御本领，或直接摹状，或侧面烘托，或点染比拟，都用赋法描述刻画得生动逼真，如图画一般。《郑风·女曰鸡鸣》写一对小夫妻的勤劳、和乐，全靠描述小两口的炕头对话，真实活泼，情趣盎然。

总之，以“和”“乐”为核心的诗性思维与诗性追求，体现在中国人生活的方方面面，也体现在情感生活的方方面面。这些情感需要会随着情感目的、情感对象、情感场合的变化，衍生出丰富多样的表达方式。“赋比兴”依然只是对其表达方式的某种倾向性的描述。实际上，在每一首诗歌中，具体的表现是不一样的，综合运用的方式也是不一样的。

譬如《秦风·蒹葭》：“蒹葭苍苍，白露为霜。所谓伊人，在水一方。溯洄从之，道阻且长。溯游从之，宛在水中央。蒹葭凄凄，白露未晞。所谓伊人，在水之湄。溯洄从之，道阻且跻。溯游从之，宛在水中坻。蒹葭采采，白露未已。所谓伊人，在水之涘。溯洄从之，道阻且右。溯游从之，宛在水中沚。”

保存在《秦风》里的十首诗多写征战猎伐、痛悼讽劝一类的事，显得刚勇直率，而似《蒹葭》《晨风》这种凄婉缠绵的情致更像郑卫之音的风格。这反过来也证明秦风也有细腻婉转的一面。从字面上来看，《蒹葭》是通过思见秋水伊人而终不得见的意境描摹，抒发了一种爱慕、怀念与惆怅交织的情感。但是对于这首怀人诗的主旨，历来解说不一。有人认为作者在思念恋人，诗的主旨是写爱情；有人认为是怀友访旧而不得见，诗的主旨是抒发惆怅之情；有人说是诗人借怀友讽刺秦襄公不能礼贤下士，致使贤士隐居、不肯出来做官；也有人说作者就是隐士，此诗乃明志之作。这种“诗无达诂”的多义性体现出情感表达的含蓄真切。即便从当时的实际情形出发，将它视作是一首爱情诗，感情的表达也是深情含蓄，真切动人。

孔子说：“诗三百，一言以蔽之，曰思无邪。”《诗经》的思想感情纯正，是因为其以“和”“乐”为精神核心，以“雅”“正”为情感导向，以自然质朴为话语风格。孔子又说，《诗经》“乐而不淫，哀而不伤”，同样也是指《诗经》在感情的处理上体现出“情理合一”“情礼合一”。

《诗经》形成了汉语诗歌特有的结构模式：整饬而富有变化，简练而内涵蕴藉，质朴而情趣盎然，这种结构模式也是中国人情感本身的外在体现。《诗经》的句式以四言为主，四句独立成章，二节拍的四言句式以及重章叠唱的复沓结构，给人和谐庄重的感觉，节奏感强，便于人们演唱表演。比如《周南·芣苢》三章里只换了六个动词“采”“有”“掇”“捋”“袺”“襭”，就描述了采芣苢的整个过程。随着芣苢越采越多，人们欢呼雀跃，反复咏叹自己的劳动成果，劳动中欢快的节奏感与生理上的欢快感达到了完美契合。平心静气，涵咏此诗，恍听田家妇女，三三五五，于平原秀野、风和日丽中，群歌互答，余音袅袅，若远若近，若断若续，不知其情之何以移而神之何以旷，则此诗可不必细绎而自得其妙焉。

在四言主导的情况下，《诗经》中还有大量杂言句，这些句式突破四言句的束缚，使原本整齐庄严的句式变得灵活自如，更真实地反映了先民最原始的民风习俗、生存环境。如《郑风·溱洧》：“溱与洧，方涣涣兮。士与女，方秉蕳兮。女曰：‘观乎？’士曰：‘既且，且往观乎？’洧之外，洵訏且乐。维士与女，伊其相谑，赠之以勺药。”这是描写郑国三月上巳节青年男女在溱水、洧水两旁游春的诗。此诗采用三言、四言、二言，句子短小精悍、活泼灵动，语言轻松、感情真挚，真实地写出了青年男女天然淳朴的感情，是颇具代表性的诗歌。还有《豳风·七月》，这是一首完整反映农民劳动状况的农事诗，全诗杂用四言、六言、五言、七言将农民一年耕田、养织、狩猎、祭祀等劳作场景栩栩如生地展现在读者面前。没有庄严，只有逼真的生活场景，更显真实。

汉字成句的组合具有自由、跳跃、灵动的特点，它以表意与情感的逻辑来完成意义的表达，使得诗歌的话语意义具有巨大的张力与意义的丰富。汉字本具有"四声"之乐美，同时又采用重章叠唱的复沓形式来抒情达意，这是《诗经》在艺术表达上的一个显著特点。

在保持浓厚民歌特色的《国风》和接近《国风》风格的《小雅》中，比较普遍地使用了这种重章叠唱的表达形式。所谓重章叠唱，就是指《诗经》中的一些篇目，其全篇各章在结构和语言上几乎完全相同，中间只换几个字，有时甚至只换一两个字，通过每章的重复出现，反复咏唱，从而形成了《诗经》在结构和表达上的独特形式。这种形式的出现，是由《诗经》合乐歌唱的性质所决定的，汉代司马迁在《史记》中就有"三百五篇，孔子皆弦歌之"的说法。在诗篇中运用这种表达形式，一方面有利于传唱和记忆，另一方面可以在反复咏唱中强化音乐节拍，形成一定的旋律和节奏，达到深化主题、强化抒情、增加感染力的审美艺术效果。

据夏传才《诗经语言艺术新编》一书记载，《诗经》中的重章叠唱在结构和布局安排上有以下两个特点：一是重章叠唱的形式，主要分布在《国风》或接近《国风》风格的《小雅》中，《大雅》和《颂》

诗中很少见。这是因为重章叠唱的形式，虽然与《诗经》合乐歌唱的性质有关，但它主要是由人们口头文学创作和民歌体对唱互答的表达形式所决定。二是这种重章叠唱的复沓形式，大都存在于《国风》和《小雅》那些二章、三章和四章结构短小的抒情之作中，而在《大雅》《小雅》《颂》诗和《国风》那些篇幅较长的诗篇中，很少有这种叠唱的形式，因为这种复沓的表达形式，大都只适宜表达诗人特别是劳动人民或单纯或快乐或明快或质朴或忧愤或悲愁的思想，而那些章节很多和篇幅较长的叙事、赞颂和陈述之作，或为庄重、平缓、肃穆的宗庙祭祀之曲，或陈述一个比较完整复杂的社会生活和历史事件，所以一般不适宜于重章叠唱式的表达。

此外，《诗经》中舒缓悠扬、具有音乐美感的叠字和双声叠韵，也使诗歌在演唱和吟咏时富有节奏美感。如"昔我往矣，杨柳依依。今我来思，雨雪霏霏""参差荇菜，左右采之""优哉游哉，辗转反侧"等。《诗经》句式节奏感强，或歌或舞，用者都可随心所欲，因而它被广泛运用到社会活动中，与后世摆在文案上的诗歌相比，《诗经》更显生动自由。

第4课 《论语》的人生智慧

宋代的开国宰相赵普说过一句话:“半部《论语》治天下。”意思是读通了半部《论语》,就能够把国家治理好。这话虽然有点言过其实,但反过来也证明了《论语》的价值。想要认识中国传统文化,主流是儒家,正统也是儒家,认识儒家必须从孔子开始,认识孔子必须从《论语》开始。《论语》是记载孔子及其弟子言行的一部书,是研究儒家祖师爷孔子及其儒家思想的最可靠的资料文献。

“半部《论语》治天下”,足见《论语》也是内容丰富、思想深刻、充满智慧的一部书。其实,《论语》全文共有 11705 字(有说 15900 字),大约相当于现今对开报纸一个版面的容量。它在《孟子》《易经》《尚书》《诗经》《礼记》《左传》六种经书中字数最少。如果只读半部,也就不到 6000 字,这当然是玩笑话。半部是指掌握精髓要义的程度,相当于跟师傅学武功,学到一半功夫就可以行走江湖。只可惜很多人真的连一半篇幅都没有读到。

《论语》共有 20 篇,前 10 篇被称为《上论语》,后 10 篇被称为《下论语》。各篇取篇首两字作为篇名,如《学而篇第一》首句为“学而时习之”,《为政篇第二》的首句为“为政以德”。《论语》是孔子及其弟子的言行录,以记言为主,书中随处可见“子曰”字样,唯有《乡党篇第十》是个例外,它记载的是孔子的日常生活、饮食起居、容貌举止之类,通篇是一个“子曰”也找不到。

如果说《易经》的价值在于判断性与预测性,《道德经》的价值在于本体性与警惕性,那么《论语》的价值则在于“以人为本”,“人”才是它关注的中心与根本,所以《论语》是暖心的,也是亲切的。“以人为本”其实是我们耳熟能详的词汇,今天更是被广泛提倡与使用。但是,落实到具体问题的时候,却未必真的能做到“以人为本”。

举个例子。《乡党篇第十》记载:“厩焚,子退朝,曰:‘伤人乎?’不问马。”意思是说,马棚失火烧掉了,官为鲁国司寇的孔子退朝回来听说此事后,询问有没有人员伤亡,而没有询问马匹的损失情况。这段记载有什么意义?

众所周知,孔子生活在春秋末期。当时的中国正处于大动荡、大变革时期。各诸侯国为了自身的利益进行了一系列的兼并战争,整个中原大地烽烟四起,人民的生命财产难以得到保证。从使用价值上来看,马匹在农业社会既充当作战工具,又充当主要的交通工具,况且,当时中原地区马匹的数量是非常有限的。古籍记载,五个奴隶的价值才相当于“匹马束丝”。因此,马匹的价值在当时有多高是显而易见的,马甚至是财富和权势的象征。而马夫、驾驭者之类的人,其社会地位在当时是非常低的,很难受到在朝为官者的关注。孔子以后的许多学者对这段话也提出了自己的看法。比如说,南宋著名理学家朱熹认为孔子“非不爱马,然恐伤人之意多,故未暇问。盖贵人贱畜,理当如此”。再比如说,清代著名的考古辨伪学家崔东壁认为孔子“尚未暇问及马耳,非谓马可终不问也”。两位学者一致认为孔子不是“不问马”（不把马匹当回事），而是先询问人员有无伤亡情况，尚未来得及询问马匹的损失情况。且不论孔子是“不问马”，还是“后问马”，值得肯定的是，当孔子听说马棚失火后，首先关注的是人的生命安全，而不是贵重的马匹的损失情况。不难看出，在孔子的心目中，无论社会地位高低和身份贵贱，人的生命价值是至高无上的，是贵重的财产价值都无法匹及的。由此可见，孔子对人的生命价值是极其尊重的。反观今天，很多人为了追求财富，甚至不惜牺牲身体健康、生命安全甚至伦理道德，这是典型的见物不见人的心态。

再举一个例子。在商周时代，有人祭、人殉的传统，就是用人祭祀，用人殉葬。后来有所改革，开始用人形俑代替，但这也是一种陋习，不仅花费人力物力，关键是对“人”不尊重。所以孔子听说有人用人形俑陪葬，便大骂：“始作俑者，其无后乎！”“始作俑者”这个成语就来源于此，而且是一个贬义词，沿用至今。孔子认为这也是很坏的习俗。

在鬼神这方面，孔子没有直接否定鬼神的存在，但是轻神重人是孔子一以贯之的立场。

樊迟问知。子曰：“务民之义，敬鬼神而远之，可谓知矣。”问仁。曰：“仁者先难而后获，可谓仁矣。”（《雍也》）季路问事鬼神。子曰：“未能事人，焉能事鬼？”“敢问死？”曰：“未知生，焉知死？”（《先进》）孔子仁学，人道主义还有重人轻神的理论内涵，由此可以表现出来。

鬼神迷信是殷周以来的传统。殷周人相信鬼神可以祸福人类，祭祀鬼神便能得到福佑。孔子虽然不否认鬼神存在，但不认为他们会左右人类命运。“敬鬼神而远之”“子不语怪力乱神”(《述而篇第七》)等即表明其疏远态度。轻神的同时是重人。孔子认为人应该把注意力集中到有实际意义的人的事务上来,要“务民之义”“事人”“知生”。从重神到重人的转变,体现着仁学人道原则和历史进步性。而将“事人,知生”作为“事鬼,知死”的前提,保留鬼神的权威,则体现了孔子在现实中贯彻人道原则的考虑:对一般民众而言,需要一个从神道向人道的过渡过程,在这个过程中,神道设教可以给人们提供精神支柱。孔子赞扬重人轻神者为知,委婉批评重神轻人者为不仁,可谓用心良苦。

有人讲,孔子自己重视丧祭,算不算是事鬼神呢?曾参说:“慎终追远,民德归厚矣。”(《学而篇第一》)可见,孔子重视丧祭,是为了使民德归厚,与其说是事鬼神,不如说仍是事人。

了解了这个基本问题,下面将围绕《论语》中的人生智慧,谈谈“忠恕之道”“中庸之道”“为学之道”三个方面的问题。

一、忠恕之道

孔子思想的一大贡献是“仁”。什么是“仁”,孔子说“仁者爱人”。那么在日常生活中应该怎么做,才能体现“仁”呢?

《里仁篇第四》:“子曰:‘参乎,吾道一以贯之。’曾子曰:‘唯。’子出,门人问曰:‘何谓也?’曾子曰:‘夫子之道,忠恕而已矣。’”孔子说:“参啊!我的学说贯穿着一个基本思想。”曾子说:“是。”孔子出去以后,学生们问曾子说:“老师的话是什么意思呢?”曾子说:“老师的学说,忠恕两个字罢了。”

这里用了一个词——一以贯之,即无论何时何地这都是基本原则。

忠恕之道,听起来高深,却是“浅近语”,就在身旁,唾手可得。在孔子的弟子中,颜回好学,曾子内省,而能对孔子有帮助的,却是子贡,子贡所问,常常能使孔子阐发出更深的道理,如忠恕之道,便与子贡的提问相关。

子贡在孔门弟子中最会做生意,颜回则没有生意头脑,所以颜回做生意“屡空”,于是放弃了物质追求,甘于“一箪食,一瓢饮,在陋巷”,追求自己的学习之乐。而子贡却“亿则屡中”,猜测行情总能猜中,所以他常常驷马高车、聘享诸侯,孔子能周游列国,少不了子贡的物质资助,因而,子贡也被后世尊为“儒商鼻祖”。由此,子贡就有点沾沾自喜地自夸:“如果有人能给老百姓很多好处又能周济大众,怎么样?可以说得上是仁人吗?”孔子委婉地打击了子贡的这种膨胀心理,说:“这怎么能算是仁人呢!必定是圣人了!即使是尧舜都还没能做到这样。仁人,要做到自己想立足于社会,也要帮助别人立足于社会,自己想要通达进取,也要帮助别人通达进取(己欲立而立人,己欲达而达人)。”孔子的意思是不要吹牛了,那是圣人的境界,一般人做不到,能够做好自己同时又能帮助别人就不错了。这就是“忠道”——己欲立而立人,己欲达而达人。一方面就是不要太高调,说大话,而不讲真话,“忠”首先要忠于自己的内心;另一方面,做好自己才是最重要的。

而“恕道”——己所不欲,勿施于人,也是子贡的提问给了孔子启发。

一日,子贡问孔子:“有没有哪句话可以终身去践行的?”一句话,终身可以实践,必须是非常浓缩的,可孔子回答得更精炼:“那就是‘恕’啊!”用“恕”这一个字来行之终身就可以了,看子贡有些不解,于是孔子接着解释说:“自己所不喜欢的,不要强加在他人身上(己所不欲,勿施于人)。”之后,子贡也按孔子所说的去实践,过了一段时间,子贡觉得自己做得不错了,就报告孔子说:“我现在做到了:我不希望别人强加给我的,我也不会把自己的想法强加给别人。”子贡的言行,孔子都看在眼里,知道子贡还没有达到这一要求,于是说:“子贡啊,这不是你能做到的。”

这两则对谈,说的就是忠恕,而曾子也说过:“夫子之道,忠恕而已矣。”

忠道,“己欲立而立人,己欲达而达人”。以他人的进步为喜,以他人的成功为乐,积极地帮助他人,这是高境界。恕道,“己所不欲,勿施于人”。自己不情愿做的,也不要求别人去做,是和谐之所。

《韩诗外传》对忠恕之道有很通俗的解释:“以往人能足不出户就能知天下,不需要打开窗口就能见到天道,并不是眼睛能看到千里之外,也不是耳朵能听千里之声,只不过是以自己的感受去衡量罢了。自己害怕饥饿寒冷,就会知道天下的人想的是暖衣饱食;自己讨厌辛苦劳作,就会知道天下的人想的是安逸;自己担忧生活拮据困乏,就会知道天下的人想的是生活富足。”自己所不喜欢的,也就是别人所不喜欢的;自己所喜欢的,也就是别人所喜欢的。

这忠恕之道,一进一退,合起来看,实际上就是要求在日常生活中,要有将心比心、推己及人的态度。

在日常生活中,人常常是以自我为中心的,凡事都考虑自我的内心感受,有利于自己的就愉悦,不利于自己的就恼怒,别人比自己强就心生妒忌,别人不如自己就心生蔑视,很少有人能够将心比心,站在别人的处境和立场去为别人着想。而日常很多的争端和矛盾,其实都是因为各自站在自己的立场,相互之间不理解而造成的。这是人之常情,即使是如子贡之贤,也难以经常做到为别人着想。所以,忠恕之道,既非常容易,又非常困难。说容易,是一念之间就可以做到;说困难,是人不情愿去这样做。

但作为人格修养,忠恕之道却是"仁之方",也就是达到仁德修养,成为"仁人"的方法、道路。若能在待人处事上多为别人考虑,多设身处地地为别人着想,多帮助人进步,将心比心,也就会宽宥别人,多一点宽容,多一点理解。若能常常如此,仁德的修养就会积厚,高尚的品德也就在其中了,乐,也在其中了。所谓理解他人,助人为乐,就是这个道理。

忠恕之道,其核心还是源自"仁者爱人"。内心有爱,就自然会做到。这里的"爱"是发自内心的,是自觉的,而不是表面的,被迫的。怎么体现"忠恕"?向内和"仁"有关,向外和"礼"有关。

"仁"与"礼"是孔子思想的两大支柱,两者相辅相成。"礼"是外在的行为规范,你说你"忠",总要通过一定的言行举止,让人觉得你是一个真实诚信的人;你说你"恕",宽待别人,同样也要有具体的表现,这就是"礼",简单地理解,就是有"礼节"。社会没有行为规范,社会就会乱,人与人之间没有行为规范,人与人之间就会产生冲突。没有"仁"作为基础,"礼"就只是形式。孔子说,"君子和而不同,小人同而不和",说的就是,君子之间是和谐的,但是又保持各自不同差异与个性;小人相反,看上去和和气气,抱成一团,但是并不和谐,都是各怀心思,一旦触及利害关系,很快就散伙。

原因在于没有“仁”作为基础。但是“仁”不只是藏在内心,是要表现的,是要证明的。用心去做就是“仁”的体现。

所以,“仁”是基础,是根本,“礼”是规范,是行动体现。当然“礼”并不是越多越好,越烦琐越好。中国人其实是注重“彬彬有礼”,注重“礼轻情意重”的。礼不能没有,但是不能过分。反过来,规范得体的“礼”又是能培养“仁”的。

怎么才能将忠恕内化于心,外化于行?孔子提出了很多的方法,其中最重要的方法莫过于“反省”。

反省主要表现在两个方面:第一是面对自己,自我反省,对于自己的所作所为总结评价,利于改进。第二是面对他人,自己怎么判断与选择,对自己有什么影响与作用。

对于第一个方面,子曰:“吾日三省吾身,为人谋而不忠乎,与朋友交而不信乎,传不习乎?”反省无非是三个方面内容:第一是做事情是不是尽心尽力了,第二是做人是不是真情实意,第三是是不是真学真做了。不断警醒自我、约束自我的最高境界在儒家思想中莫过于“慎独”。语出《中庸》:“莫见乎隐,莫显乎微,故君子慎其独也。”其意是当独自一人而无别人监视时,也要表里一致,严守本分,不做坏事,不自欺。所谓“慎独”,是指一个人在独处的时候,即使没有人监督,也能严格要求自己,自觉遵守道德准则,不做任何不道德的事。

对于第二个方面,子曰:“见贤思齐焉,见不贤而内自省也。”见到好人,就要想为什么自己没有做到,自己怎样才能做到?见到不好的,不要去批评别人,而是想自己是不是也犯过同样的错误,既然是错的,自己就不能出现这样的错误。子曰:“三人行,则必有我师焉，择其善者而从之，其不善者而改之。”只要善于反省，时时处处都有可以学习、提高的对象。

不反省的人则相反，从不愿意从自身找原因，总觉自己做得很好，如若不满意，则一定是别人的原因。不反省的人对于自己要求宽松，而对于别人苛求。对于善恶缺乏判断力，盲目行事，结果是没有进步，更谈不上思想境界的提升。于是这个世界上就有了两种人：子曰：“君子坦荡荡，小人长戚戚。”孟子就此进一步提出“反求诸己”的思想。孟子曰：“爱人不亲，反其仁；治人不治，反其智；礼人不答，反其敬。行有不得者皆反求诸己。”孟子说，你爱护别人，但人家不亲近你，就反省自己的仁爱够不够；你管理人民却管不好，就要反省自己才智够不够；待人以礼，对方却不报答，就要反省自己恭敬够不够。任何行为如果没有取得效果，都要反过来检查一下自己。

不过，学习别人，首先要学习识别别人，不能盲目学习，也不能仅从表面学习。如孔子主张观察人，要“听其言，观其行”。《为政篇第二》记“子曰：‘视其所以，观其所由，察其所安，人焉廋哉？人焉廋哉？’”“视其所以，观其所由”，就是看明白他正在做的事情，看清楚他过去的所作所为，看清他的目的何在、做法如何。“察其所安”，就是看他在什么状况下能够心安。孔子认为，通过这样仔细地“视、观、察”，就能看清一个人的德行本质了。

二、中庸之道

子曰：“中庸之为德也，其至矣乎！民鲜久矣。”孔子说：“中庸作为一种道德，该是最高的了吧！人们缺少这种道德已经为时很久了。”这句话有两层意思：第一是“中庸”是道德的最高境界；第二是这种道德缺失已久，也就是做不到这一点的人很是普遍。

中庸是孔子和儒家的重要思想，尤其作为一种道德观念，这是孔子和儒家尤为提倡的。《论语》中提及“中庸”一词，仅此一条。中庸是对道德行为的评价，也是一种德行，而且是最高的德行。什么是“中庸”？宋儒说，不偏不倚谓之中，平常谓庸。中庸就是不偏不倚的平常的道理。

中庸之道在历史上经常受到批判。有说“中庸”就是做老好人，不轻易得罪任何一方。也有说“中庸”就是和稀泥，各打五十大板，息事宁人，不主观偏袒某一方。也有说“中庸”是没有原则性，立场不鲜明。

“中庸”的理想是追求和谐，目的是追求“仁”“礼”，所以它不是建立在斗争哲学的基础上。斗争哲学讲求破旧立新，讲求更新换代，讲求你死我活，胜负鲜明。对于这种情况，“中庸”之道是行不通的。也就难怪孔子说，“民鲜久矣”。

中庸之道是和稀泥吗？子贡问：“师与商也孰贤？”子曰：“师也过，商也不及。”曰：“然则师愈与？”子曰：“过犹不及。”师，颛孙师，即子张。商，卜商，即子夏。子贡问孔子：“子张和子夏二人谁更好一些呢？”孔子回答说：“子张过分，子夏不足。”子贡说：“那么是子张好一些吗？”孔子说：“过分和不足是一样的。”

“过犹不及”即中庸思想的具体说明。《中庸》说，过犹不及为中。“道之不行也，我知之矣。知者过之，愚者不及也。道之不明也，我知之矣。贤者过之，不肖者不及也。”“执其两端，用其中于民，其斯以为舜乎？”这是说，舜于两端取其中，既非过，也非不及，以中道教化百姓，所以为大圣。这就是对本章孔子“过犹不及”的具体解释。既然子张做得过分、子夏做得不足，那么两人都不好，所以孔子对此二人的评价就是“过犹不及”。

这样评价人不是都说好，也不是只偏爱哪一方，而是直接说，一个做得过分，一个做得还不够。再问哪一个更好一些，孔子甚至认为做得过分和做得不够是一样的。

中庸之道是不讲原则吗？也不是，孔子不仅讲原则，而且坚持原则。子曰：“不得中行而与之，必也狂狷乎！狂者进取，狷者有所不为也。”中行，行为合乎中庸。狷，拘谨，有所不为。孔子说：“我找不到奉行中庸之道的人和他交往，只能与狂者、狷者相交往了。狂者敢作敢为，狷者对有些事是不肯干的。”

“狂”与“狷”是两种对立的品质。一是流于冒进，进取，敢作敢为；一是流于退缩，不敢作为。当大家都不敢去做，做缩头乌龟，做无原则的好人时，还是应该有狂者出现；当大家都一窝蜂，随波逐流，盲目跟风时，那个不做的人也许是对的。

那什么才是“中庸”之道呢？

从正面来说，这就提出了一个标准：凡事都要力求无过无不及，也就是一切要适度，恰到好处。《论语》中许多地方都体现了这一点。孔子评说《诗经》：“《关雎》乐而不淫，哀而不伤。”（《八佾篇第三》）有欢乐，但不放荡；有悲哀，但不至于伤身。喜怒哀乐，人之常情。而情之所发，都要适度。

仁者爱憎分明，疾恶如仇，而喜怒和爱恶同样要适度。《论语》记载了一个故事：子华使于齐，冉子为其母请粟。子曰：“与之釜。”

请益。曰:“与之庾。”冉子与之粟五秉。子曰:“赤之适齐也,乘肥马,衣轻裘。吾闻之也:君子周急不济富。”(《雍也篇第六》)公西子华出使齐国,冉有为他的母亲向孔子请求补助一些粮食。孔子说:“给他六斗四升。”冉有请求再加一些。孔子说:“给他十六斗。”冉有却给了他八十石。孔子说:“公西赤这次去齐国,乘坐的车子驾着肥马,身上穿着轻暖的皮衣。我听说过,君子是只周济急需救济的穷人而不接济富人的。”冉有的做法过头了,受到孔子的批评。孔子还说:“爱之欲其生,恶之欲其死。既欲其生,又欲其死,是惑也。”(《颜渊篇第十二》)对一个人,爱他,就要让他生;厌恶他,就巴不得他死。既想要他生,又想要他死。这就是惑。这种情况,现实生活中也能看到,爱的时候爱得死去活来,为点小事闹翻了,就恨不得要人死。这就是惑。辨惑,就要懂得无过无不及,爱也好,恨也好,不能走极端。走极端就违背了中庸之道,就是惑。

孔子又主张“以直报怨”。以直报怨就是依道义原则报怨,也是适度之意。正如孟子说的:“仲尼不为已甚者。”孔子从不做过头的事。对于物质财富,《论语》说“不患寡(贫)而患不均”。均,不是平均,而是要各阶层人都能得到其应得的份额;富者不过富,贫者不过贫。“使富者足以示贵而不至于骄,贫者足以养生而不至于忧。”也就是无过无不及,适度之意。

无过无不及是全面的,既要求无过,也要求无不及。可是孔子说“过犹不及”,孟子说“仲尼不为已甚者”,着重在“无过”的方面。这一点也值得注意。其之所以如此,盖因为子贡“过比不及好”的思想,代表了一般人的思维习惯,比较容易为人们所接受。所以孔子特别提出“过犹不及”,实在有深远的意义。

中庸之道强调“执两用中”，两即两端，它可以指人与己、狂与狷、文与质、知与行、义与利等对立的双方；“中”即是两端的平衡、和谐，是矛盾的统一。孔子中庸之“中”，其基本含义是中正无偏，求得恰到好处。孔子看到人的思想行为存在“过”与“不及”的两端。“知者过之，愚者不及也”“贤者过之，不肖者不及也”（《中庸・行明章》）。他认为，相对于客观存在的标准而言，“过”与“不及”各有所偏，都偏离“中”，只有无“过”无“不及”才合乎中庸。“中”是“过”与“不及”的分界点，即恰到好处。执两用中就是要反对“执一”“执中无权”“过”与“不及”。

孔子围绕人的思想、言行、情感、处事原则等方面多次谈到“过”与“不及”的问题。例如相对于“中行”而言的“狂者”和“狷者”，子曰：“不得中行而与之，必也使狂狷乎？狂者进取，狷者有所不为。”（《子路篇第十三》）这里的“中行”指的是处事恰到好处，符合中庸之道的人，“狂者”和“狷者”则是“过”与“不及”的两端，“狂者”知进取，却处事偏激，容易走极端；“狷者”太保守，但知有所不为。只有将二者的合理因素集于一身，扬长避短，做到既知进取，又知有所不为，才是无“过”无“不及”的“中”。

因此，孔子提出凡事要善于“执其两端”，执两用中。该命题的基本精神就是把对立的两端结合起来，以此之过，济彼不及，以此之长，补彼之短，以求得最佳的中和状态，把握最合理的度。例如对待“学”和“思”的关系，孔子说：“学而不思则罔，思而不学则殆。”（《为政篇第二》）“学”和“思”是事物的两端，二者不可偏废，只有相互为用，适得其中才是恰当的方法。

如文与质。孔子还用中和思想深入分析了“文”与“质”的关系。

“子曰:质胜文则野,文胜质则史。文质彬彬,然后君子。”(《雍也篇第六》)“文”可以指外在的声色,形容仪态之美,“质”则指内在的质素。“文”与“质”不求互为相胜,但求配合适宜,恰到好处,二者兼顾而适中。孔子要求弟子文质兼修,实现内在人格美与外在丰仪美的和谐统一。在孔子看来,只重仁义道德之“质”,而缺乏礼乐修养之“文”,尽管朴实,但未免显得过于粗鄙、干瘪、贫乏,称不上君子;反之,则又会显得华而不实,过分做作,同样不配为君子。君子必当文质配合恰当,内外兼修,无所偏倚。孔子“温而厉,威而不猛,恭而安”(《述而篇第七》),本身就是一副文质彬彬的中和气派。

如哀与乐。孔子的“文质彬彬”说,本来是就人的修养而言的,但也广泛适用于艺术和审美之中,要求艺术和审美达到内容和形式的和谐与统一。不讲形式、粗制滥造的“质胜文”和华而不实的“文胜质”都会产生极端的效果,破坏和谐。在审美中,孔子还强调“哀乐有节”的中和情感。正如《中庸》首章中提到的“喜、怒、哀、乐之未发,谓之中;发而皆中节,谓之和”,“中”是内在的,指人内心的某种主观状态,也即含而未发的内在要求,表现于外部行为上就是“中节”,合于礼就是“和”。孔子曾就《诗经》首篇《关雎》评论道:“《关雎》乐而不淫,哀而不伤。”(《八佾篇第三》)孔子认为《关雎》这首情歌使人感到快乐而不放荡,忧愁而不悲伤。对此,朱熹的解释非常精当:“淫者,乐之过而失其正者也;伤者,哀之过而害于和者也。”《关雎》“其忧虽深,而不害其和;其乐虽盛,而不失其正,故夫子称之如此”。可见在孔子的中和审美观中,哀乐有节,恰当、合乎仁礼的喜怒哀乐,才是美好的情感表达。

如知与行。孔子重视“知”与“行”的统一,知行并举。“知”而无“行”与“行”而无“知”，都是他极力反对的两种极端。因为只讲“知”而不讲“行”，言之无物，“知”会流于空虚；而只讲“行”不讲“知”，则会滞于“实事”而不得“求是”，“行”会陷入盲目。所以“知”和“行”必须恰当地配合，相互印证，以“行”证明“知”的正确性，促进“知”的深化；以“知”指导“行”，使“行”不至于盲目，这样才符合中庸之道。《子路篇第十三》中，子曰：“诵诗三百，授之以政，不达；使之四方，不能专对，虽多，亦奚以为？”这就是说学了知识，就要学会使用，若学而不能用，即使博学，也会失去学的意义。“子以四教：文、行、忠、信。”（《学而篇第一》）尽管“知文”在“实行”之前，但其目的是为更好地正确指导“行”。《中庸》一文中的“博学之，审问之，慎思之，明辨之，笃行之”，也反映了孔子的知行统一以致其“中”的思想。

如义与利。孔子“义利兼求”“以义统利”的义利观也充分显示了其执两用中的处事原则。“义者，宜也。”（《礼记·中庸》）即合乎事宜，也可以说就是“中节”或“时中”。在孔子那里，“义”大都是相对于“利”而言的，孔子说“义”指的是为群体或他人需要而限制、节制个人欲求，并使之合理化的态度和原则。

许多后世研究者认为，孔孟重“义”而轻“利”，实际上从《论语》中我们可以发现，孔子并不轻“利”，也不讳言物质利益。那么怎样取“利”，才符合中庸之道呢？标准在于“利”是否合乎道义，是否合理、适度。“君子爱财，取之有道。”在欲求一己之私利时，必须考虑他人利益而合理取舍，做到“见利思义”“见得思义”“以义统利”。凡是符合“义”的原则的“利”，就应去获取，获取得越多越好。例如，孔子常引《周书·武成》之言“周有大赉，善人是富”教导学生。孔子曾对颜渊说:“使尔多财,吾为尔宰。”(《史记·孔子世家》)。因为颜渊是好仁、好礼之人,所以孔子希望他富有多财,并愿为其主管财富。孔子主张士人君子应当“干禄”,即应入仕朝廷,为国君效力,以获取俸禄,认为这是士人取利的正当途径。反之,违背“义”的原则的“利”,则应当坚决拒绝接受,离得越远越好。“不义而富且贵,于我如浮云”(《述而篇第七》)“富与贵是人之所欲也,不以其道得之不处也;贫与贱是人之所恶也,不以其道得之,不去也”(《里仁篇第四》)。可见,孔子义利观的实质在于在人的感性欲求中注入道德理性的调节因素,以纠正唯利是图、见利忘义之弊,在“义利兼求”“以义统利”的基础上求得“利”与“义”的和谐与统一。

孔子以他的言行实践展示了儒家中庸之德的魅力,这位伟大的先哲虽无力改变天下“礼崩乐坏”的混乱局面,但他教给后世一条正确的、饱含智慧的处世之方——中庸之道。孔子的一言一行教会人们如何明察事理,掌握执中之法,机智权变,依时而动,顺应新的变化发展,采取恰当的举措,创造理想和谐的状态。《论语》那看似零星的只言片语中,实际上蕴含了深刻的人生智慧,等着我们去挖掘、领悟。

三、为学之道

《论语》通篇言为人处世之道,言为学从教之道。然两道合一,从开篇论“学”始,一个“学”字一以贯之。

(一)何为“学”?

《论语》论“学”并非一般之“学”。《论语》论“学”,其核心含义是什么呢？孔子说自己“十五志于学”。又说“士志于道”“好学以致其道”。“道”的获得对于孔子而言是“朝闻道，夕死可矣”。不难看出，“学”的核心就是“好道”“闻道”“志道”与“致道”等。

那么《论语》之“道”又是什么呢？“文武之道，未坠于地，在人。”人当“务本”，“务本”就是要有“圣贤”“君子”理想，“本立而道生”。可见“道”核心的含义还是“人道”，即人所以为人、人的价值与意义、人如何做事处世的规律与规矩。

为进一步明确“学”之含义，《大学》后将其以“大”加以区别。开篇即明确指出：“大学之道，在明明德，在亲民，在止于至善。知止而后有定，定而后能静，静而后能安，安而后能虑，虑而后能得。物有本末，事有终始。知所先后，则近道矣。”世界上的事物都有本末、先后、始终之关系，明其理，求其道，修其身，才是“学之道”，也是“近道”的途径。

《论语》论“学”，隐含着孔子传学育人的人才观，其弟子要有“天将降大任”的担当，“学”并非一般“求诸外”，仅仅做给别人看的行为。这种格物致知、意诚心正的“学”之思想成为儒家为学的精髓与传统，影响深远。

（二）“学”为何？

“学为何”是学习者首先需要面对的问题。

《论语》认为人生是短暂的，所以才感慨“逝者如斯夫，不舍昼夜”。但是人生又是应该有作为、有价值的，而且可以是丰富多彩的。要体验与实现这样的人生，就应该有“好学”的精神。这是《论语》关于“学”的基本立场。

《论语》之“好学”按今天的理解就是积极主动自觉的学习，是坚持不懈同时富有成效的学习。孔子总结人与人之间为什么存在差别,他说:“生而知之者,上也;学而知之者,次也;困而学之,又其次也;困而不学,民斯为下矣。”什么为“好学”? 弟子子夏总结:“日知其所亡,月无忘其所能,可谓好学也已矣。”意思是,每天学到一些过去所不知道的东西,每月都不忘记已经学会的东西,这就可以叫作“好学”了。唯有“好学”才能“日日新,月月新,苟日新”。

“好学”的目的,简单说就是学做人做事的基本道理与准则。这是有底线原则与规律可循的,是要不断学习才能顺势而变的。同时《论语》主张有教无类,因材施教。不同阶层的人,不同行业的人,不同个性特点的人,都会面临不同的学习内容与学习目标,但是无论如何,“好学”这个原则是一以贯之的。孔子对学生的价值追求与个性选择持宽容的态度,但他十分关注学生“好学”的精神与“善学”方法的养成。子夏曰:“贤贤易色;事父母,能竭其力;事君,能致其身;与朋友交,言而有信。虽曰未学,吾必谓之学矣。”其意思是,那些做人做事优秀的人未必有过专门的学习经历,但是他一定有一套自己的学习习惯与方法。

《论语》重“学”,是有别于当时贵族社会垄断学习和将“学习”神圣化的思想观念的。《论语》主张教育平民通过学习改变自己的命运,同时主张学习应该与日常生活与工作联系起来。所以《论语》是主张学用结合的。孔子经常和学生探讨自己的人生理想、职业理想与社会理想。将“学习”置于人生背景上加以关注,这是儒家关于“学习”思想的重要贡献。

孔子一方面认为“学”是可以改变一个人的命运的。只要下功夫,有真本领,天道会酬勤。子曰:“三年学,不至于谷,不易得也。”

子曰:“君子谋道不谋食。耕也馁在其中矣,学也禄在其中矣。君子忧道不忧贫。”忧道不忧贫,并非不关心贫,只是这不是根本问题,因为“学也禄在其中”。所以他又说:“不患无位,患所以立;不患莫己知,求为可知也。”至于学什么,怎么学,孔子是有一套人才标准与学习之道的,也绝非后世以“应试”为目的的“功利化”学习。同时学习是必须一辈子坚持、不可懈怠的事情。子曰:“学如不及,犹恐失之。”学习还没有达到一定程度,就像失去了什么东西。所以无论什么时候、做什么事情,都要保持“好学”的习惯。子曰:“弟子入则孝,出则弟,谨而信,泛爱众,而亲仁,行有余力,则以学文。”在生活与工作之余,如果还有时间与精力,是不能放弃或者忘记学习的。孔子的弟子继承了这一思想。子夏曰:“仕而优则学,学而优则仕。”为仕还有余力的人,就可以去学习,学习有余力的人,就可以为仕。这句话有几层意思:一是学习不是人生的唯一目的;二是“学”“用”应该结合起来;三是无论做什么都不能忘记学习。这和今天提倡的建设学习型社会与政府、树立“全民学习”“终身学习”的理念是不谋而合的。

孔子的一生经历很丰富,这和他如何把握“学”与人生的关系是密不可分的。学习的目的本应是主动为社会做事、做贡献,这也是人性自由、人生丰富的体现。这与儒家提倡的入世有为、宜真宜勤的精神是一脉相通的。就孔子的个性与理想而言,他是一位“学儒”,而非“仕儒”。入仕也好,拒仕也好,孔子是有自己的思想的。子曰:“笃信好学,守死善道。危邦不入,乱邦不居。天下有道则见,无道则隐。邦有道,贫且贱焉,耻也;邦无道,富且贵焉,耻也。”他还是按照“学儒”的本色与个性对待仕隐的。从这一点来说,孔子的一生主要还是学习的一生,也是传学的一生。"学为何?"为什么要"好学"与"乐学"? 通俗理解就是享受学习做人做事的快乐,享受学习带来进步与价值的快乐。

孔子"十五志于学"。一个"志",一个"学",是孔子对于自己真实准确的评价。孔子自幼聪明好学,模仿训练,不耻下问,诗、书、礼、乐、射、御之六艺,样样精通。孔子对《诗》《书》《礼》《乐》《易》潜心研习,了然于胸,精心整理,致力传承。他晚年研读《易经》,"韦编三绝",总结思想。这种"好学"不已、求知究理、乐在其中的生活是孔子喜欢并坚守如一的。孔子欣赏自己的学生颜回,其实也带有志同道合、惺惺相惜的感情。子曰:"贤哉回也! 一箪食,一瓢饮,在陋巷,人不堪其忧,回也不改其乐。贤哉,回也!"由此激励了多少后世学子乐而忘忧的志向。"有颜回者好学,不迁怒,不贰过",志向笃定,心无旁骛的精神又何尝不是孔子的侧面写照? 同时孔子是多么向往一个诗意化的"学儒"生活:"暮春者,春服既成,冠者五六人,童子六七人,浴乎沂,风乎舞雩,咏而归。"由是成为美好的社会理想与"学儒"生活理想。

(三)如何学?

《论语》中谈到很多关于学习的态度、方法及其经验的内容,譬如博学笃志、好学乐学、举一反三等,也强调勤奋与坚持、日学日进、自强不息。子曰:"譬如为山,未成一篑,止,吾止也;譬如平地,虽覆一篑,进,吾往也。"这些学习思想荫及后世,广为传承。其在学习方法上还有独特的思想贡献,亦为后世提供了镜鉴与启示。数列一二。

第一,"学而时习之"。《论语》开篇论学就谈到了"学"与"习"

的关系。“习”,《说文解字》解释为“数飞也,从羽从白”,以小鸟不断振翅习飞引申而来。“学”与“习”的关系,在此有三层含义。第一,“学”而不“习”不是正确的学习方法。第二,“习”之“时”无论是强调坚持不懈,还是强调合适时机,都应当重视。第三,“说(悦)”是学习的满足感与成就感。仅仅“学”而“不习”,就不能检验学的是否正确,就不能明白自己是否真正懂得并能够运用,就不能像小鸟一样数飞之后终于体会到自由翻飞翱翔的快乐感与满足感。“学”与“习”蕴含着理论与实际相联系的质朴感知,强调了学习主体自觉体验与实践的重要性。王阳明在《传习录》中,就“习”生发出“知行合一”的思想,是对《论语》关于学习问题的继承与创新。

第二,“切问而近思”。《论语》主张“学”“思”结合。子曰:“学而不思则罔,思而不学则殆。”他反省过自己,“吾尝终日不食、终夜不寝以思,无益,不如学也”。强调的是,空想而不学,没有任何好处,碰到的疑惑最终也无法解释。带着问题去“学”,在“学”中解决问题,这是“学”的重要方法。荀子《劝学》“吾尝终日而思矣,不如须臾之所学也”,也是继承了这个思想。“思”并非一般的思想活动,而是带有“深通”性质的思考,故《论语》是主张“学”“思”结合、“好学深思”的。对于好学者,处处都是学问,人人都是老师,好学者“默然识之”。所以卫国的公孙朝问子贡:“仲尼的学问是从哪里学来的?”子贡说:“周文王、武王的道,并没有失传,还留在人们中间。贤能的人可以了解它的根本,不贤的人只了解它的末节,没有什么地方无文王、武王之道。我们老师何处不学,又何必要有固定的老师传播呢?”子曰:“见贤思齐也,见不贤而内省也。”可见好学的人总是处在反省、自觉与学习的状态。“三人行必有我师”“圣人无常师”。孔子之所以能够和自己的学生平等民主地对话,是基于以他人为师、教学相长的理念的。

而一个“切”一个“近”则揭示了求学深思的重要方法:切于己身,贴近实际与生活,关乎日常言行举止、饮食起居等。《焦氏笔乘》写:“所谓学者,非记问诵说之谓,非绨章绘句之谓,所以学圣人也。既欲学圣人,自无作辍。出入起居之时,学也;饮食游观之时,学也;疾病死生之时,亦学也。”“学”自然要“问”,自然要“思”,作用于内在自我的生发与升华,才是“学”之关键。《论语》反对为读书而读书,也反对远离自我与现实的玄虚之学,始终围绕修身、齐家、治国、平天下的理想。

第三,“温故而知新”。子曰:“温故而知新,可以为师矣。”这句对为师者作出要求的话,实际上对老师提出了很高的要求。其一是爱“故”知“故”,不爱何知,不知“温”何? 这需要“好学”“博学”“勤学”方可得。其二是“温故”非目的,“知新”才是真本领,才是要义。其三是既能做到又能传授方能胜任师业。杨树达说,所谓温故知新者,先温故而后知新也。优游涵泳于故业之中,新知忽涌现也,此非义袭而取、揠苗助长者之所为,而其新出其故,故为可信也。不温故而欲知新者,其病也妄;温故而不能知新者,其病也庸:皆非孔子所许也。温故知新作为学习方法对后世影响深远,且衍生出诸多如何温故知新的治学之理。

“学而时习之”,隐含着“知行合一”的思想;“切问而近思”,隐含着经世致用的思想;“温故而知新”,就是继承与创新的思想,也可以看作《论语》对于后世产生巨大影响的独特贡献。

第5课　《孙子兵法》的谋略智慧

孙子即孙武，字长卿，春秋时期齐国乐安人，约生于公元前552年，具体的生卒年月日不可考。他是孙书的嫡孙，孙书伐莒有功，被齐景公封食乐安。孙子一直在乐安生活，并著兵书《孙子兵法》。

孙子生活的齐国，内部矛盾重重，危机四伏，四大家族相互之间争权夺利的斗争愈演愈烈。孙子对这种内部斗争极其反感，不愿纠缠其中，萌生了远奔他乡、另谋出路去施展自己才能的念头。当时南方的吴国自寿梦称王以来，联合多国诸侯伐楚，国势强盛，一派新兴气象。孙子认定吴国是他施展才能和实现抱负的地方。公元前512年，孙子毅然投奔了吴国。到了吴国，在伍子胥的推荐下，孙子向吴王阖闾进献了兵法，被吴王任命为客卿将军。孙子领兵打仗，战无不胜，攻无不克，与伍子胥率吴军破楚，五战五捷。他曾率兵6万打败楚国20万大军，攻入楚国郢都，北威齐晋，南服越人，显名诸侯。

《史记》记载孙子的事迹，重点记载了"孙子斩宫嫔"的事情。故事是这样的：

孙子带着他刚写就的兵法觐见吴王。吴王将兵法一篇一篇看罢，啧啧称好，但忽然产生一个念头：此人谈起兵法头头是道，是否真会带兵打仗呢？吴王便对孙子说："你的兵法十三篇，我已经逐篇拜读，实是耳目一新，受益不浅，但不知实行起来如何，可否用它小规模地演练一下，让我们见识见识？"孙子回答说："可以。"吴王又问道："先生打算用什么样的人去演练？"孙子答："随君王的意愿，用什么样的人都可以。不管是高贵的还是低贱的，也不论是男的还是女的，都可以。"吴王想给孙子出个难题，便要求用宫女来演练。于是，吴王下令将宫中美女 180 名召到宫后的练兵场，交给孙子去演练。孙子把 180 名宫女分为左右两队，指定吴王最为宠爱的两位美姬为左右队长，让她们带领宫女进行操练，同时指派自己的驾车人和陪乘担任军吏，负责执行军法。分派已定，孙子站在指挥台上，认真宣讲操练要领。他问道："你们都知道自己的前心、后背和左右手吧？向前，就是目视前方；向左，视左手；向右，视右手；向后，视后背。一切行动，都以鼓声为准。你们都听明白了吗？"宫女们回答："听明白了。"安排就绪，孙子便击鼓发令。然而尽管孙子三令五申，宫女们口中应答，内心却感到新奇、好玩，她们不听号令，捧腹大笑，队形大乱。孙子便召集军吏，根据兵法，斩两位队长。吴王见孙子要杀掉自己的爱姬，马上派人传命说："寡人已经知道将军能用兵了。没有这两个美人侍候，寡人吃饭也没有味道。请阁军赦免她们。"孙子毫不留情地说："臣既然受命为将，将在军中，君命有所不受。"孙子执意杀掉了两位队长，任命两队的排头充当队长，继续练兵。当孙子再次击鼓发令时，众宫女前后左右，进退回旋，跪爬滚起，全都合乎规矩，阵形十分齐整。孙子传人请阖闾检阅，阖闾因为失去爱姬，心中不快，便托词不来，孙子便亲见阖闾。孙子说："大王只是喜欢嘴上说说而已，关键时候是不能做到位的。”阖闾终于知道孙子不只会论兵，也会实际用兵，便拜孙子为将军。

《孙子兵法》分为十三篇，共五千余言，篇幅和《道德经》差不多。这十三篇分别是《始计篇》《作战篇》《谋攻篇》《军形篇》《兵势篇》《虚实篇》《军争篇》《九变篇》《行军篇》《地形篇》《九地篇》《火攻篇》《用间篇》。

《始计篇》是庙算，也就是在庙堂上评估形势并制订总的行动纲领，所以是总纲，评估敌我条件，分析胜算可能，制订作战计划。其他十二篇都是从不同的角度谈战争中的不同问题。譬如《作战篇》谈作战的成本核算以及作战策略，主张速决速胜。《谋攻篇》讲作战的谋略，主张知彼知己，以谋取胜。《军形篇》分析敌我强弱，灵活运用攻守，主张富国强兵，避免被动。《兵势篇》谈用兵要因势而变，出奇制胜。《虚实篇》讲掌握主动，虚虚实实，使敌方疲于奔命。最后的《用间篇》谈的是如何运用间谍战。

《孙子兵法》又被称为《孙子十三篇》。它是我国古代流传下来的最早、最杰出的军事名著，在中国军事史上乃至世界军事史上都占有重要地位，其军事思想对中国历代政治家和军事理论家的影响非常深远，素有“兵家圣典”“东方兵学的鼻祖”之称，又被人誉为“武学之圣典，兵家之绝唱”。中华文化既包含“文道”，也包含“武道”，文武兼道，能文能武，是中华文化的特点之一。习近平总书记说：“中国人民不惹事也不怕事，在任何困难和风险面前，腿肚子不会抖，腰杆子不会弯，中华民族是吓不倒、压不垮的！”不惹事讲“文”，不怕事讲“武”，《孙子兵法》讲的是“兵法”，其实也是讲“武道”。

《孙子兵法》是中国古典军事文化遗产中的璀璨瑰宝，是中国优秀传统文化的重要组成部分，其内容博大精深，思想深邃，逻辑缜密严谨。《孙子兵法》不单是一部军事著作，其中也蕴含了丰富的哲学思想。中国古代思想家的抽象思维、朴素的整体思想和辩证法思想，在这部军事专著中都得到了集中的体现。由于孙子对战争规律进行了高度抽象的概括，因此，《孙子兵法》中提出的谋略思想，不仅适用于军事活动领域，而且还适用于政治、外交、经济等人类社会生活的其他各种领域。对于这样一种高度概括和高度哲理化的谋略思想，我们可以称之为“谋略哲学”。

这里讲几个值得学习与思考的重要问题。

一、战争与国运

和平始终是人类的梦想，天下太平，相安无事，其乐融融，难道不应该是这样吗？但是梦想毕竟是梦想，现实未必如此。

《孙子兵法》的第一句话就说：“兵者，国之大事，死生之地，存亡之道，不可不察也。”这句话的意思就是警示那些没有看到这个问题、没有明白这个道理的人。“国之大事，在祀与戎。”（《左传·成公十三年》）。先秦时期，国家的大事只有两件：祭祀和战争。先秦时期的思想家们都精准地认识到战争对国家生死存亡的重大意义，将其提高到战略的高度，这也是《孙子兵法》整部兵书的立足点。

孙子所处的时代，是春秋晚期。这里有两个情况要交代。

春秋有五霸，春秋诸侯国争霸类似战争，但又不是战争，类似竞技游戏。有游戏规则，讲规矩，讲礼仪。譬如，春秋时期不允许平民和奴隶上战场，他们参战但不作战，主要承担扛行李、喂马、做饭这些后勤工作。担任作战任务的是士，也就是最低一等的成年贵族男子，称为“战士”。

当时的战争有几条规则。战前需要先下战书，约定时间地点，并且战书的用词谦虚恭敬。双方都会优待敌军使者，要举办宴会迎接，宴会上一定有奏乐和赋诗，使者作为客人也会答谢。这自然就形成两军交战不斩来使的约定。战争必须在两国交界处进行，约好的地点在边疆，即野外，因此称为“疆场”和“野战”。战争全部都是车战，没有马战或士兵站在地上作战，而是每个战士驾驶一辆战车，战车按一字排开。两军战车数量均等，即敌军出动 10 辆战车，我方也出动 10 辆战车。作战时双方战车捉对厮杀，也就是我方驾驶的战车只与对面的那辆敌军战车作战，不和其他敌军战车交锋。敌军战车没有摆好，我方不得击鼓进军。双方战车交错的一瞬间，车上的战士用戈互相敲击，战车在这个过程中不停。交错之后，第一个回合结束。双方战车掉头回来，再交错，战士再用戈敲击，这是第二个回合。以此类推，通常几个回合以后战斗就会结束，因为这种来回掉头会让战车轮子或者其他部件坏掉。如果敌军战士在战斗中受伤，必须马上停止战斗，让伤员回营疗伤。而我方战士则就地观战，不得参与其他“配对”战斗当中。不能俘虏有白头发的战士，有白头发说明年纪已老，必须把他放回去养老。敌军如果战败选择撤退，一般情况下不追击。追击也可以，但只许追 50 步。《孟子》说“五十步笑百步”的原意就是：跑 50 步是逃兵，跑 100 步也是逃兵，你有什么资格笑话人家呢？但这句话放在春秋时代,50 步是可以笑话 100 步的,因为跑 50 步就已经安全了,敌军不会再追,还多跑出去 100 步不是傻吗?

一次晋国与楚国交战,晋军失败逃跑。所有战车都跑了,战场上只有一辆晋军战车停着不动。跟他“配对”的那辆楚国战车追上来,在他旁边停下,那个楚军战士下车,帮晋国战士修好战车,又跑回自己的战车上,晋国战士继续跑,楚国战士继续追。跑了没几步,晋国战车又不动了。楚国战士又把车停下来,又帮忙把晋国战车修好,晋国战士驾车继续跑,楚国战士回到自己车上继续追。追到第 50 步,楚国战士停下不追了。这种战争又叫“君子之战”。

即便是“君子之战”,其实还是战争的一种形式,也是需要备战的,要考虑损失甚至伤亡。接下来的战争,就愈演愈烈,规模越来越大,残酷的程度越来越深。为什么后来叫“战国”,就是因为战乱频繁,争斗不休。

其实,谁都知道战争是残酷的,具有极大的破坏性。“凡用兵之法,驰车千驷,革车千乘,带甲十万,千里馈粮,则内外之费,宾客之用,胶漆之材,车甲之奉,日费千金,然后十万之师举矣”,花费巨大的财力、人力、物力、精力,其用度是惊人的。老子也说,“师之所处,荆棘生焉。大军之后,必有凶年”(《道德经》三十章)“兵者不祥之器,非君子之器”(《道德经》三十一章)。这些都说明战争不是好事,战争会对国力造成巨大的损耗,战争是一场灾难与悲剧。

更重要的是,战争也会给民众带来沉重的负担,给社会生产生活造成巨大干扰,“凡兴师十万,出征千里,百姓之费,公家之奉,日费千金。内外骚动,怠于道路,不得操事者,七十万家。相守数年,以争一日之胜。”“国之贫于师者远输,远输则百姓贫。近于师者贵卖,贵卖则百姓财竭。”不唯如此,一旦战争旷日持久或战事受挫,则遗患无穷。“久则钝兵挫锐”“夫钝兵挫锐,屈力殚货,则诸侯乘其弊而起,虽有智者,不能善其后矣。”

战争的后果如此严重,为何还要备战、兴兵、作战,甚至不惜一切代价?孙子说,道理很简单,这是生死存亡的问题。

国家与国家之间,如同人与人之间、家庭与家庭之间一样,一方面要和平相处,相互交流与合作,另一方面,总是会因为各种原因产生误会、冲突甚至争斗。客观上是因为存在差异性与不平衡性,主观上可能因为人自身的欲望与利益冲突。要解决这些问题,其实只有两种途径,一种是外交途径,一种是战争途径。春秋战国的情形和今天世界各国之间的情形实质上没有差别。国与国之间因为各种原因不可能不产生争端,引发战争的导火索也各有不同。

那么战争与国运到底是什么关系呢?

第一要有作战准备。人无远虑,必有近忧。建立军队、增强国防力量,不仅必要,而且重要。养兵千日,用兵一时。非不战而不养兵。

备战的基础就是要有富国强兵的治国思想。

《九变篇》中讲到:“无恃其不来,恃吾有以待也;无恃其不攻,恃吾有所不可攻也。”孙子讲的道理是:不要寄希望于敌人不会发起战争,而要依靠自己的军事实力做好充分的战争准备;不要寄希望于敌人不进攻,而是要依靠自己有敌人不可攻破的条件。

《军形篇》云:“昔之善战者,先为不可胜,以待敌之可胜。”其意思是,从前善于打仗的人,总是会先创造条件使自己立于不败之地,然后抓住战机战胜敌人,做到不可战胜,就会掌握战争的主动权。中国的近现代史有很多经验教训,如“落后就要挨打”,国力凋敝就会导致备受欺侮;“弱国无外交”,不只在战争层面,就是外交层面也没有地位与发言权;掌握战争的主动权还要不打无准备之仗,只要认识清晰,随时准备,就会赢得主动权并增加胜利的可能性。

战争有时候就是实力的较量,这是硬道理。孙子说:“十则围之,五则攻之,倍则分之,敌则能战之,少则能逃之,不若则能避之,故小敌之坚,大敌之擒也。”这里面就是双方实力的对比。

第二是慎战。战争是不可重来的,错误的军事行动及其造成的恶劣后果是不可挽回的,“怒可以复喜,愠可以复悦;亡国不可以复存,死者不可以复生”(《火攻篇》)。战争的主导者和指挥者都必须谨慎地对待战争,“主不可以怒而兴师,将不可以愠而致战;合于利而动,不合于利而止。……故明君慎之,良将警之。此安国全军之道也”(《火攻篇》)。

《孙子兵法》是一部兵书,但孙子并不是好战者。他深知战争给社会和人民带来的巨大危害,故主张对战争采取高度重视又十分慎重的态度。他在《始计篇》中就开宗明义,指出:“兵者,国之大事,死生之地,存亡之道,不可不察也。”他反对动辄诉诸武力,也反对一味强攻,提出“不战而屈人之兵,善之善者也”,力争以和平手段达到目的,以最小的代价获取最大胜利。

应该说“不战而屈人之兵”的提出,是人类社会文明发展在战争问题上的反映。孙子这一思想在中国传统文化中有深厚的根基,如《老子》强调“不以兵强天下”“善胜敌者,不与”;《孟子》主张“威天下不以兵革之利”;《六韬》主张“全胜不斗,大兵无创”。这些思想都与孙子的全胜论完全契合，反映了中华民族渴望和平、止戈为武的文化传统。结合当今世界和平与发展的主题来看，《孙子兵法》的意义已经超出了军事谋略本身而具有了人文主义的光彩。

第三是谋战。正是因为用兵有如此之多的危害，战争对于国家的兴衰续绝至关重要，所以战前的精密谋划必不可少。决策者必须具有宏大的视野、全局的考虑和周密的计划。战争从来都不是孤立的军事行为，它与政治、经济、外交和文化紧密相连，尤其不能漠视政治。作为战争的最高决策者，要修明政治，"修道而保法"。政治清明了，"民与上同意""故可以与之死，可以与之生，而不畏危"。决策者还要用政治、道义教育士卒，用军纪、军法统一步调，使其明白服兵役打仗的目的及行动的规范，"令之以文，齐之以武"。如此"上下同欲"，全国一心，"齐勇若一""携手若使一人"，就掌握了决定战争胜负的主动权，自可无往而不胜。

第四是速战。为了减少战争对国力的消耗，战事不宜延宕持久，"兵贵胜，不贵久""兵闻拙速，未睹巧之久也。夫兵久而国利者，未之有也"。为了尽快克敌制胜、结束战争，必须做好军事调度、物资保障，"取用于国，因粮于敌"，这样即可最大限度地减轻民众、士兵的痛苦，有效地削弱敌方的战争实力，增强己方的力量，趋利避害。在选将用人方面也应仔细考量，"夫将者，国之辅也""知兵之将，生民之司命，国家安危之主也"，杰出的将帅在战场上的作用是难以估量的。"智、信、仁、勇、严"，这是一位优秀的将领必备的五种素养。

高明的将领应有珍爱生命的仁慈襟怀，"视卒如婴儿，故可与之赴深溪；视卒如爱子，故可与之俱死""进不求名，退不避罪，唯人是保”。这样的将领才可能与士兵同甘共苦，才可赢得士卒的衷心拥戴，才可为战争的胜利求得精神上的准备。对待敌军战俘也应有正确的做法，“卒善而养之，是谓胜敌而益强”，就是优待战俘，并合理地使用他们，为我所用，这对于分化瓦解敌军和加速战争的进程都将产生意想不到的效果。

战争的目的是制止战争，《孙子兵法》反对独裁者穷兵黩武式的战争。“上兵伐谋，其次伐交，其次伐兵，其下攻城。攻城之法为不得已。”“是故百战百胜，非善之善者也；不战而屈人之兵，善之善者也。”运用智慧与谋略使战争消弭于无形是最好不过的。鉴于战争的残酷性和巨大破坏性，《孙子兵法》也不赞同野蛮的攻城略地和血腥的杀戮，即便是敌国，《孙子兵法》也主张以仁爱之心待之，所谓“凡用兵之法，全国为上，破国次之；全军为上，破军次之；全旅为上，破旅次之；全卒为上，破卒次之；全伍为上，破伍次之”，体现了珍视社会生产力和生命的高远境界。

有人说，孙子是一位以战求和的和平主义者，应该说这是不准确的。孙子也是一位现实主义者，他放弃幻想，清醒地面对一个复杂的世界。一个随时发生纷争的世界，即使你不犯人，别人也会犯你，别人犯你，你该怎么办呢？总之，竞争也好，争斗也好，战争也好，是一种常态，是常态就要随时做好准备。面对现实，关注安危，接受随时随地出现的挑战才是正道。

《孙子兵法》是既讲战略又讲战术的兵书。战略也好，战术也好，都要首先符合自己的“战争观”。孙子的战争观是防御性的，不是主动侵略性的，也不是好战性的，即使打，也尽量速战速决，减少损失与伤害，战争的最高境界是“不战而屈人之兵”，通过“不战”的方式使对方主动不战，才是最佳。这种战争观直到今天还是中国人的国防思想，即主张积极的防御性的国防政策，“不惹事也不怕事”。

二、良将与治军

兴兵强兵也好，治兵治军也好，行军作战也好，最重要的是什么？是将帅。“夫将者，国之辅也，辅周则国必强，辅隙则国必弱。”（《谋攻篇》）“故知兵之将，生民之司命，国家安危之主也。”（《作战篇》）这里都在强调将帅的作用与国家的强弱密切相关，其作用至高至重。后来的流行语，“千金易得，一将难求”“兵熊一个，将熊一窝”，说的都是将帅的重要价值。

第一，千金易得，良将难求。

《孙子兵法》开篇就明确列出了决定战争胜负的五大要素。“一曰道，二曰天，三曰地，四曰将，五曰法”，其中“将”被列为“五事”之一。“将”在这“五事”中起到什么作用，它突出强调“凡此五者，将莫不闻，知之者胜，不知者不胜”。对于这五个方面，“将”不仅要“闻”还要“知”，这是取胜的重要问题。接着它又把“将孰有能”列为评估战前态势、预测孰胜孰负的“七计”之一。“七计”就是“主孰有道？将孰有能？天地孰得？法令孰行？兵众孰强？士卒孰练？赏罚孰明？吾以此知胜负矣”。其实，这七计，最终是要依靠“将”来落实和执行的。

那么选将用将的标准是什么？孙子曰：“将者，智、信、仁、勇、严也。”“将”应该具有五个方面的综合素质，不是简单的武功高强，也不是简单的勇武过人，而是从内在到外在的综合素质考量。逐一而论：

所谓“智”是指智慧谋略。战场上的刀光剑影，在一定程度上可以说是双方将领智谋的较量，其结果往往是足智多谋者胜，有勇无谋者败。之所以将其放在第一位，就是因为它是最重要的。“智”，就是具有独特的军事思想、军事知识与理论，尤其是灵活运用军事实践的能力。讲军事智慧谋略也是《孙子兵法》最重要的内容与特点。

所谓“信”是指对上讲忠诚，对国、对君有忠心不二的情怀；对下则是指有威信、能守信。人无信不立，军无信不强，将无信不威。作为将领，只有做到“言必信，行必果”“赏罚有信”，才能真正服众。李广将军与匈奴大小七十余战，兵将同心，神出鬼没，匈奴畏之如虎，视为飞将军。司马迁说：“彼其忠实心诚信于士大夫也？”

所谓“仁”是指仁德、仁爱。《孙子兵法》中的著名观点包括“视卒如婴儿”“视卒如爱子”“卒善而善之”。“仁”也体现在尽量减少战争代价与战争灾害方面。“伐兵攻杀”“拔人之城”“毁人之国”都不是用兵的最佳选择，《孙子兵法》里面的“人道”思想其实就是“仁”的体现。

所谓“勇”是指勇敢、果断。“勇敢”就是敢于担当，无所畏惧。冲锋在前，以勇威敌。“果敢”就是敢于决断，力行不疑。“用兵之害，犹豫最大，三军之灾，生于狐疑。”用兵之将，关键时候形成决断，绝不迟疑不决、瞻前顾后，一旦形成正确的军事计划，就坚决执行，不打折扣，这都是“勇者”的体现。

所谓“严”是指严肃、严明，军纪威严，赏罚严明。“将弱不严，教道不明，吏卒无常，陈兵纵横，曰乱。”孙子让吴王留下深刻印象的就是从严治军，不留情面。将领执法如山，不因个人爱好而无视军纪、蔑视军威，诸葛亮挥泪斩马谡也是从严治兵的典型案例。

运用这个理论体系选拔与培养优秀将领，要把握它的整体性。曹操在阅读《孙子兵法》时，曾在“将者，智、信、仁、勇、严也”这句话之后亲笔批注“将宜五德备也”。这就清楚地表明，一个“有能之将”，必须五德皆备，不可偏一。为将者要把握“五德”相互联系、相互作用、相互融合的特性，谋求整体素质的提高。

第二，性格弱点，不可不知。

《九变篇》中概括了为将者性格上的五种致命缺陷。“将有五危：必死，可杀也；必生，可虏也；忿速，可侮也；廉洁，可辱也；爱民，可烦也。”这五种性格之所以危险，从个人角度讲是因为抱定必死之心可能被敌诱杀；贪生怕死可能被敌俘虏；急躁易怒可能遭敌愚弄；过分爱惜名声可能遭敌侮辱；溺爱民众可能错失战机。从战争全局的角度讲，为将者的性格缺陷决定了他们的指挥能力，直接关系着士卒的生死、战争的胜负。“凡此五者，将之过也，用兵之灾也。覆军杀将，必以五危，不可不察也。”

“必死”，只是一味死拼，固然勇猛，但是有时候显得有勇无谋，结果付出不必要的代价，甚至必死无疑。故良将当以智谋取胜，以最小的代价取得最大的胜利。但是“贪生”，则又过于胆怯自保，毫无斗志、信心与勇气，结果是没有反击抗衡决战的作为，不是消极迎战，就是束手就擒。急躁易怒，就是情绪自控力不强，意气用事，经不起别人的刺激。这些弱点一旦被对方掌握，一个简单的“激将法”就可以使你一败涂地。孙子在《火攻篇》中再次提出警示：“主不可以怒而兴师,将不可以愠而致战……怒可以复喜,愠可以复悦,亡国不可以复存,死者不可以复生。故明君慎之,良将警之,此安国全军之道也。"古往今来,"因怒兴师,不亡者鲜","因忿而战,罕有不败"。读到此篇的曹操也告诫后人:"不得以己之喜怒而用兵也。""廉洁"在此并非指品行上清正廉洁,而是指过于爱惜自身的道德名声,过于在意虚名,即所谓爱惜自己的羽毛,而缺乏务实灵活的精神,战争的性质不是公平交换,而是生死存亡的大问题。这样的人也是经不起对手的"道德攻击"的。一旦受到侮辱,则会做出情绪化的错误决策。"爱民"则是溺爱。一旦溺爱,就会以情代法,导致自身管理混乱,内部烦恼滋生,不胜其扰。

孙子明确指出,军队覆灭,将帅被杀,主要是将帅的过错,将帅的过错主要是没有注意到自身可能存在的性格弱点。其中观念有偏执、情绪易失控、心理走极端是最重要的方面。

如何加强性格修养呢?《孙子兵法》也指明了途径:"将军之事,静以幽,正以治。"这里"静"意为沉着冷静,"幽"意为深谋远虑,"正"意为公正无私,"治"意为井然有序。这些都是优秀将领必须具备的性格特征。为将者要在日常修炼中纠正偏执,实现理性、平衡。《孙子兵法》把为将者是否具备健全理智的性格、健康稳定的心理,提高到关系"安国全军"的高度。由此可见"五危"的极端危害性以及为将者加强性格修炼的重要性。时代发展到今天,战争形态已经发生了多次质的飞跃,信息化、智能化、一体化正在汇聚成现代战争的新潮流,但无论战争形态如何变化,指挥者的性格修炼对战争进程乃至结局的影响没有改变,指挥者必须具备健全理智性格的重要性没有降低,不断清除指挥者性格中的危险因素,仍然是一个历史的过程和现实的课题。

第三,关键时刻,舍我其谁。

《孙子兵法》中提出了“君命有所不受”的著名观点,明确反对于军不利的“中枢遥制”。孙子主张“将能而君不御”,这是“知胜之道”。这在当时“君权神授”“君王圣明”被奉为信条的时代背景下,是需要非凡的政治勇气和担当精神的。“君命有所不受”这一命题,可以讲是寥寥数字、字字惊魂,其意义重大、内涵丰富。在《孙子兵法》其他篇章中,孙子也围绕这一命题,作了多角度的精辟阐述,我们应该将其作为一个整体来理解和把握。

“君命有所不受”,要以“安国全军”为最高准则。孙子提出:“非利不动,非得不用,非危不战”“合于利而动,不合于利而止”“此安国全军之道也”。是否有利于“安国全军”,是决定君命受与不受的最高准则。

“君命有所不受”,要以能否夺取战争胜利为判断标准。是什么力量支撑着将领勇于冒险担当呢?《孙子兵法》给出了明确答案,在《地形篇》中有一段非常精彩的话,展示了为将者为了胜利而勇于担当的内在根源。“故战道必胜,主曰无战,必战可也;战道不胜,主曰必战,无战可也。故进不求名,退不避罪,唯人是保,而利合于主,国之宝也。”这种遵循战争规律,一切为了胜利,置自己的生死荣辱于不顾,为了民众、为了国家而敢于“君命有所不受”的政治品格,不禁令人拍案叫绝,这些贤能之将,实为国家之宝、民众之幸。

“君命有所不受”,要以战场上的实际情况为依据。君王作为一国之主,有手持大印、号令一切的权力,但他们不可能对战场情况做到时时明、事事通，历史上因机械执行不符合战场情况的君命而导致失利的教训举不胜举。《孙子兵法》在提出“君命有所不受”这一命题的同时，阐明了自己的立场：“故君之所以患于军者三：不知军之不可以进而谓之进，不知军之不可以退而谓之退，是谓縻军。不知三军之事，而同三军之政者，则军士惑矣。不知三军之权，而同三军之任，则军士疑矣。三军既惑且疑，则诸侯之难至矣，是谓乱军引胜。”（《谋攻篇》）他告诫那些君主，放权给前方将领，减少对战场的干预，鲜明提出“将能而君不御者胜”的观点。这些观点，无不展现了为将者敢于担当的政治品格和无私无畏的精神。

“君命有所不受”是以“有所受”为限制的。在将权君授的体制下，君命必须有所受。“将受命于君，合军聚众。”受命是原则，有所不受是一时之权变，是有严格的前提条件的，这就是一切以“利”为衡量标准，不符合国家利益、民众利益、战争利益的“君命”可以选择“不受”。这体现的恰恰是为将者勇于为国、为民负责的担当精神，这种精神是难能可贵的。

第四，洞察全局，胜人一筹。

“知彼知己，胜乃不殆；知天知地，胜乃可全”，这是指为将者必须具备洞察全局的能力。《孙子兵法》关于为将者必须重视“知”的论述十分丰富而深刻，它揭示了战争的一般规律，指出“知”是为将者必须具备的制胜能力。毛泽东曾高度评价：“孙子的规律，‘知彼知己，百战不殆’，仍是科学的真理。”（《论持久战》）孙子深刻阐明了“知”的重要性。

首先，“知”是制胜之本。孙子在《谋攻篇》中提出“知彼知己，百战不殆；不知彼而知己，一胜一负；不知彼，不知己，每战必殆”，在《地形篇》中再次强调“知彼知己，胜乃不殆；知天知地，胜乃可全”。他在《谋攻篇》中还提出，预测战争胜负，要做到“五知”“知胜有五”“此五者，知胜之道也”。孙子还强调，为将者，要知利害：“故不尽知用兵之害者，则不能尽知用兵之利也。”孙子还在其他篇章中，多次阐明了“知”是胜利的前提条件这一道理。

其次，“知”是善变之基。《孙子兵法》十分重视权变的思想，强调因敌而变、因地而变、因时而变、因势而变，注重在变中达到“致人而不致于人”的境界。孙子提出要善于临机应变，“故将通于九变之利者，知用兵矣”。《孙子兵法》强调兵无常势、水无常形，“能因故变化而取胜者，谓之神”。而所有这些“变”的基础条件是“知”，没有“知”就没有胜者之变。

再次，“知”是为将之要。有能之将的制胜之道，首先体现在“知”的能力上。“故知兵者，动而不迷，举而不穷。”《孙子兵法》还对为将者应该知什么、如何知，作了深刻系统的阐述。关于“知”的内容，孙子认为，要“尽知”“全知”，知兵之将应该知的范围很广，“五事七计”要知，“凡此五者，将莫不闻”；对于“七计”，也要“尽索其情”。“知天知地”“知彼知己”是“知”的范畴，政治、经济、风俗、人情都是“知”的内容。总之，与战争相关的方方面面，都在“知”的范围之内。关于“知”的原则，要“先知”，明君贤将之所以战则必胜、战功超群，就在于应知的内容“先知”，既要先知己，又要先知彼。要在“先知”中争取主动，做到攻必取、战必胜。关于如何做到“先知”，孙子认为必须依靠人知，“先知者，不可取于鬼神，不可象于事，不可验于度，必取于人，知敌之情者也”，“故明君贤将，能以上智为间者，必成大功”。在当时迷信盛行的时代背景下，孙子鲜明地提出知“必取于人”的思想，充分肯定了人对于战争胜负的决定性作用，标志着《孙子兵法》在辩证唯物主义认识论方面达到了新的高度。

古今中外的战争实践都充分证明，“知”是胜战之规律。在当代，“知”的科技含量越来越高，“知”的手段越来越多，“知”的范围越来越广，但“知”直接影响战争进程和结局这条规律并没有改变。为将者只有加强对“知”的能力的培养，努力做到尽知、全知、先知、亲知，才能在战争中洞察全局、把握全局、驾驭全局，争取主动，成为“动而胜人，成功出于众者”的合格将领。

第五，文韬武略，治军有方。

为将者应该文韬武略皆备，文治武功不可偏废。重文轻武，自然不是武将，重武轻文则只是勇力之人，不能成为将帅。毛泽东提出一个有思想的军队、有文化的军队，就是深刻地把握了军事建设应该是文武兼道的道理。

为将者除指挥作战外，另一个重要职责和基本实践是治军。如何治军？孙子在《行军篇》中提出了一个著名的治军思想，即：“令之以文，齐之以武。”曹操的注解是：“文，仁也；武，法也。”这是《孙子兵法》治军思想中的一条主线。其基本含义是在治军方面，要“文”“武”兼用，恩威并施，严爱相济，信赏明罚，爱卒善俘，不可偏废。这一治军思想，受到了历代兵家的推崇，并被奉为治军准则。《孙子兵法》对这一治军思想的精辟论述，包含着相互联系的几个方面。

一是坚持法治原则。依法治军，是治军必须首先遵循的原则。孙子将法作为战场制胜的重要因素、日常管理的基本准绳、令行禁止的根本保证，把“法令孰行”作为决定战争胜负的因素之一。主将号令三军，令出即行，令禁则止，行动如一人，靠的就是法规的制约。正如孙子在《兵势篇》中指出的：“凡治众如治寡，分数是也；斗众如斗寡，形名是也。”

二是坚持教化为先，文武相兼。文在先，武紧随；恩在先，威在后，防止不教先诛。《行军篇》中指出：“卒未亲附而罚之，则不服，不服则难用也；卒已亲附而罚不行，则不可用也。”强调先用“文”即教化的手段令士卒亲附，不得“卒未亲”就惩罚，同时强调，卒已亲附，却仍对其违纪行为不加以惩罚，这样的军队也难当大任。

三是坚持严爱相济。“视卒如婴儿，故可与之赴深溪；视卒如爱子，故可与之俱死。”这是为将者“仁”的体现，这是爱的境界。但是，爱兵不是惯兵，只爱不严，也是治军大忌。“厚而不能使，爱而不能令，乱而不能治，譬若骄子，不可用也。”爱和严既要有度，又要相融，只严不爱，冷酷无情，使人避而远之，严也达不到预期效果；只爱不严，溺爱有加，关键时刻就不可用。如何做到严爱相济，确实是为将者必须面对和解决的难题。

四是坚持“与众相得”。“与众相得”是古代为将者一个重要的治军目标。孙子在《行军篇》中提出“令素行以教其民，则民服；令素不行以教其民，则民不服。令素行者，与众相得也”。《孙子兵法》中明确提出，“令民与上同意”者得道，“齐勇若一”者得力，“上下同欲”者得胜。“与众相得”追求的是合众聚力，可用必胜。总之，《孙子兵法》中关于治军理念的论述，既符合治军的一般规律，又蕴含着辩证法的智慧火花。

三、诡道与权变

“兵者，诡道也。”用兵作战是一种诡诈之道。曹操说：“兵无常形，以诡诈为道。”所以用诡诈之道来克敌制胜。孙子讲了“诡道”十二法，同时说这十二法“不可先传”，在实施中都要做到保密。孙子在《始计篇》中提出：

> 故能而示之不能，用而示之不用，近而示之远，远而示之近。利而诱之，乱而取之，实而备之，强而避之，怒而挠之，卑而骄之，佚而劳之，亲而离之，攻其无备，出其不意。

譬如：有能力却表现出没有能力的样子，造成对方轻敌的情形，使对方落入自身圈套，一举歼敌。孙膑就是以添兵减灶计诱庞涓至马陵道，伏兵杀之。能用之计、能用之人却不用，造成对方误判大意。三国时，东吴想要夺回荆州，吕蒙托病返吴，被年轻无名却有智谋的陆逊代替，孙权让吕蒙负责幕后操作，结果是关羽大意失荆州，轻敌败亡。“乱而取之”，就是乱军取胜，淝水之战就是以假象造成敌方自乱，不攻自溃。

总之，用兵作战依据情况的变化而变化。方法固然有很多，但是实际运用时又是变化无穷的，关键在于灵活运用。那么，如何灵活运用呢？

其一是“因利而制权”。

孙子眼中的“利”，是安国全军之大利。因利而变，就是从安国全军的利益出发,用之以谋,变最小的代价为最大的利益。从“变”的时机来看,“变”可分为料敌先变、临机应变、长远之变三种。

一是料敌先变。先变者,先于敌之变。孙子主张料敌先变,认为“料敌制胜”是“上将之道”,即通过庙算,全面评估双方企图、实力悬殊,预测战争胜负趋势,并发挥主观能动性,变不利为有利,为取胜创造条件。一方面要做到“先算”。孙子强调,要通过对敌我双方“道、天、地、将、法”五个层面的分析,对比“主、将、天地、法令、兵众、士卒、赏罚”七个方面的优势劣势,来判断谁胜谁负。另一方面要做到“先知”。即在行动之前,预先掌握情报,预测行动后果。“故明君贤将,所以动而胜人,成功出于众者,先知也。”(《用间篇》)孙子认为,这是取胜的重要保证。再一方面,要做到“造势”。“计利以听,乃为之势,以佐其外。势者,因利而制权也。”(《始计篇》)战略计划一旦被采纳,还要设法营造一种“势”,用来辅佐计划的实施。所谓“势”,即依凭有利于己的条件,采取灵活机动的制敌措施,掌握战场的主动权。通过料敌先变,达到“出其不意,攻其不备”的目的。

二是临机应变。孙子在《九变篇》中指出,“凡用兵之法……途有所不由,军有所不击,城有所不攻,地有所不争,君命有所不受”。即根据外界客观环境和敌方的变化,及时调整己方的战略战术。一要因地而变,即因地形而变。孙子在《九地篇》中将地形分为九种,并强调将帅应根据地形变化而改变作战原则。同时,孙子也从反面论述了因地而变的重要性,认为将帅如果不能根据不同地形精通各种机变方法,即使了解地形,也不能充分发挥军队战斗力。二要因天而变,即因天时而变。孙子认为,应该根据天时的不同而改变指挥方式，比如为适应士卒耳目视听的需要，白天作战多用旌旗，晚上作战则改用火光、锣鼓。三要随敌而变，这里主要讲战场上的随机应变。孙子主张，根据敌人在战场上的具体情况，应及时改变具体战术，以谋求战场主动权。“故善用兵者，譬如率然；率然者，常山之蛇也。击其首则尾至，击其尾则首至，击其中则首尾俱至。”（《九地篇》）通过临机应变，达到“践墨随敌，以决战事”（《九地篇》）的目的。

三是长远之变。孙子眼中的利，不仅仅是战争取胜的眼前之利，更有守胜益民的长远之利。长远之变，即用前瞻性的眼光看到未来变化对国家百姓利益的影响。一方面，孙子认为，战争是一场高消耗的对抗，累及国计民生的方方面面，甚至可能会造成“诸侯乘其弊而起”的危险局面，因此他建议不要轻易发动战争。即使战争是不得已而为之，也不应该远距离征战。如果远征迫不得已，也要“取用于国，因粮于敌”（《作战篇》），这正是基于长远考虑，避免战争带来经济、政治、民生等一系列不良反应。另一方面，孙子提出，赢得战场上的军事胜利只是第一步而已，能否守胜从而进一步赢得“全胜”才是根本，如果不能巩固战果，就有可能导致“财竭师老而不得归”的危险后果。

通过长远之变，达到“胜敌而益强”（《作战篇》）的目的。料敌先变、临机应变和长远之变，看似相互独立，其实是一个统一的整体。料敌先变是临机应变和长远之变的前提，临机应变是贯彻料敌先变和长远之变的重要环节，长远之变是对料敌先变和临机应变提出的客观要求。三者相互作用、有机统一，最终达到了趋利避害，以最小代价谋求最大利益的效果。

其二是以克敌制胜为目的。

获取利益是发动战争的根本动力，取得胜利是战争的直接目的。以变求胜，是为谋取战争胜利、对己方实力进行评估、对战略战术进行调整而采取的措施。基于孙子对战争“善之善者”的追求，可以将“以变求胜”分为以变求先胜、以变求速胜和以变求全胜。

一是以变求先胜。战争是力量的竞赛，具备一定的军事实力才能取得胜利。人的主观能动性确实能在某些时候起到“四两拨千斤”的作用，但必须建立在一定的物质基础之上。孙子认为，善于打仗的人，总是先做到不可被战胜，然后再寻求击败敌人的时机。同时他还指出，预见战争胜利和通过激战取得胜利都是“非善之善者也”，善于作战的人，先得“立于不败之地”。一方面要增强军事实力，形成绝对的优势，才可胜券在握。另一方面要修明政治，确保法制，才能掌握战争胜负的决定权。

“善用兵者，修道而保法，故能为胜败之政”(《军形篇》)，其重要性可见一斑。最后孙子认为，胜利者总是先创造取胜的条件而后求决战，失败者却往往先冒险一战而侥幸求胜。以变求先胜，是指孙子创造性地提出了“修道保法”和“称胜”理论，作为衡量战争胜负的重要尺度。

二是以变求速胜。孙子认为，用兵作战“日费千金，然后十万之师举矣”。因为战争损耗巨大，所以他提出了“兵贵胜，不贵久”(《作战篇》)的原则。在具备一定军事实力的基础上，一方面，求速胜必须注重先发制人，提倡速战速决，推崇作战行动的突然性、主动性、运动性，这可以说是孙子制胜之道的重要特点。另一方面，求速胜必须注重选将。“将”为“五计”之一,孙子认为,懂得用兵之道的将帅,掌握百姓生死,主宰国家安危。孙子指出,“将”有“五德”,“智、信、仁、勇、严”,“将”有“五危”,“必死、必生、忿速、廉洁、爱民”。孙子主张通过“五德”“五危”的标准来任免将帅,以达到求得战争胜利的目的。以变求速胜,即在求得先胜的基础上,将领通过采取措施,达到以最快的速度、最小的消耗,赢得战争胜利的目的。

三是以变求全胜。基于慎战和备战并重的战争观念,孙子推导出了用兵的理想境界,这就是一个“全”字,强调以万全之策,用最小的代价,获得全局的胜利。同时,孙子也认识到“全胜”只是理想的状态,绝对的“全胜”是不存在的,“全”必须建立在一定的“破”之上。孙子在《谋攻篇》中提出了“五全”和“五破”的概念。路秀儒认为,“五全”中除了“全国”之外,其他“四全”都是“破”中求“全”。“破”是在所难免的,以变求全胜的关键在于通过对谋略的使用,以最小的“破”来谋求最大的“全”。

以变求先胜、速胜、全胜,是相互联系、相互作用的,求先胜是求速胜和求全胜的基础,求先胜和求速胜是求全胜的前提,求全胜是求先胜和求速胜的理想和追求。三者都是基于客观实际,以最小代价谋求最大利益的途径和手段。

其三是悬权而变。

悬权而变即通过权衡战争的利弊得失而采取行动。

一是义利之变。孙子对战争本质认识的改变是最根本的改变。表面上看,孙子提出的“以利动”与受儒家“仁义”思想影响的中国传统文化背道而驰,但实际上,孙子所言的“利”是“安国全军”

的大利，也是儒家所说的君子之义。在孙子看来，“义”与“利”是辩证统一的关系，掌握了义利之变，也就奠定了对战争本质深层次的认识，以及战场规律变化的一般原则。

二是利害之变。孙子研究战争，注重从“利”与“害”两方面进行综合考虑。利害之变，既要考虑对战争行动有利的一面，也要考虑有害的一面，争取化害为利、防止利变为害。孙子在《作战篇》中就强调，“故不尽知用兵之害者，则不能尽知用兵之利也”，认为利与害是辩证统一的关系。孙子在《军争篇》中作了具体论述，“故军争为利，军争为危”，主张全面衡量利弊，不可以只注重利益而忽视了弊端，以免陷我方于败亡之地。

三是胜败之变。“胜”作为“变”的目的，与作为动因的“利”是紧密相关的，胜败之变，与利害之变一一对应。《孙子兵法》中多处提到要关注和研究“败道”，胜败之变，就是要注意探索失败的原因和规律，从失败的教训中找出反败求胜的方法。比如，《地形篇》中提出了战斗中军队有“走、弛、陷、崩、乱、北”六种情况，孙子认为，“凡此六者，败之道也，将之至任，不可不察也”。在《九变篇》中，孙子提出了为将者有“五危”，“凡此五者，将之过也，用兵之灾也。”这充分体现了孙子的慎战思维，也进一步诠释了胜与败的对立统一。

四是形势之变。《孙子兵法》中的“形”主要讲的是军事实力及其外在表现，是己方的客观军事实力；“势”是通过兵力部署、战法运用所造成的态势，是通过主观能动性所形成的实力增益。“形”可以通过“称胜”理论求得，而“势”则需要借助“诡道”来造就。“形”与“势”是反映战争力量辩证运动中的一对重要概念，是互相联系的统一体，有着不可分割的联系。以形造势，良好的态势必须建立在一定的军事实力之上；化势为形，良好的态势又可以显示出更强的军事实力。形势之变，是指立足于现有军事实力，通过造势来营造更有利于己而不利于敌的环境。

其四是奇正专分之变。

一是奇正之变。初始形势已成，接下来便是敌我交战。孙子主张“先为不可胜”“不可胜者，守也”。（《军形篇》）同时，孙子也指出，“三军之众，可使必受敌而无败者，奇正是也”。（《兵势篇》）奇正之变，以“正兵”当敌，以“奇兵”取胜。随着奇正概念的内涵及运用价值的不断发展，它也被用来说明正规的和出奇制胜的战法。掌握奇正之变，就要充分利用敌我双方矛盾变化，“常法”与“变法”交替使用，以奇为正，以正为奇，奇正相对，奇正相生。此外，还有虚实之变。《孙子兵法》既重以实力取胜，更重以谋略取胜，有形的力量可谓“实”，无形的力量可谓“虚”。虚实之变，就是使用计谋，通过虚实转换，从而达到“避实击虚”的目的。孙子在《虚实篇》中指出“致人而不致于人”是虚实之变的核心，“避实击虚”是虚实之变的重要指导原则，他同时提出了一系列辨实察虚、避实击虚、化实为虚、隐实匿虚的具体措施。

二是专分之变。专分之变是虚实之变的具体措施之一。专，集中兵力；分，分散兵力。专分之变，是指设法使敌兵力分散，不能集中，而我方并力攻击敌力量薄弱的地方。孙子认为，设法使敌显露而我方不露痕迹时，敌人为防御我方攻击不得不处处设防，于是造成“无所不备，则无所不寡”（《虚实篇》）的态势。专分之变就是要达到“我专为一，敌分为十”（《虚实篇》），以局部兵力的绝对优势，带动战争全局的胜利。

其五是迂直之变。

“迂”与“直”虽然是相对的,但两者可以相互转化。迂直之变,是指通过谋略,使敌直为迂、我迂为直。《孙子兵法》中的“迂”和“直”有两层意思,一是从距离上讲,指机动路程的长短,“故迂其途而诱之以利”(《军争篇》),通过诱之以利,增加敌人运动距离,使敌直为迂。二是从方法途径上讲,指作战手段的间接与直接。孙子提出的“不战而屈人之兵”,就是不通过直接战争的方式,间接使敌方屈服,这也是以迂为直的直接体现。

其六是动静之变。

动静之变,是指敌我之间的攻防转换。孙子在《军形篇》中指出,善于防守的人,如同深藏于地下,使敌难以察觉;善于进攻的人,又像是天上雷霆,让敌猝不及防。孙子认为,不论进攻还是防守,都不要让敌方察觉己方的意图,当根据是否有利而采取行动时,要达到“其疾如风,其徐如林,侵掠如火,不动如山,难知阴阳,动如雷震”(《军争篇》)的效果。同时,动静之变,也对将领提出了极高的要求,孙子认为,“静以幽,正以治”(《九地篇》)是为将者正确决策、随机应变的重要保证。

其七是存亡之变。

存亡之变,是指为将者采取措施切断己方后路,提高战斗士气,谋求转危为安、死而后生。孙子认为,人只有在面对死亡时才会爆发出超强的战斗力,主张“聚三军之众,投之于险”,达到“投之亡地然后存,陷之死地而后生”(《九地篇》)的目的。同时,孙子也认识到,战场之上“亡”与“存”转化关系的运用,对作战双方来讲是相互的。孙子既强调危中求安、亡中求存,同时又注意防止敌方在危急时对己方造成不利影响，于是提出了“归师勿遏，围师必阙，穷寇勿迫”（《军争篇》）的用兵原则。这充分体现了“存”与“亡”的辩证统一关系。

《孙子兵法》中关于“变”的对立统一关系的阐述还有很多，但都是在义利之变的指导下，以利害之变为纲，以智谋诡计贯穿于始终，以胜败之变为目的，从而达到争利取胜的最佳效果。

第6课 《孟子》的王道与气节

孟子(约公元前372年—公元前289年),名轲。其先祖是鲁国的贵族。

孟子出生之时距孔子去世(公元前479年)约百年。孟子最大的愿望就是“学孔子也”。他们的身世相似,都是从小就没有父亲,年幼时和母亲相依为命。所不同的是,孔子的母亲似乎没有孟母有名。实际上,孔子的母亲在孔子刚刚成人时就去世了,年纪并不大。而孟母不一样,孟母是在孟子六十三岁时去世的,至少是快八十岁高寿的人。孟子对母亲孝顺,出游的时候都带着母亲。孟母是死在齐国的,但孟子后来将母亲归葬鲁国,这是很值得我们思考的问题。

孟子曾经在家乡一边授徒讲学,一边照顾母亲,后来他想周游,又牵挂母亲,很是烦闷。孟母问明原因后,对儿子说:“夫妇人之礼,精五味,擅酒浆,养舅姑,缝衣裳而已,故有闺内之修,而无境外之志。以言妇人,无擅制之义,而有三从之道也,故年少则从乎父母,出嫁则从乎夫,夫死则从乎子,礼也。今子成人也,而我老矣!子行乎子义,吾行乎吾礼。”意思是,我老了,我当然要跟着儿子,儿子做行义的事情,我这点道理还不懂吗?何况,我一妇人,我还可以做点家务事来帮你。所以,孟子是带着自己年迈的母亲一起上路的。可以看出孟母不仅是通情达理的人,也是甘于付出的伟大女性。孟子的性格“向善而力至”,觉得对的就一定去做,这和孟母是相似的,孟母的理解与支持又进一步支撑了孟子的精神。

历史上,孟母“三教”广为传播,影响深远。

“一教”即孟母三迁。昔孟子少时,父早丧,母仉氏守节。居住之所近于墓,孟子学为丧葬躄踊痛哭之事。母曰:“此非所以居子也。”乃去,舍市,近于屠,孟子学为买卖屠杀之事。母又曰:“亦非所以居子也。”继而迁于学宫之旁。每月朔望,官员入文庙,行礼跪拜,揖让进退,孟子见之,一一习记。孟母曰:“此真可以居子也。”遂居于此。意思是,孟子小时候,父亲就死了,母亲仉氏守节。居住的地方离墓地很近,孟子学了些为丧葬躄踊痛哭这样的事。母亲觉得这个地方不适合孩子居住,就离开了。孟母将家搬到街上,离杀猪宰羊的地方很近,孟子学了些做买卖和屠杀的事。母亲觉得这个地方也不适合孩子居住,又将家搬到学宫旁边,孟子学会了鞠躬行礼及进退礼节。孟母说:“这才是孩子居住的地方。”就在这里定居下来了。良好的教育环境为孟子以后学习“六艺”打下了良好的基础。

“二教”即“断织”之教。孟子从小就很聪慧,但也像一般幼童一样有怠惰贪玩的习惯。有一天,孟子竟然逃学到外面玩了半天。当儿子回家时,孟母不声不响地拿起一把剪刀,将织成的一段锦绢拦腰剪成两段,就在孟子惊愕不解时,孟母说道:“你的废学,就像我剪断织绢。一个君子学以成名,问则广知,所以居则安宁,动则远害,你今天不读书,就不可以离于祸患,今后永远就只做一些鸡零狗碎的小事,中道废而不为,怎么能衣其夫子,而不乏粮食呢?”孟母用“断织”来警喻“辍学”,指出做事半途而废的后果是十分严重的。这一幕在孟子幼小的心灵中留下了既惊且惧的印象,从此他孜孜汲汲,日夜勤学不息。

“三教”即“出妻”受教。这有很多说法,其中《列女传》记载:孟子妻独自在家时,箕踞而坐(古时一种无理坐姿),孟子见后勃然不悦,妻子认为丈夫太过见外,就求婆婆劝解。长期以来,孟子对自己的妻子总是不满,认为她太过倨傲,竟有意休妻。孟母对儿子晓以大义:“夫礼,将入门,问孰存,所以致敬也。将上堂,声必扬,所以戒人也。将入户,视必下,所以恐见人过也。今汝往燕私之处,入户不有声,令人袒而在内,踞而视之,是汝非礼也,非妇无礼也。”孟母的意思是孟子无礼在前,正确的做法是,刚入门时,要打招呼,以示尊重;要走入堂室时,要大声招呼,好让对方有所准备;走入内室时,眼光要下视,以免看见别人的过失。孟子深受教诲,也打消了“出妻”的念头。

孟子师从的是孔子、孙子、子思的门人,并非就是子思。司马迁在《史记》中的记载是正确的,孟子通过子思的弟子接受子思的思想。思孟并称,荀子说“子思唱之,孟轲和之”,并非说孟子的老师就是子思本人。孟子更重视的是继承孔子的思想。孟子说:“自生民以来,未有盛于孔子也。”他的愿望是“学孔子也”。《孟子》一书中,直接引用孔子的话与赞美孔子的地方有三十多处。所以后世才将“孔孟”并称,孔子先圣,孟子亚圣。

孟子一生的经历也很像孔子,他长期过着私人讲学的生活,中年以后怀着政治抱负,带着学生周游列国,最盛的时候,“后车数十乘,从者数百人”。孟子晚年回到故乡,从事著述工作。他与万章等人整理《诗经》《书经》,阐发孔丘的思想学说,写成《孟子》一书,共七篇。在他之后,出现了学者邹子等人。

《孟子》一书的作者应该是孟子。《史记》记载,孟子“退而与万章之徒序《诗》《书》,述仲尼之意,作《孟子》七篇”。赵岐在《孟子正义》中也说“此书孟子之所作也”。但是有一部分内容是经孟子授意,由万章、公孙丑参与编写的。

一、“王道”与“霸道”

孟子说:“富贵不能淫,贫贱不能移,威武不能屈,此之谓大丈夫。”意思是说,一个人要有自己做人做事的原则,保持独立的人格个性,对原则的坚持与个性的保持不因环境的变化而变化,这才是一个大写的人。

孔子与孟子,都是儒圣,但是在做人做事的风格方面有所差异。孔子温文儒雅,彬彬有礼,而孟子则是直言不讳,自信善辩。这里可以从孟子与齐宣王的交往中得到印证。

孟子在齐威王时期就来到“稷下”,做过“稷下客卿”。辗转二十多年,人已年迈,但他还是带着“齐宣新政”“足以为用”的良愿再度来到齐国。孟子去往齐国途中,其实就受到了礼遇,这当然是齐宣王的旨意。齐国宰相储子亲自送了很多礼物给孟子,表示欢迎,孟子心安理得地接受了。到达齐国后,孟子并没有主动回访储子,连弟子屋庐子都觉得不妥,孟子却说,没有什么不妥,储子应该亲自登门来看他。结果储子还真的来了。储子说:“齐王打发人偷偷来看您,您真有和别人不同的地方吗?”显然储子对孟子架子大是不满的,只不过因为齐王授意,他没有办法才遵命屈从。谁知道孟子说:“哪有和别人不同的地方,连尧舜和一般人都一样。”

齐宣王执政期间,齐国得到快速发展,尤其是他设立了稷下学宫,客观上促进了百家争鸣局面的出现。孟子到达齐国,宣王对他十分重视,也很尊重,授予其“客卿”的官位。孟子不做具体工作,可以讲学,可以议政,可以向朝廷提建议。

齐宣王问卿。孟子曰:“王何卿之问也?”

王曰:“卿不同乎?”

曰:“不同;有贵戚之卿,有异姓之卿。”

王曰:“请问贵戚之卿。”

曰:“君有大过则谏;反覆之而不听,则易位。”

王勃然变乎色。

曰:“王勿异也。王问臣,臣不敢不以正对。”

王色定,然后请问异姓之卿。

曰:“君有过则谏,反覆之而不听,则去。”

齐宣王问卿,孟子反问:“王说的卿是什么卿?”王问:“卿有什么不同?”孟子说有“贵戚”“异姓”两种。王问“贵戚之卿”。孟子说,贵戚之卿就是对于王的错误要进谏,如果王不听,就可以取而代之。这种“藐视君主”、当面直述可以取而代之的观点自然使宣王怒而不爽,脸色难看。而孟子依然不紧不慢地说:“王,您的脸色难看也是没有用的。您问我问题,我自然要讲真话,您说对不对?”

齐王情绪稍稍平复之后，接着问"异姓之卿"，孟子说："对于王的错误依然要进谏，如果王不听，离开就是了。"

孟子的一番话似乎就是宣言：一，在"我"的眼中，没有君王，只有"正见"；二，君王不听、不用，"我"可以随时走人。这就是孟子的志向和个性风格。所以，齐王子垫问孟子："士做什么事情？"孟子说："尚志。"士人要有自己的心志与高洁的品质。孟子说："居仁由义，大人之事备矣。"

《孟子》记载，孟子与齐宣王正式谈话有十三次。这十三次，齐宣王几乎没有一次是顺心顺意的。一个做出宽宏大度、愿闻其详的姿态；一个仗义执言，唯有诤言。也可算是历史上君士相争的经典。

齐宣王问曰："齐桓、晋文之事，可得闻乎？"宣王想听听孟子对于齐桓、晋文称霸之事的看法，其实这是自己意欲称霸的潜台词。孟子直接说："我们儒家从不谈这件事，后世无传，我没有听说过，所以不谈。"孟子找了个理由，直接中止了宣王想谈的话题。孟子说："不谈这个，谈谈'王道'如何？""王道"是宣王感兴趣的，宣王问："怎样的道德才能称王？"孟子说："保民而王，莫之能御。"这八个字，简言之就是"保民就是王道"，核心就是"保民"。宣王试探性地说："我算不算这样的人？"谁知道孟子认为宣王不是不能称"王"，而是"不为"。孟子以退为进，层层推进，大讲一通"非不能、非不为""不忍之心""推己及人""老老幼幼"的大道理。齐王虽然"笑而不语"，心里却还是想着"称霸"的事情，孟子一针见血地指出，称霸之心不死，这是"缘木求鱼"，必败无疑。弄得宣王只好说自己思想糊涂，希望得到指点，齐王耐人寻味的表现与孟子直言不讳的态度形成鲜明的对比,可谓“王道”与“霸道”的一次理论交锋。

有一次,孟子从庄暴那里得知了齐王“好乐”的事情。按说齐王“好乐”属于个人爱好,是君主的私生活。况且这事是孟子从别人那里听说的,和他无关,不必惹事。但是孟子就是“爱管闲事”,他觉得这不是小事情,应该和宣王谈一谈。所以当孟子碰到齐王时,他就直接问齐王有没有这回事。“王变乎色”,这说明齐王心里有点发虚。为何?从齐王问庄暴的举动来看,齐王“好乐”,其实就是享乐。齐王一方面追求享乐,一方面又担心引起非议,所以才询问庄暴。庄暴不知道如何应对,是因为这个问题真的不好回答,这是一个两难的问题。认同不合义,不认同可能触犯君威。当孟子直问宣王时,宣王首先是掩盖自己享乐的意图,只是说自己并不是喜好“先王之乐”,而是和大家一样,喜欢“世俗之乐”。所谓“先王之乐”,就是先王乃至君主享受的特权。宣王掩盖这一点,只说是一般音乐爱好而已,言下之意,只是爱好,还没有到过分的地步。但是孟子还是指出这不过是借口,古今之乐没有不同。孟子接着说其实好乐也没有什么不对,关键是否与民同乐。意思是,你是君主,要求不一样,“好乐”的问题不是爱好的问题,其实是一个严肃的政治问题。从深层次来看就是执政理念问题。你享乐,首先你得想想是建立在什么样的基础上的,其次你的乐是个人享乐还是心念百姓、同甘共苦,这可是关乎“王道”的大问题。

孟子所谓“保民”的思想就是政治上爱民、经济上惠民、文化上育民(道德教化),治理方案实际而具体。“与民同乐”“忧乐为民”“休戚与共”是他民本思想的核心。但是,内享乐、外好战却是当时诸侯的普遍现实,齐宣王也不例外,甚至尤甚。关于“享乐”的问题,构成孟子与齐宣王交锋的重要内容。齐宣王曾经问孟子:“文王之囿方七十里,有诸?”宣王的意思实际有三层:一是为君王享乐寻找“合法化”理由,二是对孟子“君王当节欲保民”的思想提出质疑,三是为自己兴建苑囿找借口。孟子洞若观火,态度鲜明地指出:“文王之事有之,虽然他的范围有七十里之大,但百姓还觉得苑囿建小了,因为他的范围是与百姓共有的。而你齐宣王的苑囿虽然小,却是私人享乐的禁地,所以百姓意见大。这样做根本就不应该,要是不听劝,迟早要出事的。”

宣王不死心,孟子不放弃,交锋依然继续。所谓“苑囿四十里”是宣王在郊外开辟的狩猎游冶之地。这一次,宣王换了一个场合,在“雪宫”接待孟子。赵岐注:“雪宫,离宫之名也。宫中有苑囿台池之饰,禽兽之饶。”其实就是君王宴乐的场所。齐王高规格的接待,其意图其实是见面的一句话:“贤者亦有此乐乎?”这种快乐贤者应该有吗?内含的意思是,你是贤者,你觉得这样的生活怎么样?而孟子说:“这种快乐贤者也是有的,如果得不到的话,有些人会因为心理不平衡而埋怨君主。虽然埋怨是不对的,但君主自得其乐、独自享乐、不与民同乐同样不对。关键是君臣、君民是否一心,君臣都应该做好自己该做的事情,我倒是希望,如果君王能够做到接受贤者的建议,让老百姓没有不称颂的理由才是最重要的。”

齐王和孟子谈毁明堂的事情。明堂曾是周天子东巡狩猎朝见诸侯的地方。后来一直是中国历史上最著名的礼制建筑,是古代帝王明政教之场所,凡祭祀、朝会、庆赏、选士等大礼典均在此举行。齐王打算毁明堂,就是打算废除旧存礼制,无所禁忌,“独尊为王”。孟子说，明堂是王者之堂，要施行王政，就不应该毁。宣王对“王”的话题是感兴趣的。其实这个问题他们曾经谈过，宣王本以为孟子会就明堂谈谈有助于自己“称王”的意见，却不知孟子的一番高论，谈的是彼王非此王。宣王虽然认为孟子说得好，但是不耐烦，也不乐意听，干脆说“寡人有疾，寡人好货”，称自己就是有“好货”的毛病，后来又说有“好色”的毛病，但是孟子还是坚持“仁政为王”的主张，逐一予以推论，苦口婆心地规劝说：“如果你能跟着百姓一起喜欢，那对于实行王政来统一天下有什么困难呢？”

在孟子的眼中，只有“道义”“王道”，没有“君主”“霸道”，为此他也是无惧无畏，不谄媚、不迁就、不调和，针锋相对，不计后果。孟子说，没有照顾好朋友的妻子怎么办？宣王说断交。孟子说，臣子没有履行好自己的工作职责怎么办？宣王说撤职。孟子说，那君主没有把国家治理好怎么办？“王顾左右而言他”。宣王想成就霸业，自然要利用良臣贤士，两人讨论过如何用人举贤的问题。孟子认为治国要依靠贤臣，但是用不用、如何用是关键。臣有可用、可不用、可杀之分。“慎”是基本原则，“不慎就是偏听偏信”，“慎”就是倾听国人的意见，尊重民心民意。孟子反对君主一意孤行，独断专行，“重国不如重玉”，要善用贤人能人，人尽其能，人尽其用。这当然都是有针对性的，都是直接或者间接对宣王的批评。“所谓故国者，非谓有乔木之谓也，有世臣之谓也。王无亲臣矣，昔者所进，今日不知其亡也。”宣王啊，你难道没有看到，你身边有亲臣吗？那些曾经为你所用的人今天都跑到哪里去了？

孟子关于国家治理的基本思想就是“重民”，包括用人的问题，也是要看民心民意。孟子认为君王是“天授”，但天自己不会亲自授，而是要看人民是不是接受君王，所以君王要“自认以天下之重”。这种“民主”思想虽然有根有据，但在当时无疑是“痴人说梦”。宣王想的是君临天下，是“臣服”。对于臣士，宣王一方面要依靠他们，一方面又要提防他们，而他最害怕的就是“弑君”，“贼臣乱子”“犯上作乱”。所以有一次齐王问到这个问题，“汤放桀，武王伐纣，有诸?”这其实是明知故问，他要问的是“臣弑其君，可乎?”古代“君”因为神圣不可侵犯，所以特别造了一个字“弑”，意为罪。孟子认为，“贼仁”“贼义”“残民”之人，不配称作“君”，可以诛杀。这种“民贵君轻”的思想可谓惊世骇俗。

战国时期，群雄争霸，齐国也不甘落后。但在外交政策上，宣王是犯过很多错误的，最致命的错误还是因伐燕埋下衰落灭国的后患。对于齐宣王扩张称霸的思想，孟子曾经直接指出，这是“缘木求鱼”，是错误的想法，不会有什么好结果。在孟子看来，正常情况下，小国不能胜大国，但是如果施仁政，小国就可以所向无敌。齐宣王不相信，“如是其甚与?”齐宣王说“寡人好勇”，孟子说这是“小勇”不是“大勇”，区别在于，“小勇”，是匹夫之勇，敌一人者也；“大勇”，“一怒而安天下之民”。

齐王伐燕，先是轻松取胜，这就助长了齐王占领的贪念。取胜之后，孟子指出取胜的根本原因其实不是齐国强大，而是燕民为了逃避“水深火热”的虐政，不助燕君。如果取“燕”，当考虑是不是救民于水火，而不是攻城略地。被胜利冲昏了头脑的齐王依然一意孤行。结果是“诸侯谋救燕”。齐宣王于是赶紧请教孟子“何以待之”，孟子的意见明确，即抚民立君，快速撤兵，避免大患。但齐王哪里肯放弃到手的胜利，结果军败而撤，齐国从此不振。齐宣王后来说:“我对孟子感到非常惭愧。”

总体上来看,齐宣王其实对孟子还是尊重礼待的。齐宣王派人告诉孟子:“我欲中国而授孟子室,养弟子以万钟,使诸大夫国人皆有所矜式。”但孟子对于齐宣王已心灰意冷,决定辞卿归邹,回到自己的家乡,因为他觉得自己终是无法为齐王所用。他看到如今的君子,不只是将错就错,还编造一些道理为自己辩护。在孟子看来,齐王并不是“不能”,而是“不为”。孟子也知道,齐王“不为”,是因为实施起来很难。孟子说:“无或乎王之不智也。虽有天下易生之物也,一日暴之,十日寒之,未有能生者也。吾见亦罕矣,吾退而寒之者至矣,吾如有萌焉何哉?”孟子的意思是,齐宣王是个好苗子,自己的话也是可以起作用的。只是一方面,两人见面的机会本来就不多,而且一转身,各种不同的思想都影响着齐王,“一曝十寒”,这是没有办法改变的现实。另一方面,孟子渐渐发现,齐王只不过想利用自己,并非真正礼贤下士。孟子为此要过一次大脾气。有一次,孟子想见齐王,不知道是真是假,齐王说自己正好生病,另约一个时间。孟子一下子就不高兴了,赌气说自己也生病了,没时间。齐王派医生来看孟子,孟子不去,齐王又派人在路上拦截他,他干脆跑到景丑氏那儿躲起来。连景丑氏都看不下去,说宣王对孟子如此恭敬,孟子这样耍脾气不妥。谁知道孟子回答:“君臣之间并非在乎表面的礼节与形式,我千辛万苦来到齐国,图个什么,他倒好,想见就见,想不见就不见,这是尊重我吗?这是尊老吗?这是崇尚美德、尊敬贤士吗?凭什么他一召唤我就顺从呢?宣王自己倒是应该好好想想,在这一点上他比齐桓公差远了,何况我比齐桓公重用的管仲还要高出一筹。”孟子的自负自信、直率鲜明的脾气由此可见一斑,他的一套说辞也确有自己的道理,可谓别具一格。

孟子决意辞官回家,这一次宣王倒是亲自来给孟子送行,说了一番客套话,大意是曾经久闻大名,见不着,后来能够同朝共事,很高兴,现在孟子要走了,不知道以后还能否再见。孟子说,能否再见,不敢奢求,但是和宣王共事,本来就是他的愿望。意思是,齐国之行,孟子他做了他应该做的一切,就此别过。

《孟子·公孙丑下》记,孟子离开齐国,在齐的边境昼地停留了三宿。有人问他,为什么行动这样迟缓呢?他说:"予三宿而出昼,于予心犹以为速,王庶几改之!王如改诸,则必反予。""王如用予,则岂徒齐民安,天下之民举安。"又有人说,我看老夫子你似乎不愉快。孟子说:"五百年必有王者兴,其间必有名世者。由周而来,七百有余岁矣。以其数,则过矣;以其时考之,则可矣。夫天未欲平治天下也;如欲平治天下,当今之世,舍我其谁也?吾何为不豫哉?"他一方面希望齐王彻底改变,重用自己,另一方面依然信心满满,平治天下,"舍我其谁",只是空怀雄心大志,多少有点失落无奈。

这就是孟子和齐宣王的交往。一个把握正义的话语权,彰显正义的风采,一个表面上尊重宽待,脑子里想的却是运用"王权"。所以,宋代徐均有诗《齐宣王》:"鼓钟苑囿乐如何,货色贪淫勇更多。伐国交邻徒屡问,用贤曾不到邹轲。"

与齐宣王有所不同,孟子与梁惠王之间始终充满着"火药味",措辞要直接、激烈得多。孟子当初去魏国也是希望有所为,"后车数十乘,从者数百人",浩浩荡荡,不远千里。见面时,梁惠王尊称孟子“叟”，问孟子：“亦将有以利吾国乎？”孟子对曰：“王！何必曰利？亦有仁义而已矣。”一个“利”字当头，一个直接回驳怎么能讲“利”呢？只要讲“仁义”就行了。他实际上就是指出梁惠王在治国思想上的错误，急功近利，轻视仁义。他进一步指出这是很危险的，正是“争利”才导致天下纷争，彼此相害。孟子有一次见梁惠王，王“立于沼上，顾鸿雁麋鹿”，问贤能的君主是不是也可以享受这样的闲情逸致。孟子指出，有“贤者”“不贤者”之分。“贤者”因为与民同乐，所以能得到真正的快乐；“不贤者”，只会受到百姓的诅咒，即使拥有台沼鸟兽，又怎么能够独自快乐得起来？这无疑就是说梁惠王并非“贤者”，梁惠王所谓“乐”只不过强颜而故作轻松状。

梁惠王自我标榜对国家还是尽心的，自满于“移民”“移粟”的矜功思想，孟子却指出，这是“五十步笑百步”，王只是为了“好战”争霸的需要，并没有从根本上解决问题。解决根本问题的方法是必须实行仁政，真正解决民生问题。不要另有图谋，找一些“收成”不好的理由来推脱责任。当梁惠王愿意进一步向他讨教时，孟子的话就直率而激烈起来，他直言大王如果不关心民众疾苦，就是“率兽食人”，就是“以政杀人”。能作出这种形象深刻的比喻的，孟子是第一人，能够指着君王的鼻子，就差说对方是“杀人犯”的，也只有孟子能做到。

梁惠王虽然心里不痛快，但确实不占理。他转移了话题，想谈谈当下魏国到底怎么办，梁惠王一直有一个心病，就是魏国本来很强大，但却难逃失败的命运。梁惠王对孟子说：“晋国，天下莫强焉，叟之所知也。及寡人之身，东败于齐，长子死焉；西丧地于秦七百里;南辱于楚。”的确,公元前353年,桂陵之战,魏败于齐。公元前341年,马陵之战,魏太子魏申被齐军俘虏而死。公元前340年,秦国的商鞅领兵攻魏,俘魏大将公子卯。公元前330年,魏割河西地于秦。公元前328年,又割上郡十五县于秦。公元前323年,楚使柱国昭阳领兵破魏军于襄陵,取得魏国八邑之地。梁惠王深受耻辱,想的就是如何报仇雪恨。所以梁惠王说:“寡人耻之,愿比死者壹洒之,如之何则可?”这也就不难理解,梁惠王见到孟子就说“以利吾国”,希望孟子的到来对于改变现状、复仇称霸能起到实际作用。他也在想一些办法扭转局势,积极应对与准备。对于孟子的高论与批评,他不计较,也是因为孟子的话对于他来说不是没有道理。但是在他看来,如何复仇吐气才是首要而现实的问题。即便如此,孟子还是劝他,小国兴仁政也是可以无敌于天下的,强弱胜败的关键不在于是否地广兵利,而是人心向背。只要兴仁政,老百姓就会甘愿冒死效忠君王,这就是“仁者无敌”,大王千万不要怀疑,动手去干就行了。

梁惠王问的是报复齐、秦、楚的具体办法,而孟子的回答并没有解决梁惠王的心病。一个执着于耻仇,一个执着于仁善,纯粹是两股道上跑车。后来孟子对于梁惠王的评价:“不仁哉,梁惠王也。”孟子说:“仁者,人也。”孟子说梁惠王“不仁”,就是说梁惠王不是人。其实孟子到魏国的第二年,梁惠王就去世了,他的儿子梁襄王嗣位。孟子见到梁襄王,对他的印象很坏。梁襄王也是一位好战之人,他问孟子:“天下之乱怎么平定?”孟子说:“平定于统一”。怎么能够统一呢?孟子的回答简洁明确,“不喜欢杀人就可以”。梁襄王说,这怎么可能,谁能做到?孟子说:“天下的道理就是这样。禾苗旱则枯槁，雨则兴盛。当今执政者都想着杀人，如果反过来，“不嗜杀人”，民心就会归向，形势就会大好，挡都挡不住。”这时，齐威王已死，宣王嗣位，孟子便离开魏国又到了齐国。

孟子主张仁政，并非只表现在与梁惠王、齐宣王的交往上，而是他一以贯之的政治理念。他是主张天下统一的，统一只要施仁政、重民生、有教化，就自然天下归之，如水之就下，百川归海。君主要做的就是“天下心”与“民心”的合一，用贤纳才，顺乎民心。他坚信“五百年必有王者兴，其间必有名世者”，他自信“如欲平治天下，当今之世，舍我其谁也?”只是，他太理想化了，连司马迁都说他“迂远而阔于事情”，不可能被君王所用。

二、“四心”与“四端”

《三字经》说：“人之初，性本善；性相近，习相远。”意思是说人出生的时候，性的本质是善的，这一点人与人很相近，只是后来个人的习得有了差别，每个人就表现得不一样了。

向善，其实是当时各种学说的一个普遍价值观。老子说“上善若水”，孔子说“仁者爱人”，墨子说“兼爱天下”，这都是对“向善”的不同理解与探索。有所不同的是，孟子建立了“性善”学说，也就是有一套完整的思想体系。孔子是主张“仁”的，也就是爱人行善，推己及人，但是孔子并没有具体解释为什么应该这样做，孟子却将它视为重要的思想加以确立、解释和传播，使其成为孟子的重要思想。孟子思考的深度在于，什么样的人才是一个真正的人，孟子同时在这个基础上进一步推进，思考如何做一个大写的人。在孟子看来,我们首先要做一个真正的人,就是按照人的本性、本心去做人,从这一点出发,你才可能做一个大写的人。什么是真正的人?怎样才能使自己成为一个“内圣外王”的、大写的人?这是孟子致力解决的问题。

人的本性、本心是什么?这首先要讲讲孟子的性善论。孟子是主张“性善”的。孟子说:“人性之善也,犹水之就下也。人无有不善,水无有不下。”这句话里面有两层意思,第一层说人性的善,就像水的流动,是客观自然的;第二层说人没有不善的,本性都是如此,具有普遍性。

人之性善与性恶一直是中国人争议很大的话题。孟子和告子曾经争论过这个问题。告子认为人性是无所谓善也无所谓恶的。与孟子针锋相对的是荀子。荀子直接说,孟子说的“其性善”是不对的,荀子的观点是,人之性恶,其善者伪也。这里的“伪”指人为,不是先天而是后天的。从这个角度看,孟子的性善论也是一家之言。但是要注意到,孟子的性善论无论对于中国人的伦理还是人格都产生了深刻与深远的影响,这是毋庸置疑的。

孟子的性善论,其核心基于对“什么样的人才算人”这个问题的思考。要回答这个问题,首先要思考的就是“人”与“禽兽”有什么不同。孟子说“人之所以异于禽兽者几希”。这是孟子论述“人禽之辨”问题的最重要观念。这里面蕴含着两个前提:一是人与禽兽不同(人禽异类);二是人与禽兽差别极其小(人禽之别“几希”),人稍有不慎就会滑向禽兽。就前者而言,孟子强调人与禽兽具有本质差别,也就是禽兽不可能成为“人”,人是高于禽兽、优于禽兽的生命存在,即人独有且先天本有“恻隐”“羞恶”“辞让”“是非”等“四心”以及“仁义礼智”等四德。就后者而言，孟子强调人与禽兽的差别极其细微，即人的“四心”很容易“放失”，人很容易丧失人禽之别而走向堕落。孟子以此警醒人们要时刻保有自己的“本心”，明确何以“人之为人”，从而将仁义礼智内化为一种道德驱动力，对人自身的优越性予以充分维护与扩充。因此，在孟子那里，人与禽兽既有重要区别又紧密相连，其“人禽之辨”的思想既高扬了人异于禽兽的本质属性，确立了人的主体地位，又从“异于禽兽者几希”的层面凸显出人堕向禽兽的可能性，对人予以警示，并以此显示出人进行道德修为的必要性。

孟子所说的“禽兽”在不同语境中往往具有不同的色彩。如在关乎国计民生的经济学语境中，“鸡豚狗彘”等禽兽的含义是中性的。在随事感化君王的语境中，牛羊等对象甚至还是君子不忍的对象，其含义甚至是褒义的。但是“人禽之辨”属于道德问题，在这一论述语境中，禽兽往往是贬义的，它并非指具体的哪一物种，而是以禽兽借指那些不道德的群体。孟子警醒人们要保有“人之为人”的独特优越性而避免沦为禽兽，实则是在警醒人们不要沦陷于不道德的境地，这种境地在孟子看来就可以被泛称为“禽兽”。

对于人性问题，孟子也承认“形色，天性也”，将属于人的形体与感官欲望的部分作为人性所本有的一部分加以肯定。孟子曰：“口之于味也，目之于色也，耳之于声也，鼻之于臭也，四肢之于安佚也，性也，有命焉，君子不谓性也。”对于耳目之官与四体安佚的追求固然属于人性的方面，但是孟子认为这些方面还要受到外在规范性的限制，因此与仁义礼智相比，君子不应将这部分视作自己的本性。依照孟子这种思路，当我们面对“一箪食，一豆羹，得之则生,弗得则死”的境地时,就要在符合道义与满足欲望之间作出抉择,避免感官欲望侵害本心的主体地位,从而在道德选择方面达到个体生命的充分实现与完成。所以,“君子所性,仁义礼智根于心”,孟子主张君子以仁义礼智作为自己的本性,这种本性在朱子那里体现为道心。在“人禽之辨”的问题中,孟子认为对于人禽之间的“几希”差别,现实情况是“庶民去之,君子存之”,即与庶民往往在人禽之别中迷失不同,君子会时刻坚守人禽之别,体现出人之为人的道德优越性。其中的具体原因在于,在人禽之别的问题上,君子可以存其“四心”,并将其不断扩充,而庶民却往往因受到外物的诱惑与影响将本心摒弃或放除,从而失却人所以为人的本质特征。就现实社会生活而言,这涉及道德选择的问题。

关于“人”的定位是孟子思想体系的逻辑起点。孟子通过“人禽之辨”断定人不同于禽兽,从而突出了人的绝对优越性,又通过“圣人,与我同类者”“人皆可以为尧舜”的“圣我之辨”,说明每一个人皆与圣人同类,从而彰显了人在追求成圣成德方面的普遍平等性。

孟子的“人禽之辨”,一个基本的思想是,做人的底线是不要滑向“禽兽”的境地,从“人”到“禽兽”只有一步之遥、一念之差,而要坚守这个底线,则并非人人能做到。孟子并不认为人的基本欲望与诉求是属于“动物性”(禽兽性)的,而是人自身的属性之一,是人性的组成部分,如生命权、生存权、生活权,所以,孟子奉劝君王要重民生,重生产等,也并不反对君王享乐,只是要推己及人,与民同乐。所以孟子恰恰尊重人性的基本需要,只是认为这不是最重要的方面,或者说在这些问题背后还应该有重要的东西。孟子“舍生取义”“重义轻利”都是建立在这样的逻辑基础上的。

孟子的性善论，主要讨论什么是性善，一个真正完整的人应该是什么样子，这就要谈到“四心”与“四德”。这是孟子性善论的重要内容。

《公孙丑上》言：“人皆有不忍人之心。先王有不忍人之心，斯有不忍人之政矣。以不忍人之心，行不忍人之政，治天下可运之掌上。所以谓人皆有不忍人之心者，今人乍见孺子将入于井，皆有怵惕恻隐之心——非所以内交于孺子之父母也，非所以要誉于乡党朋友也，非恶其声而然也。由是观之，无恻隐之心，非人也；无羞恶之心，非人也；无辞让之心，非人也；无是非之心，非人也。恻隐之心，仁之端也；羞恶之心，义之端也；辞让之心，礼之端也；是非之心，智之端也。人之有是四端也，犹其有四体也。有是四端而自谓不能者，自贼者也；谓其君不能者，贼其君者也。凡有四端于我者，知皆扩而充之矣，若火之始然，泉之始达。苟能充之，足以保四海；苟不充之，不足以事父母。”

孟子说，“不忍之心”是人都具有的，这就像突然看见一个小孩子要掉进井里，人都会产生惊恐同情的心理反应，这和其他的外在因素无关。孟子推论，人有“四心”，人同此心，即“恻隐之心”“羞恶之心”“辞让之心”“是非之心”。无此心之人，就不是人。“人”与“禽兽”最本质的区别是什么呢？就是“人”有“心”，而“禽兽”没有。

孟子的性善论与孟子的“心学”是紧密联系的。性善主要是从人性与伦理的角度而言。“心学”则是对于“人”的本质的思考。孟子说“心之官则思”，认为“心”的功能是思维，他说：“权，然后知轻重;度然后知长短。物皆然,心为甚。”称一称可以知道轻重,量一量可以知长短,而“心”则比权、度更具有认知作用。孟子说思维不是经过大脑而是经过“心”,这是历史的局限,但是他指出了“人”是有思维、有思想的,而且具有复杂思维、抽象思维的特点,这是孟子思想的重要贡献。

孟子说人的耳目之官与四体安佚固然是人的一部分,但是还不能属于人的本性,就是因为这些东西只能起到感知的作用,不能思考,“耳目之官不思,而蔽于物”,任其作用就会将人引向迷途。这种夸大“心”的作用、将感性认识割裂在认知思维之外的思想是存在局限性的。

严格来说,孟子说的“心之官则思”的“思”既有思维、认知的意思,也有人自身固有的心理与精神活动的意思。与其说人的本质是思想的,不如说人的本质是“精神”的。这种“精神”的体现首先就是具有“四心”。

第一,“恻隐之心”。“恻隐之心”就是不忍之心,类似于怜悯心、同情心。“君子之于禽兽也,见其生,不忍见其死。”从孟子的解释看,恻隐之心具备三个特点:其一,自发性。如主体面对突发事件时心生惊恐一样,恻隐是内心自然生发的情感,主体可以直接、强烈地感受到。其二,原初性。情感并非人内心先有是非判断或价值判断,然后依此产生,而是不经过任何理性思索而直接生发。孟子所言“非所以内交于孺子之父母也,非所以要誉于乡党朋友也,非恶其声而然也”,就是论述恻隐之心的原初性。其三,同类共振。生命突然遭受痛苦的生死感,畏死求生,惺惺相惜。

第二,“羞恶之心”。孟子曰:“人不可以无耻,无耻之耻,无耻矣。”(《尽心上》)赵岐对此的解释是:“人能耻己之无所耻,是为改行从善之人,终身无复有耻辱之累也。”孟子举过这样一个例子,一个齐国人出门乞讨祭祀所剩下的东西来果腹,回来却跟他的妻妾说他跟达官显贵吃饭去了,他的妻妾发现真相后羞泣不已。孟子指出,“由君子观之,则人之所以求富贵利达者,其妻妾不羞也,而不相泣者,几希矣”。(《离娄下》)齐国人的妻妾之所以羞泣,正是由于她们自觉地站在了一个君子的道义标准之上。实际上,求富贵而不以其道就已经被君子所耻了,何况她们的丈夫连富贵都没有求到,而仅仅是为了“骄其妻妾”的虚名呢?孟子说:“源泉混混,不舍昼夜。盈科而后进,放乎四海。有本者如是,是之取尔。苟为无本,七八月之闲雨集,沟浍皆盈;其涸也,可立而待也。故声闻过情,君子耻之。”(《离娄下》)假如羞耻仅仅是基于他人对自己的评价,那么声誉对于一个人的影响便会是决定性的。不过,孟子并不这样认为。孟子认为,深造自得的君子诚能反求诸己而尽心知性,其声闻将是由于内在美德充实而自然散发的光辉。尽管一个人受到了周围人的嘲讽和鄙视,但是倘若他能够坦然面对他人的审视,他就并不感到羞耻。而假如一个人品行上的声闻超过了其实情,那便是羞耻的事。

第三,“辞让之心”。这个容易理解。这也是人区别于禽兽的重要方面。《礼记·曲礼上》:“长者问,不辞让而对,非礼也。”孟子说:“孩提之童无不知爱其亲者,及其长,无不知敬其兄也。”这是人的本性,是先天性的。

第四,“是非之心”。这是建立在思想与认知层面上的,有明确的选择与判断,是则行之,非则去之。

这“四心”，是人人都具有的，它就像人的四肢一样，是存乎本性的。所以，孟子曰：“乃若其情，则可以为善矣，乃所谓善也。若夫为不善，非才之罪也。恻隐之心，人皆有之；羞恶之心，人皆有之；恭敬之心，人皆有之；是非之心，人皆有之。恻隐之心，仁也；羞恶之心，义也；恭敬之心，礼也；是非之心，智也。仁义礼智，非由外铄我也，我固有之也，弗思耳矣。”孟子说，从天生的性情来说，都可以使之善良，这就是我说人性本善的意思。至于说有些人不善良，那不能归罪于天生的资质。同情心，人人都有；羞耻心，人人都有；恭敬心，人人都有；是非心，人人都有。同情心属于仁；羞耻心属于义；恭敬心属于礼；是非心属于智。这仁义礼智都不是由外在的因素加给我的，而是我本身固有的，只不过平时没有去想它，因而不觉得罢了。

孟子说过这样一段话：牛山的树木曾经是很茂盛的，但是由于它在大都的郊外，经常遭到人们的砍伐，那它们还能够保持茂盛吗？当然，山上的树木日日夜夜都在生长，雨水露珠也在滋润着，并非没有青枝嫩芽长出来，但随即又有人赶着牛羊去放牧，所以就像这样光秃秃的了。人们看见它光秃秃的，便以为牛山从来不曾有过高大的树木，这难道是这山的本性吗？同样，在一些人身上也是如此，难道他们没仁义之心吗？只是他们放任良心失去，就像用斧头砍伐树木一样，天天砍伐，那良心还可以保持吗？所以，假如得到滋养，没有什么东西不生长；假如失去滋养，没有什么东西不消亡。孔子说过，把握住就存在，放弃就失去；进出没有一定的时候，也不知道它去向何方。这就是指人心而言的吧？

“仁义礼智根于心。”四心，是人心的四种构成，它分别是“四德”之“端”，“端”就是起点、基础，“四心”与“四端”是什么关系呢？恻隐之心，仁之端也；羞恶之心，义之端也；辞让之心，礼之端也；是非之心，智之端也。“仁义礼智”是从“四心”中生长出来的，“四心”相当于种子，又相当于土壤与阳光雨露，人人皆有，它自然会生长出具有自身品质的生命。孔子提出“仁义礼”，孟子在“心”的基础上提出“仁、义、礼、智”，进一步明确了作为“人”所具有的内在品质。

什么样的人才算人，应该做一个什么样的人，为什么要做这样的人，是孟子要解决的核心问题。为此，他提出“性”“心”“天”等重要概念，这些重要概念，都是围绕“做人”的问题，有一套自己的逻辑。

孟子说：“尽其心，知其性；知其性，则知天矣。存其心，养其性，所以事天。”人要“尽心”，顺乎自己的“心”，做到“心之向往”，这就是知道了“性”。孟子的性，不是一般的“性”，是“君子所性，仁义礼智根于心”，明白这一点，就是“知天”。孟子的“天”这个概念比较复杂，可以做这样的理解，就是“天”不仅是自然的“天”，也是有“意志”的“天”，更是“德美”的天。孟子提出“天道”“人道”，又提出“天爵”“人爵”，提出了“人”是“天”赋予的，“天”是比具体的人更值得敬畏的“主宰者”，“人”应该知道“天”有什么要求与授意。孟子说的“知天”，就是敬“天”之“诚”，畏“天”之“戒”，“诚者，天之道，知诚者，人之道”。

孟子“天”的思想有点神秘，它一方面存在于“人”之外，一方面又存在于“人心”中。一个社会中，一个家庭里以及人与人之间，都有天赋的“公心”，“天”自己不会说，不会做，它是通过“民心”来体现的。尧舜得天下，是得民心，不是“传下来”的，是顺乎“天意”，也就是“民心”，知民心，顺民心，才得天下，否则就是失民心，失天下。能不能做到这一点就在于内心是否有“仁心”，有“仁心”就会施仁政，就会“仁者无敌”，就会“王天下”。这和孟子提出“民为贵，社稷次之，君为轻”的价值观是具有内在一致性的。

及至个体的人也是如此，如果不知“性”，不知“心”，不知“四心”，没有“四德”，他就会滑向“禽兽”的境地。在孟子看来，“性”“心”“天”是底线问题，也是根本问题。他认为，有些人不善，是因为受到了环境的影响。“若夫为不善，非才之罪”“不能尽其才者也”，不能发挥善的素质。“富岁，子弟多赖；凶岁，子弟多暴，非天之降才尔殊也，其所以陷溺其心者然也”，子弟的这些坏行为都不是天生的，而是环境使他的心变坏了。孟子说齐宣王，非“不能”乃“不为”，“不为”与身边给予他不同意见的人太多有关。不能不承认，环境对于一个人的影响十分重要。

但是根本的原因还是人自身出了问题。“有是四端而自谓不能者，自贼者也。”人本来就有“四端”，有些人说做不到，是“自贼”，是自己内心世界出现了问题，导致自暴自弃。孟子说舜住在深山中，“与木石居，与鹿豕游”，和野人差不多，等到他“闻一善言，见一善行”，如江河决口，莫能抵挡，说明一个人为善还是为恶，取决于个人自身的自觉与努力。人自身出了问题，有些与环境有关，譬如为什么有“君子”“庶民”的区别，有“劳心者”“劳力者”的区别，是环境造成了这些人的不同，所以，对于民众，需要改变他们的生活问题、民生问题、教育问题。“有恒产”才有“恒心”。

三、大丈夫与浩然之气

孟子具有独特的个人魅力，他一生“追求真理”“坚持真理”“实践真理”，与“真理”同行，无惧无畏。他自信“舍我其谁”，认为只有坚持推行他的思想与构想才可以“安天下”。孟子说：“圣人复起，必从吾言矣。”可谓始终带着文化自信，充满“浩然之气”，彰显着“大丈夫”的气度与人格。

仁政的政治理想是孟子思想最重要的组成部分。为此，他与诸多诸侯王争辩，力求推行其政治主张。他有时候措辞激烈，有时候循循善诱，有时候针锋相对，他认为真正的“富贵不能淫，贫贱不能移，威武不能屈”，不只是保持自己独立的思想与个性品质，还体现在要敢于坚持正道真理，正言直言，从不退步妥协。

孟子是个辩论家，他的弟子不理解：“外人皆称夫子好辩，何也？”孟子说：“予岂好辩哉？予不得已也！”好辩、敢辩，这是孟子的个性，能辩、善辩，这是孟子的能力，雄辩、直辩，这是孟子的风格。孟子并非不懂人情世故，亦并非不懂交际技巧，孟子对于“交际”“交友”及处世之道都有洞察与自己的思考。他为什么还要置之度外，奋起争辩？孟子说他也是不得已，是被逼的。这确实是实际情况。孟子也可以关门授徒，埋头治学，孟子也可以苟且营生，做一个“乡愿”式的老好人。但是孟子面临两大任务：第一是如何弘扬光大儒家思想，尤其是它作为正统学说的地位与价值；第二是如何使其理论主张能够行于当世，有益于社会。要做到这两点，就需要周游列国，尤其是通过对诸侯君主的影响来实现。但是孟子面临的处境是，当时社会已经产生深刻变革，诸侯纷争，群雄争霸，天下不安。对于社会问题的治理方法出现了多元复杂的探索格局，孟子思想是其中的一个。同时，当时游说之风盛行，各种学说兴起，诸侯纷争，学术争鸣。孟子一方面要推行“仁政”，一方面还要争夺话语权，施展思想影响力。所谓“诸侯放恣，处士横议，杨朱墨翟之言盈天下”，面对这样一个世界，面对“异端邪说”，孟子觉得，担当大任，义不容辞。这是孟子“好辩”的根本原因。

当时有一个纵横派的追随者叫景春，他当着孟子的面说：“公孙衍、张仪，岂不诚大丈夫哉？一怒而诸侯惧，安居而天下息？”孟子却尖锐地指出，这样的人怎么算是大丈夫？他们只不过是“以顺为正，妾妇之道”，他们不过是在对秩序的顺从中得到自己想得到的东西，并非以天下为己任，为民请命。真正的大丈夫应该是“富贵不能淫，贫贱不能移，威武不能屈”。

杨朱主张“为我”的思想，说：“损一毫利天下不与也，悉天下奉一身不取也。人人不损一毫，人人不利天下，天下治矣。”依杨朱之论，国家、天下与个人生命相比，个人生命为上。孟子认为杨朱“为我”的思想虽不损人，但若人人贵己为我，互不相助，就是蔽于我而不知有他，极端利己而不顾他人，如此，则国家、社会将无存，故指责杨朱之说将致目无君上，就是“无君”。

与杨朱相反，墨子主张“兼爱”，反对儒家“泛爱人而亲仁”的别爱，主张要“兼以易别”“视人之国，若视其国；视人之家，若视其家；视人之身，若视其身”，即不分人我、亲疏、厚薄，一视同仁地兼爱他人。墨子又说：“必吾先从事乎爱利人之亲，然后人报我以爱利吾亲也。”我必须先爱别人的父母，然后才能求得别人报答，爱我的父母。墨家的“兼爱”思想强调了爱的普遍性与平等性，但在孟子看来，墨子“兼爱”论取缔了仁爱的血亲基础，忽视人我之别，泯灭物我之异，其说缺乏人性、人情的支撑，没有现实土壤，反而有害于义，导致人父与己父同，就是“无父”。

农家学派许行主张“贤者与民并耕而食，饔飧而治”，认为贤君应该自耕自炊、自食其力，不能损民养己。这一主张固然反映了百姓反对剥削、要求平等的呼声，但也忽视和否定了社会分工的必要性和必然性，陷入了消解社会分工的绝对平等论。关于商品价格，许行主张“市价不贰”：“布帛长短同，则贾相若；麻缕丝絮轻重同，则贾相若；五谷多寡同，则贾相若；屦大小同，则贾相若。”如此，“国中无伪：虽使五尺之童适市，莫之或欺”。许行“市价不贰”之说，是想借此扼制一些商人利用商品的量和价格之间存在的矛盾而投机取巧、牟取暴利，但是他只看到了商品的量，而忽视了商品的质，不过是一种不顾商品品质差异的绝对平均主义的价格理论。孟子认为许行此论只能令人们“相率作伪”，互相欺骗，不能以此治理国家。

总之，在孟子看来，无论是许行，还是杨朱、墨子，其言行都违背中道，偏执一端。他说：“杨子取为我，拔一毛而利天下，不为也。墨子兼爱，摩顶放踵利天下，为之。子莫执中。执中为近之。执中无权，犹执一也。所恶执一者，为其贼道也，举一而废百也。”偏执之说必然“贼道”而“废百”，给社会带来极大危害。

应该说，孟子学说的中心思想是“以天下为己任”，他的“性善”论和与民同忧乐情怀是理论基石，他一方面致力于思想的传播，一方面也在探索如何做一个“大写的人”，一个大丈夫，一个具有崇高品德与独立人格的人。孟子认为,要做一个"大写的人",并非在于追求外在的方面,而在于回到自身的"内心"。孟子认为外在的东西也是客观存在,譬如人的欲望,譬如生存之需,譬如"利",并非说它们绝对不重要,而是要做一个人,一定是基于根本的东西、最重要的东西,也就是核心价值观不出问题。他坚持认为对人应该有超越自身实际与现实的本质规定,是这样一个规定塑造了人的伟大,是这样一个规定可以成为天下和谐安定的基础。这个结论,不仅是被历史证实的,是"尧舜""君子""圣贤"所证明的,思想理论上也是成立的。要做到这一点,孟子提出了一套关于思想、伦理、修身的理论。

第一,天道与人道。孟子说:"诚者,天之道;思诚者,人之道。""天"的特点是真实无妄,大美大善。"天"的特性也体现在"人"身上,"思诚"既是敬天畏天的体现,也是人对于自身的定位与自持。追求美好德行就是天人合一的具体体现。

第二,"万物皆备于我"。孟子说:"万物皆备于我矣。反身而诚,乐莫大焉。强恕而行,求仁莫近焉。""万物皆备于我"有两种理解:一指"我"是"外物"养育的,要想想我是从哪里来的;二指"万物之理其于吾身"(朱熹语)。"万物之理",如万物莫不有君臣之义、父子之亲、兄弟之爱、夫妇之别。既然天地万物之理我都能够思考、认识,那么天地万物我都具备了。反躬自问,我是忠诚踏实的,便是最大的快乐。这是一种认识的快乐,探求真理的快乐。但是,仅有认识,仅有自身的发现还不够,还尽力按恕道办事,以此来实行仁道。所谓恕道,就是孔子反复强调的"己所不欲,勿施于人""己欲立而立人,己欲达而达人"。总体来说,是一种将心比心、推己及人的思想,并用这种思想来处理人与人之间的关系。如果说,“反身而诚,乐莫大焉”是一种认识的快乐,局限于自身,那么,“强恕而行,求仁莫近焉”就是一种实践的快乐,涉及他人与社会了。

第三,“存心”“尽心”“养心”。孟子提出能否“存心”,即能否保持天赋的“四心”“四德”,是有道德的“君子”区别于一般人的标志。他说:“君子所以异于人者,以存其心也。君子以仁存心,以礼存心。”孟子觉得“四心”“四德”人人皆有,但是一般人不能够保存。孟子认为,很多人屈服于环境的影响,屈服的同时就慢慢怀疑“本心”不存在,然后就不可能在个人“内心世界”上下功夫。他举了一个例子:有人的“无名指”弯曲不能伸直,虽然不疼痛,却也不妨碍工作。但是为了让手指伸直,即使再疼这个人也愿意去做,因为他不想“无名指”不如别人,在他看来不如别人是一件不好的事情。但是他对待自己的“心”却不是这样,当“心”不如别人时,他并不觉得这是不好的事情。孟子说,这叫“不知类”,不知道将“心”“指”比一比,有些道理是相通的。关键是不“存心”,也就是没有“心”的意识与自觉。所以,“存心”是重要的前提。

“存心”是不够的,还要“尽心”,孟子说“四端”“四心”只是四种萌芽,“尽心”就是将“四端”加以扩充,使其完善,这就是“尽心”。人人都有不忍心干的事情,将其推广到他忍心去做的事情上,就是仁;人人都有不肯干的事情,将其扩充到肯干的事情上,就是义;人要能把不想害人的心加以扩充,仁就用不尽了;人要能够把不挖洞跳墙的心加以扩充,那么所到之处就都是义行了。“尽心”强调自觉的行动与实践行为,是“修身齐家治国平天下”。孟子说:“凡有四端于我者,知皆扩而充之矣,若火之始然,泉之始达。

苟能充之,足以保四海。”人人都做到这一点,天下自然就安定了。

为了保存善心,孟子进一步提出“养心”。他提出“寡欲”是“养心”的最好办法。他说:“养心莫善于寡欲。”为人欲望少,善心虽有所丧失,也很少;为人欲望多,善心虽有所保存,也很少。孟子并不绝对否定欲望,只是要注意的问题有两个:一是多少的问题,二是大小的问题。在孟子看来,世界上很多事情在处理的时候不可兼得,都有一个取舍,取舍的问题关键在于“价值取向”。人的一般表现是取优去劣,求大去小,类似于“鱼与熊掌”“舍鱼而取熊掌”。但是君子的价值观不是这样的。“无以小害大,无以贱害贵”,“养其小者为小人,养其大者为大人”,这就是“小人”与“大人”的区别,其根本在于是否“养乎心”。“故天将降大任于是人也,必先苦其心志,劳其筋骨,饿其体肤,空乏其身,行拂乱其所为,所以动心忍性,曾益其所不能。人恒过,然后能改;困于心,衡于虑,而后作;征于色,发于声,而后喻。入则无法家拂士,出则无敌国外患者,国恒亡。然后知生于忧患而死于安乐也。”大人物一定是要经过意志、身体的刻苦磨炼,常常把自己置身于负责任、向善、发愤有为、从不满足的状态,严格要求自己,反思自己,完善自己。

第四,“我善养吾浩然之气”。文天祥写过一首《正气歌》,其中有云:“天地有正气,杂然赋流形。下则为河岳,上则为日星。于人曰浩然,沛乎塞苍冥。”这个“浩然之气”就是孟子首先提出来的。孟子的学生曾经问过孟子:“您胜过别人的地方在哪儿呢?”孔子的学生也曾经问过这样的问题,不过孔子的回答很谦虚:“好学而已。”孟子说:“我知言。”能够辨识言论。逻辑思维能力强,知道怎么判断别人说话的用意。孟子还说“我善养吾浩然之气”。学生进一步追问，什么是“浩然之气”呢？

> 难言也。其为气也，至大至刚，以直养而无害，则塞于天地之间。其为气也，配义与道；无是，馁也。是集义所生者，非义袭而取之也。行有不慊于心，则馁矣。

孟子说，这很难说得清楚。那一种气，最盛大也最刚强，以正直去培养而不加妨碍，就会充斥于天地之间。那一种气，要和义行与正道配合，没有这些，它就会萎缩，它是不断集结义行而产生的，不是偶然的、简单触碰一下就能得到的。如果行为让内心不满意，它就萎缩了。

“气”在古代是一个重要的概念，它原是指一种实质的东西，为有形质的宇宙万物的共同因素，也是人所具备的一种重要的构成。人是由“身”“心”“气”构成的整体，人也是由“形”“神”“气”构成的整体，这个东西是客观存在的，也能被感知，但是很难说清楚，连孟子都承认这一点。只说它的特点一个是盛大、无限量、无所不及，一个是“只刚”、不可轻易摧毁、不屈不挠。“养心”要“养气”，“养气”就是通过自修自为凝结成“气”，再突破“人”形体的局限，焕发出内在强大的精神力量，从而达到与天地相通的境界。所以孟子说：“夫君子所过着化，所存者神，上下与天地同流。”孟子还说“万物皆备于我”，都是注意到，人一方面要知道“人”自身的“天赋”“天启”，一方面又要努力达到以“浩然之气”与天地相通。

怎么达到呢？一是“直养”，不要做伤天害理的事情。“直养”就是直面“本心”，直接、正直、真诚地去做。二是用“义”去养，做正当、正义的事情,“聚义而生”。三是“正道”,沿着正确的道路前行。这几个方面要互相配合,正确的思想、正确的行动与正确的道路是培养“浩然之气”的根本途径。孟子也指出,“养气”的关键是“明道”,同时要注意“义袭”,它不是偶然突击式的,当然也不是拔苗助长式的,而是凝神聚气,仁者无敌,勇往直前的。

这样的人一定是勇敢的人。孟子反对匹夫之勇,那是“小勇”,不是“大勇”,“大勇”是“一怒可以安天下”。孟子说到几种勇敢的人。

孟子说:“北宫黝之养勇也:不肤桡,不目逃,思以一豪挫于人,若挞之于市朝;不受于褐宽博,亦不受于万乘之君;视刺万乘之君,若刺褐夫;无严诸侯,恶声至,必反之。”这种是“不怕死”的人。

孟子接着说:“孟施舍之所养勇也,曰:‘视不胜犹胜也;量敌而后进,虑胜而后会,是畏三军者也。舍岂能为必胜哉?能无惧而已矣。’”这是不怕困难、敢于取胜的人。

但是孟子更欣赏第三类勇敢。孟子说:“昔者曾子谓子襄曰:‘子好勇乎?吾尝闻大勇于夫子矣:自反而不缩,虽褐宽博,吾不惴焉;自反而缩,虽千万人,吾往矣。’孟施舍之守气,又不如曾子之守约也。”孟子说真正的勇敢是如果觉得自己是对的,即使面对“千万人”,也可以无惧无畏地面对,走向他们。

在孟子的心中,“庶民”“士”“君子”“圣人”都是人,但是他们之间还是存在差异的,其差异的根本原因在于“养心”“养气”的境界不同。我们做不了“圣人”,并不意味着人本身不是神圣的,并不意味着否定“圣人,百世之师”,也并不意味着向善不再是人类颠扑不破的永恒的价值观。

总之，孟子的思想不仅推进了儒家思想的发展，他的社会理想、伦理思想、人格追求至今仍是中国人重要的精神传统与精神财富，同时，他“追求真理”“坚持真理”“实践真理”的精神对于中国人，尤其是对于中国的“士”阶层产生了持久而深刻的影响。

第7课 《庄子》的生命逍遥

关于庄子，其真实详细的资料很少。司马迁在《史记·老子韩非列传》中只用了不到三百个字，顺便介绍了一下庄子：

> 庄子者，蒙人也，名周。周尝为蒙漆园吏，与梁惠王、齐宣王同时。其学无所不窥，然其要本归于老子之言。故其著书十余万言，大抵率寓言也。作《渔父》《盗跖》《胠箧》，以诋訾孔子之徒，以明老子之术。《畏累虚》《亢桑子》之属，皆空语无事实。然善属书离辞，指事类情，用剽剥儒、墨，虽当世宿学不能自解免也。其言洸洋自恣以适己，故自王公大人不能器之。
>
> 楚威王闻庄周贤，使使厚币迎之，许以为相。庄周笑谓楚使者曰："千金，重利；卿相，尊位也。子独不见郊祭之牺牛乎？养食之数岁，衣以文绣，以入大庙。当是之时，虽欲为孤豚，岂可得乎？子亟去，无污我。我宁游戏污渎之中自快，无为有国者所羁，终身不仕，以快吾志焉。"

这里面说到庄子叫庄周，他生活的时代是梁惠王、齐宣王时期，和孟子是同时期人，比孟子略微小一点。他是贵族的后代，曾经做过“漆园吏”，受过良好教育，信奉老子学说，并著书立说。司马迁特此记载了一个例子，庄子是一个彻底拒绝出仕的人，对于楚王高官厚禄的盛情不仅严词拒绝，还说这是“污我”的行为，请“楚使”立刻离开。

《庄子》中也有类似记载：庄子钓于濮水，楚王使大夫二人往先焉，曰：“愿以境内累矣！”庄子持竿不顾，曰：“吾闻楚有神龟，死已三千岁矣，王巾笥而藏之庙堂之上。此龟者，宁其死为留骨而贵乎，宁其生而曳尾于涂中乎？”庄子在濮水旁钓鱼，楚王派两位大夫先来表达心意，说：“楚王希望能麻烦您管理国内政事！”庄子手持鱼竿头也不回地说：“我听说楚国有一只神龟，已经死了三千年了，国王用锦缎将它包好放在竹匣中，珍藏在宗庙的堂上。这只神龟，它是宁愿死去留下骨骸而享有尊贵呢，还是宁愿拖着尾巴在泥里爬行呢？”两位大夫说：“宁愿活着拖着尾巴在泥里爬行。”庄子说：“你们走吧！我仍将拖着尾巴在烂泥里活着。”庄子蔑视权贵、无心出仕的思想与境界对后世产生过深远影响。

庄子是战国时代道家学派的代表人物，与老子并称“老庄”。如同老子受到追捧以至于被神化一样，庄子也受到过如此待遇，唐玄宗时，追号“南华真人”，所撰《庄子》一书，也被尊为《南华真经》。

《庄子》一书分列为内篇七篇、外篇十五篇、杂篇十一篇。内篇大体可代表战国时期庄子思想的核心，而外篇、杂篇的发展则纵横百余年，掺杂黄老、庄子后学，形成复杂的体系。《庄子》作为“天下第一奇书”，瑰丽奇特，文采绚烂。郭象说它是“百家之冠”，李白说它“吐峥嵘高论，开浩荡奇言”，刘熙载说它“意出尘外，怪生笔端”，鲁迅说它“汪洋辟阖，仪态万方，晚周诸子莫能先也”。一句话，这本书思想奇特，体现了庄子的才华横溢以及瑰丽奇谲的文笔。

《庄子》一书，宏阔玄远，多言（语言、重言、卮言）交融，庄谐合一，构成一个深邃广大的神奇的语言世界，意义精深。应该说，对“生命哲学”的思考是《庄子》一书重要的特色与价值。老子的《道德经》，思考的是对于“世界”的看法，这个“世界”是什么样子，我们应该怎样看待这个“世界”，儒家思考的是如何处理“人”和“现实世界”的关系，而《庄子》思考的是怎么看待个体生命，个体生命的价值与意义究竟是什么，以及如何去实现这样的价值与意义。这种对于“生命”本体意义的终极追问与思考，是《庄子》最富有启示与诱惑力的部分。

一、生命失“道”之困

庄子觉得人的生命，本来是自然造化出的一个好端端的东西，曾经也有很美好的状态，是合乎“道”的，但是慢慢地变了，偏离了道，背离了道，也就变得不成样子。庄子就是站在这样一个立场上看世界，看现实，看人的生命。生命“失道”的整体性判断，使得庄子对于现实的批判与对人世间现状的否定显得鲜明、激烈，充满无奈与嘲讽的多重情感色彩。他的想法是理想与浪漫的，是那么不合时宜，但恰恰是这样一双“冷眼”，才能毫不留情地揭示生命的处境与生命的状态，揭示沉迷其中的众生看不到的可悲的生命“真相”。这里面包括这样几个方面。

第一是深感“生命之苦”。这是现实层面的感受。庄子对于

“生命”的终极思考是从“现实”与他的“生命理想”的强烈冲突开始的。这包括对现实政治与社会现实生活的整体性的失望。

战国中期是一个动荡不安的巨变时代，诸侯割据，争霸吞并，祸乱连连，相互残杀，“今世殊死者相枕也，桁杨者相推也，刑戮者相望也”（《在宥》），惨死的人尸体堆积，戴镣铐的人拥挤不堪，刑杀的人满目皆是。这并不是夸张的言辞，而是当时现实的真实写照。人心大乱，道德沦丧，导致“窃钩者诛，窃国者为诸侯”“福转乎羽，莫之知载；祸重乎地，莫之知避”。一句话，在庄子看来，这个世界的人比拼的是胆子大，心肠狠，只有百姓生活困苦，生命不名一文。“回闻卫君，其年壮，其行独，轻用其国，而不见其过。轻用民死，死者以国量乎泽若蕉，民其无如矣！”（《人间世》）年轻气盛的卫国国君，独断专横，处理国事草率随意，不知过错，轻率用兵而不顾及民众的生命，死亡的人布满山泽，好像干枯的草芥，这让老百姓怎么活？庄子痛恨人类的暴行以及人与人之间无休止的杀戮，类似于孟子说的“率兽而食”，这种轻视生命的“不人道”的残酷现实是庄子进行深度思考与探寻的现实基础。

《庄子》中虚构了一个孔子说服盗跖从善的故事，想不到孔子却遭到盗跖的一番痛斥。这个故事借盗跖之口，说从黄帝以来，所谓“王”、所谓救世者，其实都是乱人之徒，都是“盗”。

> 然而黄帝不能致德，与蚩尤战于涿鹿之野，流血百里。尧舜作，立群臣，汤放其主，武王杀纣。自是之后，以强陵弱，以众暴寡。汤武以来，皆乱人之徒也。今子修文武之道，掌天下之辩，以教后世，缝衣浅带，矫言伪行，以迷惑天下之主，而欲

求富贵焉。盗莫大于子，天下何故不谓子为盗丘，而乃谓我为盗跖？（《盗跖》）

历史的真相是“以强陵弱，以众暴寡”。这是一个弱肉强食的世界，也是一个人心叵测的世界。庄子看到了生命的苦难，看到了人与人相残相伤的生命悲剧，尤其看到了美好的生命在不平等的社会结构中无奈承受的生命苦痛。

第二是痛心“生命之悲”。庄子显然走了另外一条道路，他超越了一般现实的政治改革、道德重建、文化教化等拯救之路，而是思考生命自身到底出现了什么问题。庄子看到，人的现实处境是充满痛苦的，现实的束缚令人们处于忙忙碌碌、消耗生命却毫无意义与价值的可悲可哀的状态。其中对“物欲”的迷恋与贪婪是远离生命幸福与真正价值的重要表现。

《齐物论》中说：“一受其成形，不亡以待尽。与物相刃相靡，其行尽如驰，而莫之能止，不亦悲乎！终身役役而不见其成功，苶然疲役而不知其所归，可不哀邪！人谓之不死，奚益？其形化，其心与之然，可不谓大哀乎！”在这里，庄子表现出对现实中人的处境的深刻体察：人一旦成为形体，便在生活中追求外物而等待形体耗尽，这不是极为可悲吗？终生劳碌却不知道为的是什么，这有何意义呢？不仅形体逐渐衰老枯竭，人的精神也随之而销蚀，这就是更大的悲哀了。

庄子发现，“为物所役”是生命困境的重要特点。也就是“人”被“物”所“异化”，“人”成为“物”的“奴隶”，“人”自身应该具有的自然本性与自由天性沦丧了。庄子所论之“物”，含义是很丰富的。

“物”在庄子看来，是他所追求的与“道”根本对立的东西。具体来说，主要表现为重功、重名、重己三个大的方面。

重功。心里始终想的是能得到什么好处、什么利益，“以物为事”，久而久之，人就会受到“物欲”的控制，导致为物所累。“有机械者必有机事，有机事者必有机心。机心存于胸中，则纯白不备；纯白不备，则神生不定；神生不定者，道之所不载也。”（《天地》）庄子非常形象生动地说明，“以物为事”，精神就会失去平静，心神不定，为物所累，自然也就不会为道所载。

重名。“名者，实之宾也”（《逍遥游》），“德荡乎名，知出乎争。名也者，相轧也，知也者，争之器也。二者凶器，非所以尽行也”（《人间世》）。“名”就是获得好名声，受到他人的肯定与赞誉。问题是当一个人想得到“虚名”时，且不说他是不是带有私心，首先他内心的美好道德就会受到冲击与损伤，他的心思不在“德”而在“智”，就是聪明都用在了如何获得“名”上面，要知道，名声不是从天上掉下来的，是通过争斗得来的。争斗的结果是什么，就是人与人之间互相争夺倾轧。聪明变成争斗的工具，争斗使得人花尽心思，原因是什么？还是重名的心思在作怪。

重己。就是把自己看得太重，就是以自己为中心。如果人人都是这样，扩展到大的层面，就是“人类中心主义”。从“天”到“人”，从“人”到“重己”，人的价值观走向自我本位、自私自利等，自以为是、自以为大、自以为美等人性的弱点就会暴露无遗，继而产生无限的冲突。

第三是洞察“生命之谜”。在庄子看来，人类的文明一开始就出现了问题。

南海之帝为倏，北海之帝为忽，中央之帝为浑沌。倏与忽时相与遇于浑沌之地，浑沌待之甚善。倏与忽谋报浑沌之德，曰："人皆有七窍以视听食息，此独无有，尝试凿之。"日凿一窍，七日而浑沌死。（《应帝王》）

南海的帝王叫倏，北海的帝王叫忽。（大地）中心的帝王叫浑沌。倏和忽经常在混沌的地盘相遇，浑沌对他们很好。倏和忽商量要报答浑沌的恩德，就说，人都有七窍用来看、听、吃饭、呼吸，唯独浑沌没有，让我们试着帮他凿出（七窍）来。于是他们每天给浑沌凿一窍，凿了七天后，浑沌就死了。混沌之所以死亡，就是丧失了原本的自然状态，暗示违背其自然本性是人类走向灾难的开始。人与天地本来是浑然一体、自然合一的，可悲的是，人一开始就迷失了本性，非要弄出一套"理论"与"想法"来改变人自身本有的状态，结果给自身带来灾难性的后果。

庄子这段话大可怀疑，人的进化本来就有"耳目口鼻"等感觉器官，怎么一开凿，混沌就死了呢？这自然讲不通，这其实不是庄子本来的意思，他说：

古之人，在混芒之中，与一世而得澹漠焉。当是时也，阴阳和静，鬼神不扰，四时得节，万物不伤，群生不夭，人虽有知，无所用之，此之谓至一。当是时也，莫之为而常自然。（《缮性》）

他说古代的人，处在混沌蒙昧之中，世间的人全都淡然无为。

那时候，阴阳和谐宁静，鬼神不来侵扰，四时合乎节序，万物不受伤害，众生不人为夭折，人是有知的，却无处可用，这就是最高合一的状态，那时候，无所作为，一切都是自己本来的样子。庄子并非说人没有耳目口鼻，人是有知的，但是能保持本真自然状态，简简单单纯地生活着。庄子接着说：

逮德下衰，及燧人、伏羲始为天下，是故顺而不一。德又下衰，及神农、黄帝始为天下，是故安而不顺。德又下衰，及唐、虞始为天下，兴治化之流，浇淳散朴，离道以善，险德以行，然后去性而从于心。心与心识，知而不足以定天下，然后附之以文，益之以博。文灭质，博溺心，然后民始惑乱，无以反其性情而复其初。

由是观之，世丧道矣，道丧世矣。世与道交相丧也，道之人何由兴乎世，世亦何由兴乎道哉！

庄子认为，等到道德开始衰落的时候，燧人氏治理天下，天下还算和顺，但是已经“不一”，到了神农、黄帝治理时，天下还算安定，但是已经不和顺，再往后，大兴教化之风，越教越乱，人都顺从心机而天性全无，民心惑乱，天下不得安宁，再也难以回到原初的状态了。庄子很是失望痛切，说这个世界已经一塌糊涂，难以收拾，美好的生活再也回不去了。

由是观之，世丧道矣，道丧世矣。世与道交相丧也，道之人何由兴乎世，世亦何由兴乎道哉！道无以兴乎世，世无以兴

乎道。(《缮性》)

庄子注意到,在由远古社会向文明社会过渡的进程中,“人为”的主体性使得文明的发展呈现出双重性的特征,即社会“治理”与人的“自治”。在二者相互推进的过程中,其负面导向与负面效应越发呈现出“异化”的特征。争夺、祸乱、相残、欺诈、罪恶,种种“反常”的现象使庄子感到失望与痛苦。庄子看到,当政者的暴行来自无穷的贪欲,人们也为物欲所驱使,疯狂追求财富与权力,因此彻底改变了“人”的本性,“与物相刃相靡”(《齐物论》),“丧己于物,失性与俗”(《缮性》),生命的意义与价值被严重扭曲,人类的生命深陷于沉沦与堕落之中。

社会与现实出现了问题,归根结底是人自身出现了问题,人自身出现了问题是因为人的精神世界出现了问题,这是庄子关注的重点与焦点。人的精神世界的问题主要表现为心态功利浮躁,思想被错误的价值观支配,远离人自身应该具有的本性与幸福快乐。在庄子看来,很多既定的或者盛行的思想观念都是有问题的,要么偏激,具有激进功利的倾向,无法使人平静淡泊;要么偏颇,就是执其一端,做得太过分,使得矛盾与问题变得更糟糕;要么偏见,却并不自知其错误,导致很多错误的东西却打着“正确”的幌子,具有极大的欺骗性。总之,“似是而非”“以非为是”的精神困境是庄子认识最独到深刻的地方。

譬如,庄子注意到,在社会治理与社会关系中,很多行为的出发点并非没有道理,并非都是恶意的。如社会治理,总是会通过规定什么、禁止什么来保障秩序与运行,但是有时候这会使情况变得更加糟糕。

> 昔者海鸟止于鲁郊，鲁侯御而觞之于庙，奏《九韶》以为乐，具太牢以为膳。鸟乃眩视忧悲，不敢食一脔，不敢饮一杯，三日而死。此以己养养鸟，非以鸟养养鸟也。……鱼处水而生，人处水而死，彼必相与异，其好恶故异也。故先圣不一其能，不同其事。（《至乐》）

从前，有一只海鸟栖息在鲁国都城的郊外，鲁国国君认为它是神鸟，让人驾车把它迎进宗庙里并向它献酒，演奏《九韶》使它高兴，安排牛羊猪三牲备齐的筵席给它吃。哪料海鸟却头晕目眩，忧愁悲伤，不敢吃一块肉，不敢喝一杯酒，三天就死掉了。这是用供养自己的方式来喂养鸟，不是用养鸟的方式来养鸟啊！鱼离开水会死，人溺水会亡，鱼和人之间一定是有差别的，好恶也不同。所以先圣是依据不同的情况做事，而不是简单地强加于人，一刀切。所以庄子说到，有个多事之人看到郊外一群野鸭子和白鹤在水里啄食嬉戏。他发现鹤腿长，野鸭的腿很短。于是就把野鸭的腿接长，把鹤腿截短，结果搞得它们都不能走路了。“是故凫胫虽短，续之则忧，鹤胫虽长，断之则悲。”

庄子看到，人对于万事万物的态度都是以自己为中心，总是把自认为正确的东西强加到别的对象上，以为这是为了对方好，以为对方也一定是愿意接受的，实际上结果并不美好。儒家也谈“己所不欲，勿施于人”，也谈人与人之间应换位思考，将心比心。庄子的思考与儒家不同的是，儒家最后的目的还是通过相互求同、相互改变以达到表面和谐,并没有真正认识到事物本身就是千差万别的,让它们顺其自然即可。这种对差异性的尊重与认同才是最重要的。简单地说,在庄子看来,儒家“求同”是以“人异”为前提,而道家则是主张“存异”则人自同。

> 民湿寝则腰疾偏死,鳅然乎哉?木处则惴栗恂惧,猿猴然乎哉?三者孰知正处?民食刍豢,麋鹿食荐,蝍蛆甘带,鸱鸦耆鼠,四者孰知正味?猿猵狙以为雌,麋与鹿交,鳅与鱼游。毛嫱丽姬,人之所美也;鱼见之深入,鸟见之高飞,麋鹿见之决骤。四者孰知天下之正色哉?(《齐物论》)

庄子说:人睡在潮湿的地方,就会患腰病甚至偏瘫,泥鳅也会这样吗?人住在树上,就会担心害怕,猿猴也会这样吗?这三者,谁知道真正的、正确的生活方式呢?人吃肉,麋鹿吃青草,蜈蚣吃小蛇,猫头鹰与乌鸦喜欢吃老鼠,这四者,谁知道真正的美味是什么?

总之,事物是千差万别的,人的思想本身也是各不相同的。庄子说,齐桓公碰到一个人,这个人长得奇形怪状,脖子粗得不得了,齐桓公看久了以后,反而觉得奇怪:一般人的脖子怎么那么细?人的思想的形成受到各种不同因素的影响,由此造成人与人思想的不同,怎么可能用一种思想就能认识这个世界?怎么能说你说的或者做的就是正确的?

庄子认为,这些问题的根源,或者说“失道”的根源在于两个方面:一个是“圣”的思想在作怪,一个是“智”的作用在添乱。他是主张“绝圣弃智”的。“绝圣弃智，大盗乃止”“绝圣弃智，而天下大治”。为什么要“绝圣弃智”？庄子的理由是：智慧扰乱了人心。智慧最大的罪过在于它扰乱了人心，而人心是不可轻易扰乱的，一旦扰乱便不可控制。“天下脊脊大乱，罪在撄人心……绝圣弃智，而天下大治。”统治者不知道这个道理，往往对人心进行干预，结果适得其反，导致天下大乱。“上诚好知而无道，则天下大乱矣。”由于推崇才智，就出现了不同的观点，各种不同的观点之间争论不休，天下因此失去了安宁，原来天然的秩序遭到了破坏，人心由此失去了宁静，欲望被唤起。这样，人心的纯朴也就遭到了破坏，从混沌状态进入了聪明状态，你我之分也就随之产生了，这种聪明必然会导致人们之间的争斗。智慧是导致虚伪的根本原因，智慧越发达，巧诈就越花样繁多。没有智慧，也就无所谓真假，也就没有了伪诈。故而庄子主张无为而治，统治者无为，臣民心中就无事，无事便不会生非。

智慧是罪恶的根源。首先，智慧使人们相互倾轧，你争我斗，从而失去了人的纯朴天性。道德因人们争夺名声而丧失，人们为了相互争斗就加倍地费尽心机地动心思。因此，“名”使人们相互争斗，智慧则成为争斗的工具。这两者都是“凶器”，是不应该推行于天下的。其次，智慧煽动起了人的欲望，而欲望使人不知足，不知足反过来引起人们之间的争斗。

智慧是中性的，它既可以为圣人所用，也可以为盗贼所用。智慧既然只是一种工具，那么它就既可以为好人所用，也可以为坏人所用；既可以用它来行善事，也可以用它来作恶。这两者总是相互伴随的，人们不可能只保留它的好处，而消除它的坏处，要消除它的坏处,就只有彻底抛弃智慧。在庄子看来,智慧更多的是对坏人有利:“世俗之所谓至知者,有不为大盗积者乎?所谓至圣者,有不为大盗守者乎?”(《胠箧》)世俗所谓的智慧恰恰是愚蠢,而圣人的智慧也为盗贼开了方便之门。庄子论证说:人们为了保住自己的财物,防备贼窃,就会把财物放在箱子里,而且还要用绳子紧紧捆住。这就是世俗之人所谓的聪明。但是,当盗贼来了以后,他会背起箱子跑掉,还生怕你箱子捆绑得不结实呢!这样说来,人们原先的行为岂不是在为盗贼做准备了吗?原先所认为的智慧也就变成了愚蠢。所有的罪过都是由于圣人的“启蒙”,使人有了智慧。人一旦有了智慧,其素朴的天性也就不存在了,种种区分、诡计也就产生了。因此庄子大声疾呼:“圣人不死,大盗不止……彼圣人者,天下之利器也,非所以明天下也。”(《胠箧》)所有那些人为的东西都是扰乱人心的。

有机事者必有机心。技术是智慧的结晶,所以庄子主张抛弃技术,即使有能够提高效率的技术也不应当去应用,因为技术的运用会破坏人心的淳朴和纯洁。庄子用那个著名的“子贡南游于楚”的故事说明了这个道理。“子贡南游于楚,反于晋,过汉阴,见一丈人方将为圃畦,凿隧而入井,抱瓮而出灌,搰搰然用力甚多而见功寡。子贡曰:‘有械于此,一日浸百畦,用力甚寡而见功多,夫子不欲乎?’”(《天地》)子贡所碰见的那个老翁为什么有精巧省力的机械不用,而用费力且效率低的方法呢?因为机械会败坏人心。人若追求机巧的机械,必会做机巧之事,做机巧之事,就会有机巧之心,有了机巧之心,人的心灵就不那么纯洁了,人就容易进入急功近利的境地。而人心不纯洁,则天下也就不可能纯洁。因此,庄子并不是不知道机械给人带来的好处，但那些好处与机械所带来的坏处相比，实在是小巫见大巫，好处只是些蝇头小利，而坏处却是根本性的，它破坏了德性的源头——人心。

总之，庄子从一个独特深刻的角度，反思了人类文明存在的问题，这些问题已经涉及人类自身巨大的矛盾性与困境，包括生命本身存在的巨大困惑。

二、生命合“道”之境

庄子的“道”到底是什么？合道的生命应该是什么样子？

《知北游》中记载了“东郭子问道”的故事。

> 东郭子问于庄子曰：“所谓道，恶乎在？”庄子曰：“无所不在。”东郭子曰：“期而后可？”庄子曰：“在蝼蚁。”曰：“何其下邪？”曰：“在稊稗。”曰：“何其愈下邪？”曰：“在瓦甓。”曰：“何其愈甚邪？”曰：“在屎溺。”东郭子不应。
>
> 庄子曰：“夫子之问也，固不及质……汝唯莫必，无乎逃物。至道若是，大言亦然。”

东郭子问庄子“道”在哪里，庄子说“无所不在”，东郭子请庄子进一步指明，庄子说“在蝼蚁”。东郭子追问，怎么在这么低下的事物上？庄子最后只好说：“你最根本的问题就是没有把握‘道’的实质，却非要将‘道’绝对化，‘道’是离不开物的，大道是这样，大道的道理也是这样。”庄子说东郭子的问题是非要将“道”明确化、具体化,不会从具体的事物上去感悟万事万物与“道”合一的关系。那么“物”与“道”到底是什么关系呢?或者说合道的生命应该是什么样子?可以做三个方面的理解。

第一,生命是自在的。

什么是“自在”,自在就是自然客观存在,这是不以人的意志为转移的。生命是什么,生命就是生命。但是生命不会自己造就生命,在生命的来源这个问题上,庄子的思想与老子的思想一脉相承。老子将世界的本原与生命的本原都用“道”来加以说明。这个“道”是“玄而又玄”的“众妙之门”。“道生一,一生二,二生三,三生万物”,“一”是基础,宇宙天地从这里生发,然后产生雌雄、阴阳之分合,“万物负阴而抱阳,冲气以为和”。总之是由一个客观存在同时又难以言说的事物的运动形成了这个世界,然后再有各种各样的事物,包括人类。庄子将这种赋予各种事物与生命的力量称为“天”,“道”赋予“天道”,又存乎“天道”,“天道”无所不在,“天道”赋予众生,“天道”又存在于各种事物之中。庄子说东郭子没有抓住问题的本质,就是因为不懂得这个道理。

庄子认为有“天道”,有“人道”,“天道之于人道也,相去远矣,不可不察”。“曰‘何谓天?何谓人?’北海若曰:‘牛马四足,是谓天。落马首,穿牛鼻,是谓人。’”(《秋水》)意思是很多事物好端端地就在那里,但是非要去改变它们的一定是人。这里的“人道”是指人自己弄出一套自认为正确的道理,做一些自认为正确的事情,然而其中有很多并不合“天道”,这是应该注意的。

有趣的是,在庄子的笔下,有很多形貌不全或者怪异的人,但是他们拥有连正常人都敬仰的魅力。鲁国一位断足的人叫王骀,弟子比孔子还多，连孔子都想拜他为师，他有一套平心静气、感悟天道的独到方法，他看到自己丧失的脚，就像丢失了一块泥土一样。庄子的这个故事，是想告诉人们，所有的生命都是“自在”的，关键是如何面对“自在”，去升华自己的生命。“故德有所长，而形有所忘。人不忘其所忘，而忘其所不忘，此谓诚忘。”(《德充符》)意思是天给了人生命，这些生命的特质总是会有长有短，你忘记也好，不忘记也好，它都在那里，有些还不如忘记，将心思用在更重要的事物方面。有一位因为犯罪断了脚趾的人去拜见孔子，孔子却不待见他，这个人转身离去，觉得孔子已经背负了上天给他的惩罚，自己虽然犯错，身体受罚，却知道比身体更重要的东西是什么，他觉得他和孔子不是一路人，所以连话都懒得说。

生命的自在就是尊重生命本身可能无法控制与改变的东西，譬如你是一个什么样形貌的人(天生的)，譬如人生遇到的各种挫折以及形成的事实(自然的)，但是最重要的还是要向“天”证明自己的存在，证明自己合乎“天道”。

庄子“重生”“贵生”“养生”，“可以保身，可以全生，可以养亲，可以尽年”(《养生主》)，一方面是要尊重与热爱生命，另一方面是要解决如何做才是真正尊重与热爱生命的问题。在这个问题上，庄子认为“人道”走了两条错误的道路，一条就是以为“人能胜天”，人以为自身能够去改变无法改变的客观规律与客观存在，人不明白有些东西非人力所为，如果硬要为之，那就是在与“天”悖逆，不知“自在”，结果只会导致自己“不自在”，扭曲自己，桎梏自我。还有一条是将生命的过程看作是人可以自己掌控的，形成一套以“人”为中心的生命价值观、伦理观，却并不知道“天道”赋予人的生命观并非如此。譬如对于生死的看法。一般人都贪生怕死，在庄子看来，“生”就是“生”，每个人都有生命，生命的存在都是有自身规律的，尊重这种规律才是正确的，重生、顺生、养生是对的，“贪生”之“贪”其实是多余的、过分的，甚至是有害生命自身的。“怕死”从情感上可以理解，但是“怕死”并不能逃避死亡，客观生命是有长度的，这是“天赋”的，应该用寻常心对待死亡。

庄子鼓盆而歌的故事也说明生命是自在的。“庄子妻死，惠子吊之，庄子则方箕踞鼓盆而歌。惠子曰：‘与人居，长子、老、身死，不哭，亦足矣，又鼓盆而歌，不亦甚乎！’庄子曰：‘不然。是其始死也，我独何能无概然！察其始而本无生，非徒无生也而本无形，非徒无形也而本无气。杂乎芒芴之间，变而有气，气变而有形，形变而有生，今又变而之死，是相与为春秋冬夏四时行也。人且偃然寝于巨室，而我噭噭然随而哭之，自以为不通乎命，故止也。’”（《至乐》）在庄子看来，人的生命与万事万物一样，从无到有，从有到无，就是这样简单，这就是基本规律。死亡是什么？死亡不是结束，而是另一个开始。人人都会死，死亡是生命的一个必然历程。悲伤的眼泪对亡人无益，看破生死，人生自有另一番气象。

生命的自在，是“天赋”的存在，这种存在自始至终都无法摆脱“天道”的规律，从出生、生长到死亡，生命的背后还有天命，知道“天命”才能正确把握生命，才是真正重生、顺生、养生。同时“人道”所为，当求“人道”与“天道”的合一，“自在”是客观存在，“人”的“自在”和“天道”的“自在”合二为一。

第二，生命是自然的。

庄子是从对“自然”的观察与感悟中获得启示的。自然界的美是最高的美，它原本就是美的，它的美就是自在自为的存在，就是保持自身本性的存在。“则天地固有常矣，日月固有明矣，星辰固有列矣，禽兽固有群矣，树木固有立矣”(《天道》)，“若天之自高，地之自厚，日月之自明”(《田子方》)。但是由于人为的干预与索取，导致“灾及草木，祸及止虫”(《在宥》)。庄子觉得人没有权利、也没有能力去真正改变大自然固有的本性，惟有顺其自然，适可而止，才是人与自然和谐共生之道。“且道者，万物之所由也，庶物失之者死，得之者生，为事逆之则败，顺之则成。故道之所在，圣人尊之。”(《渔父》)

庄子深刻地看到人类对于自然的态度与做法，看出人类自身有违自然之道的可悲之处。“故天下皆知求其所不知，而莫知求其所已知者；皆知非其所不善，而莫知非其所已善者，是以大乱。故上悖日月之明，下烁山川之精，中堕四时之施；惴耎之虫，肖翘之物，莫不失其性。甚矣，夫好知之乱天下也！”(《胠箧》)

庄子认为人背离“自然”之道的主要特点就是“劳形自役”，就是把自己弄得很累很苦，自己做了自己的奴役，这是有悖于生命本身的天性的。什么原因？一个是欲望的驱使，一个是错误的知识，最终是对于“功”“名”的追求，一旦人止不住这些念头，就免不了会伤害别人，导致彼此之间无休止的争斗，人心之乱、社会之乱由此而生。《庄子》中有大量的寓言故事影射由人自身导致的各种生命悲剧与可悲现象，庄子对于人性弱点的认识深刻而独到。这里有个故事，见于《山木》。

庄周游于雕陵之樊，睹一异鹊自南方来者，翼广七尺，目大运寸，感周之颡而集于栗林。庄周曰：“此何鸟哉，翼殷不逝，目大不睹？”蹇裳躩步，执弹而留之。睹一蝉，方得美荫而忘其身；螳螂执翳而搏之，见得而忘其形；异鹊从而利之，见利而忘其真。庄周怵然曰：“噫！物固相累，二类相召也！”捐弹而反走，虞人逐而谇之。

庄周反入，三月不庭。蔺且从而问之：“夫子何为顷间甚不庭乎？”庄周曰：“吾守形而忘身，观于浊水而迷于清渊。且吾闻诸夫子曰：‘入其俗，从其俗。’今吾游于雕陵而忘吾身，异鹊感吾颡，游于栗林而忘真，栗林虞人以吾为戮，吾所以不庭也。”

庄子有一次到栗园捕鸟。他在准备捕杀这只鸟的时候，突然发现一只蝉，蝉不知身处险境，被螳螂捕捉，但是螳螂不知道，它又将落入异鹊之手，其实异鹊也不知道，自己背后还有一双人的眼睛。庄子正在入神的时候，被看园子的人误认为是偷栗子的，被责骂了一顿，气得庄子三天没出门。“螳螂捕蝉，黄雀在后”的典故就出自这里。这里面写道生物界存在食物链的利害关系，自然界的利害关系可以保持自然生物的平衡，但是庄子还看到利害形成的后果。庄子为什么突然丢掉弹弓，转身就走？是因为突然意识到自己是不是也身处险境，但是还是晚了一步，被人追赶责骂了一顿。庄子闭门不出，是终于亲身体会到“守形而忘身，观于浊水而迷于清渊”，人常常沉醉于利害关系而忘记了天性，身处险境而不自知。

庄子举了实船和虚船的故事来说明这一道理，很是独到精辟：

“方舟而济于河，有虚船来触舟，虽有惼心之人不怒。有一人在其上，则呼张歙之。一呼而不闻，再呼而不闻，于是三呼邪，则必以恶声随之。向也不怒而今也怒，向也虚而今也实。人能虚己以游世，其孰能害之！”（《山木》）如果两船相并渡河，被一艘空船撞上，就算是性情暴戾的人也不会发怒；但假如被一艘有人的船撞上，被撞的人就会大声呼喝甚至出言不逊。之所以有发怒和不发怒的差别，原因就在于船上是有人还是无人。人如果能够无心而处世，那么谁能伤害他呢？

庄子对于生命主张“形神兼备”“身心合一”，前者是生命的前提，当以“避险”“避伤”“避累”等为底线，“身”“形”之生命体受到损伤，无非他伤与自伤。人要想避免伤害、获得快乐，就要懂得无用之用的道理，世人之无用是自己的大用，无用于人却有用于保全自己。庄子用了一系列寓言故事来说明无用之用的存身之道：在《人间世》中，匠石不顾的栎社树、商丘的大树以及支离等都因世俗价值所谓的“无用”而尽享天年。不过，无用并不是毫无用处，而是期无用之“用”。在《逍遥游》中，无用的“大瓠”可以“虑以为大樽而浮乎江湖”，以避免被惠施“为其无用而掊之”；大而无用的樗树可以“树之于无何有之乡，广莫之野，彷徨乎无为其侧，逍遥乎寝卧其下。不夭斤斧，物无害者”。客观来看，栎社树所谓的“求无所可用久矣”并不是一种顺其自然的态度。如果按照庄子“道法自然”的观点，栎社树不会去追求有用，但也不会刻意地去追求无用，这种追求无用本身就是不自然的。因为道的真正本质乃是顺其自然。庄子所倡导的“无用之用”的存身之道虽有消极避世的一面，不过，考虑到他所处的人为物役、民不聊生的社会现实，采取“无用之用”的策略作为存身之道还是非常明智和有效的，因为只有这样，才能使人和物都得以自由生存，免于落得“中道夭折”的下场。

为了说明如何养护生命，庄子在《山木》中讲了有用之树和无用之鹅的寓言故事，提出“周将处乎材与不材之间”，以避免像有用之树那样被砍伐和像不会鸣叫的鹅那样被煮食。不过，庄子认为这也是有弊端的，“材与不材之间，似之而非也，故未免乎累”，只有“乘道德而浮游”才能“无誉无訾，一龙一蛇，与时俱化”，不为物累而“浮游乎万物之祖”。

在《达生》中谈到养生之道时，庄子认为，人应该做到“无入而藏，无出而阳，柴立其中央。三者若得，其名必极”，即人不要深入荒山野林去隐藏自己，也不要在世间行走到处显扬自己，要像枯木一样静处于两者之间，如果能够做到这三点，他的养生之名就达到了。“入而藏”和“出而阳”都是极端的行为，最好的办法应是身处人世却不显山露水，从而达到养生的目的。

在《人间世》中，庄子借蘧伯玉之口论述了“形就心和”的处事方法。指出给“其德天杀”的未来执政者做老师，最好的相处办法就是“形莫若就，心莫若和”，但要“就不欲入，和不欲出”，类似于“君子和而不同”，也就是说表面上最好要对太子亲近顺从，内心却最好要有自己的主见。即使如此，这两种做法仍会带来灾难。与他亲近但不要同流合污，心有主见但不能显露出来。要顺而化之，“彼且为婴儿，亦与之为婴儿；彼且为无町畦，亦与之为无町畦；彼且为无崖，亦与之为无崖”。要做一个“才全而德不形”的人，“才全”就是以平常心顺应万物的变化，“德不形”就是内心保持平静而外表毫无动荡，保持平淡的天性，顺乎自然的变化。

第三,生命是自由的。

生命的自由,在庄子的笔下,属于生命的本性、价值与意义体现。这里面包括这样几个层面。

第一是应该按照生命本身的特性去生活。违背其本性,强加给生命的任何外力都是违背了生命本性,也就违背了自由之道,"泽雉十步一啄,百步一饮,不蕲寓于樊中",小鸟有自己的特性与生活,最不乐意的就是被关在笼子里。

庄子认可生命只要不违背自己的生命本性,是可以拥有各种不同的生命幸福与自由的。

> 汤之问棘也是已:"穷发之北,有冥海者,天池也。有鱼焉,其广数千里,未有知其修者,其名为鲲。有鸟焉,其名为鹏,背若太山,翼若垂天之云,抟扶摇羊角而上者九万里,绝云气,负青天,然后图南,且适南冥也。斥鴳笑之曰:'彼且奚适也?我腾跃而上,不过数仞而下,翱翔蓬蒿之间,此亦飞之至也,而彼且奚适也?'"此小大之辩也。(《逍遥游》)

这里有天池之鱼,也有鲲鹏之鸟,也有草间麻雀,它们有大小的差别,生命的特性也不同,因而它们所拥有的幸福与自由是不一样的。但是这个世界上,偏偏有这样的事情,就是有人剥夺别人的自由,也有人放弃自己的自由,这是一件很可悲的事情。

第二是精神的自由。庄子认为制约人的精神自由的情况常常是用有限的知识与有限的思想将生命自由局限在有限的时空里。"吾生也有涯,而知也无涯。以有涯随无涯,殆已!"(《养生主》)这一段文字就很能说明由于人的认知不同而产生的差异性。

> 庄子与惠子游于濠梁之上。庄子曰:"鲦鱼出游从容,是鱼之乐也。"惠子曰:"子非鱼,安知鱼之乐?"庄子曰:"子非我,安知我不知鱼之乐?"惠子曰:"我非子,固不知子矣;子固非鱼也,子之不知鱼之乐,全矣。"庄子曰:"请循其本。子曰'汝安知鱼乐'云者,既已知吾知之而问我,我知之濠上也。"

这段讨论含义深刻。庄子与惠子共同面对的事物是鱼。"鲦鱼出游从容",面对这样一个事实,他们没有分歧,他们争议的焦点在"鱼之乐"。庄子说自己能感受到"鱼之乐",惠子说这不可能。惠子的理由是,鱼是鱼,你是你,你可以说你的快乐,但你不能说"鱼之乐",鱼乐不乐只有鱼自己知道。惠子的意思是,你可以说"鲦鱼出游从容",这是外在的现象,"鱼之乐"是鱼内在的心理感受,也就是个体的主体感受,庄子是不可能知道的。惠子的话有没有道理?有道理。但是庄子还是发现其中的错误,既然个体事物的主观感受只有个体知道,那么惠子你是个体,我也是个体,你怎么就能随意否定我的感受。惠子说,我的确不知道你,但我知道你不是鱼,你不知道"鱼之乐"这一点肯定没有错。庄子说,循其根本,你说你怎么知道"鱼之乐",就是已经承认了"鱼之乐",你其实已经知道我此时的感受,你是明知故问。在庄子看来,惠子是在故意抬杠,事物之间是有差别的,但是事物之间是有交感的,尤其是人,人是精神的生命体,以我观物,或者物我交融,本是人自身存在的精神运动,这也是一种审美精神。注重差异而忽视相同、重视对立而忽视相通、重视人与物的不同而忽视人与自然的精神联系都是制约精神自由的重要原因。

人作为一种特殊的生命存在，有其喜怒哀乐等情欲。生命自由所追求的澄澈平和心境，必须超越这一"情欲之限"。庄子指出："彻志之勃，解心之谬，去德之累，达道之塞。贵、富、显、严、名、利六者，勃志也；容、动、色、理、气、意六者，谬心也；恶、欲、喜、怒、哀、乐六者，累德也；去、就、取、与、知、能六者，塞道也。此四六者不荡胸中则正，正则静，静则明，明则虚，虚则无为而无不为也。"（《庚桑楚》）庄子认为，人的喜怒哀乐等情欲是对人本性的负累，更是破坏人内心平正、澄澈之物，是影响心灵宁静的因素。庄子的态度是"喜怒哀乐不入于胸次"，也就是说将情欲排斥在心灵之外。在这种状态下，人的内心就可逐渐安静，安静就能明澈，明澈之后就能顺其自然而精神无待，进而得到生命的自由。《德充符》谓："吾所谓无情者，言人之不以好恶内伤其身。"也就是说，庄子并不否认人的喜怒哀乐之情，而是主张不以情欲影响心灵的宁静，只有这样，才能获得精神的自由。庄子笔下的"真人"就有着心无情欲的表征："古之真人，其寝不梦，其觉无忧，其食不甘，其息深深。真人之息以踵，众人之息以喉。屈服者，其嗌言若哇。其耆欲深者，其天机浅。"（《大宗师》）从另一个角度看，庄子"喜怒哀乐不入于胸次"的修养其实也是采取顺应自然的方式来对待情欲："若然者，其心志，其容寂，其颡頯；凄然似秋，暖然似春，喜怒通四时，与物有宜而莫知其极。"（《大宗师》）喜怒如同四时运行一般自然，当然就能够不因情欲而扰乱内心的清静平和状态了。也就是面对着现实的羁绊、痛苦，心灵并不随之波动，宁静的心态、内在的怡悦不会因之而被打破。

正是因为超越了有限的自然生命、社会遭际和个体情欲，庄子才可以了却生死之限制，无名利之执着，无情欲之牵绊，进而完全超脱于自然、社会、自我。故而，此等状态下的心灵是彻底虚静的，生命是自由的。

庄子追求绝对自由的精神。《逍遥游》是《庄子》的首篇，在思想上和艺术上都可作为《庄子》一书的代表。《逍遥游》的主题是追求一种绝对自由的人生观，庄子认为，只有忘却物我的界限，达到无己、无功、无名的境界，无所依凭而游于无穷，才是真正的“逍遥游”。文章先是通过大鹏与蜩、学鸠等小动物的对比，阐述了“大”与“小”的区别，在此基础上庄子指出，无论是不善飞翔的蜩与学鸠，还是能借风力飞到九万里高空的大鹏，甚至是可以御风而行的列子，它们都是“有所待”而不是绝对自由的，从而引出并阐述了“至人无己，神人无功，圣人无名”的道理。

庄子指出，“若夫乘天地之正，而御六气之辩，以游无穷者，彼且恶乎待哉！”（《逍遥游》）庄子笔下的至人、神人等理想人格成为寄予其生命自由追求的表征。“至人神矣！大泽焚而不能热，河汉沍而不能寒，疾雷破山而不能伤，飘风振海而不能惊。若然者，乘云气，骑日月，而游乎四海之外。死生无变于己，而况利害之端乎！”（《齐物论》）至人游处于天地间，其精神与宇宙一体化，自我无穷地开放，向内打通自己，向外与他人、他物相感通、相融合。达到这种境界，物我的界限便可消除，时空的限制便无复感觉。如此，则无论在任何情况下，都能随遇而安，自由自在。

这种绝对自由的思想，具有现实针对性，也具有理想性与幻想性。它对于导致人类不自由、不幸福的人自身的弱点具有深刻的反思与批判,其不足是它同时会将人导向虚无主义,但是拒绝世俗、超越自我、无拘无束、游化天地的审美精神也成为中国人的精神理想。

三、生命求“道”之途

要把握生命如何求“道”的途径,首先要了解庄子思想与方法的特点。

庄子的观念来自宇宙。首先,庄子的思想一方面有其对老子思想的继承,一方面有自身独特的观察与体验。他发现生命来自宇宙,生命为“天”所生,生命自然具有“天性”,天赋的、自然的、自由的特性也是人的本性,可悲的是这种“天性”被所谓的“人性”破坏了。其次,生命在宇宙中实在是微不足道的短暂的存在。“吾在于天地之间,犹小石、小木之在大山也。方存乎见少,又奚以自多!计四海之在天地之间也,不似礨空之在大泽乎?计中国之在海内,不似稊米之在大仓乎?号物之数谓之万,人处一焉;人卒九州,谷食之所生,舟车之所通,人处一焉;此其比万物也,不似豪末之在于马体乎?”(《秋水》)

庄子的确是站在宇宙自然的宏大视野中来看待地球、人类与生命的,他是以面对人类,同时又超越人类的视角看待人类自身的。庄子认为,人类的狭隘时空观制约了人自身的思想自由。这种功利狭隘的时空观带来的情形,一个是在空间上的占有。拥有的地盘越大越好,为了争夺地盘不断争斗。在庄子看来,你无论拥有多少,都是有限的,甚至是微不足道的。所以他才将两个国家比作蜗牛头上的两个角,为了争夺那么一丁点的地方,不惜付出巨大的代价,殊不知纵然得到了,也只不过是一只角而已。另一个是人类在时间上总是希望活得长久一些。这种长久表现为无视生命脆弱短暂的事实,包括以扭曲生命为前提、对于“名声”“不朽”的价值追求。庄子认为,人活得再长久,就是彭祖,活了八百岁,也比不上一只龟、一棵树。

总之,人类的狭隘功利导致人类形成了很多错误的生命观、价值观与人生观,人类是以自我为中心进行生命定位的,不是站在宇宙自然的宏大视野中反观自身的。人类“求大”“去小”的心态,在庄子看来,恰恰是对于“大”“小”的认识出现错误,即所谓的“大”只不过沧海一粟,蝇头小利,而所谓的“小”则未必不名一文,微不足道。“大小之辩”,一方面“大”“小”都是相对的,同时“大”“小”之间是可以互相转化的,并不是一成不变的。

庄子的思想还有历史的依据。庄子推论自然、人类与社会的进化史,他觉得上古时代是一个合乎“天道”的时代。“古之人,其知有所至矣。恶乎至?有以为未始有物者,至矣,尽矣,不可以加矣。”(《齐物论》)什么叫“未始有物”,这应该有两层理解:第一层是古人的认知就是“天人合一”的,不会用“物”这样的认知与各种知识去损害这种“天人合一”的关系;第二层理解就是,这个世界本来就没有“物”,所以事物之间的“大小”是相对的,事物的运动是绝对的,事物的真实不仅是相对的,而且也可以相互转化。庄生梦蝶就具有这样的寓意。

“昔者庄周梦为胡蝶,栩栩然胡蝶也。自喻适志与,不知周也。

俄然觉，则蘧蘧然周也。不知周之梦为胡蝶与，胡蝶之梦为周与？周与胡蝶，则必有分矣。此之谓物化。”（《齐物论》）在一般人看来，一个人在醒时的所见所感是真实的，梦境只是幻觉，是不真实的。庄子却以为不然，他认为，醒是一种境界，梦是另一种境界，二者是不相同的；庄周是庄周，蝴蝶是蝴蝶，二者也是不相同的。在庄周看来，它们都只是一种现象，是“道”在运动中的一种形态，一个阶段而已。庄子借由其故事所提出的哲学论点、探讨的哲学课题实际是“作为认识主体的人究竟能不能确切地区分真实和虚幻”。

庄子的思想也是具有现实指向性的，尤其是对于人生与生命的把握具有指导性与启发性。这里重点谈谈三个方面。

第一，反思自己的思想与行为。

人的思想与行为具有经验性、习惯性、既成性、主观性等特点。但是很多看似合理的存在并非经得起质疑与推敲。譬如庄子对于“语言”的看法其实就是对于人的认知局限性的独特思考。

老子说“道可道，非常道”。庄子也认为，“道”的传达不管从哪一方面来讲，都无法用概括性的语言，从抽象的概念上，作完整无缺的传达。对语言在表达哲理方面的不足，庄子也有深刻的认识：“世之所贵道者，书也。书不过语，语有贵也。语之所贵者意也，意有所随。意之所随者，不可以言传也。”（《天道》）这里说明，从书中的语言文字出发去寻求道理，是很难的。因为“道”绝对不可能存在于语言文字的概念里，而是在语言文字之外，也就是传道者本身的经验中。而经验是一种亲身的体验，根本无法言传。

桓公读书于堂上，轮扁斫轮于堂下，释椎凿而上，问桓公曰："敢问：公之所读者，何言邪？"公曰："圣人之言也。"曰："圣人在乎？"公曰："已死矣。"曰："然则君之所读者，古人之糟魄已夫！"桓公曰："寡人读书，轮人安得议乎！有说则可，无说则死。"轮扁曰："臣也以臣之事观之。斫轮，徐则甘而不固，疾则苦而不入，不徐不疾，得之于手而应于心，口不能言，有数存焉于其间。臣不能以喻臣之子，臣之子亦不能受之于臣，是以行年七十而老斫轮。古之人与其不可传也死矣，然则君之所读者，古人之糟魄已夫！"（《天道》）

这则寓言说明了道的精华在于体道者在实践经验中所体悟的心得，所谓"得之于手而应于心"，是一种"口不能言"的境界，即使亲如父子也无法传授。能言语相传的，只是方法，而方法只是入道的钥匙，并不等于"道"本身。真正的"道"，必须靠求道者自身去体验。这就明确告诉了我们："道"并不在语言的概念意义中。执着迷恋于语言概念的人，是不能真正体悟"道"的。

在庄子看来，"道"不仅不可能靠语言去直接传达，而且通过语言传达，甚至还会产生负面作用，以至引起是非争辩。所谓"言恶乎隐而有是非""言隐于荣华"（《齐物论》），浮华巧饰之人在语言上要弄花招，以迷惑世人，因此真道反被隐蔽，而是非从此滋生。而且每个人都有他主观的成见，所以在听别人发表言论时，往往先存排斥之心。和自己相同的看法，就认可；和自己不相同的看法，就不认可。所以凭语言直接传达"道"，实际上是不可能收到很好的效果的。

为了消除别人对自己言论的排斥之心，让别人摆脱主观成见的束缚，在语言表达方式上，便不能不讲究了。“道”虽然不能传达，但又不能不去传达，因为不传达，就无法引导人们进入“道”的境界。因此，说了不是道，不说又不足以明道。不管“言”与“默”，在“道”的传达上都有一定的障碍：“道物之极，言默不足以载；非言非默，议有所极。”（《则阳》）这段话的意思是，“道”的极致之处，言论和沉默都不足以表达，既不言说又非沉默，这就是议论的极致。显然，从“道”的体悟与传达方面说，“道”既不能用直接的语言去传达，又不能完全沉默不言。因此，庄子提出了一种特殊的传达方式，即“非言非默”，也就是“言无言”。《寓言》说：“言无言，终身言，未尝言；终身不言，未尝不言。”庄子的语言观实际上在深层次地思考人正确的认知规律是什么，从而启发人去思考。这个世界上其实没有通过具体的人、具体的语言就能认知与把握的绝对真理、绝对知识，正确的认知一定要注意到“相对性”与“绝对性”在“道”的体悟上的统一。

譬如说“美”。“毛嫱丽姬，人之所美也；鱼见之深入，鸟见之高飞，麋鹿见之决骤。四者孰知天下之正色哉？”（《齐物论》）毛嫱、丽姬，都是众人欣赏的美女，但鱼见了她们就潜入水底，鸟儿见了她们就远走高飞，麋鹿见了她们就四散逃走，这四者谁知道天下真正的美色是什么？庄子借此说明，天下万物都有其自身之美，唯有人制定出统一的审美标准，这一方面对于万物不公平，另一方面也把自己的思想限制在不自由、不多样的状态里。

什么叫“美”？什么叫“丑”？

阳子之宋,宿于逆旅。逆旅人有妾二人,其一人美,其一人恶,恶者贵而美者贱。阳子问其故,逆旅小子对曰:“其美者自美,吾不知其美也;其恶者自恶,吾不知其恶也。”

阳子曰:“弟子记之!行贤而去自贤之行,安往而不爱哉!”(《山木》)

阳子到宋国去,住在旅店里。旅店主人有两个妾,其中一个美丽,一个丑陋。但是主人看重丑陋的,轻视美丽的。阳子问他缘故,旅店主人回答说:“那个美丽的因自以为美丽而骄傲,所以我不认为她美;那个丑的因自认为丑陋而恭顺,所以我不认为她丑。”阳子说:“弟子们记住!品德高尚而又不自以为贤明的人,到哪里去不受尊重呢?”这个故事实际上是批评一些人自以为美、自以为是,这些人常常忽视人与人的交往之中,什么才是真正的“美”,如果不能懂得其中的道理,他所获得的与他想要的只会背道而驰。

第二,追求生命独一无二的价值。

所有的生命一旦存在,就都应该被尊重。而更重要的是,生命的个体要去实现这独一无二的价值。庄子笔下,所谓“大材”“小材”都是具有各自不同价值的。但是人常常用“有用”“无用”的功利心、是非善恶的道理标准、高低贵贱的世俗心去衡量生命的价值。“有用”“无用”的功利心会重有用、轻无用,对生命的伤害也由此产生,是非善恶的道理标准会迷惑精神,求外去内,高低贵贱的世俗心会形成等级社会与等级心态,总之都是偏离生命之“道”。在庄子的笔下,很多看似无用的生命却能够逃避灾祸,生生不息。很多超越善恶、逍遥自由的生命,平淡自然,很多藐视权贵、顺世顺生的生命独立不羁。值得注意的是，对于很多世俗眼中残缺、弱小、卑贱的生命，庄子也赋予其价值与意义，这是具有巨大的历史进步性的。

生命与“道”的合一才是衡量生命是否有价值的重要体现。《庖丁解牛》就是这一思想体现的精彩篇章。

庖丁为文惠君解牛，手之所触，肩之所倚，足之所履，膝之所踦，砉然向然，奏刀騞然，莫不中音，合于《桑林》之舞，乃中《经首》之会。

文惠君曰：“嘻，善哉！技盖至此乎？”

庖丁释刀对曰：“臣之所好者道也，进乎技矣。始臣之解牛之时，所见无非牛者；三年之后，未尝见全牛也。方今之时，臣以神遇而不以目视，官知止而神欲行。依乎天理，批大郤，导大窾，因其固然，技经肯綮之未尝，而况大軱乎！良庖岁更刀，割也；族庖月更刀，折也。今臣之刀十九年矣，所解数千牛矣，而刀刃若新发于硎。彼节者有间，而刀刃者无厚，以无厚入有间，恢恢乎其于游刃必有余地矣。是以十九年而刀刃若新发于硎。虽然，每至于族，吾见其难为，怵然为戒，视为止，行为迟，动刀甚微，謋然已解，如土委地。提刀而立，为之四顾，为之踌躇满志，善刀而藏之。”

文惠君曰：“善哉！吾闻庖丁之言，得养生焉。”（《养生主》）

庄子的这个故事是谈对于生命的看法。他的主张是，生命是有限的，而知识是无限的。以有限的生命去追求无限的知识，真是危险啊！已经有了危险，还要执着地去追求知识，那么除了危险以外就什么都没有了。做好事不要求名，做坏事不要受刑罚，以遵循虚无的自然之道为宗旨，便可以保护生命，可以保全天性，可以养护新生之机，可以享尽天年。

这个故事说明，牛无疑是很复杂的，庖丁解牛，为什么能刀刀下去刀刀到位？这是因为庖丁掌握了牛的肌理。牛与牛当然各不相同，但不管是什么牛，它们的肌理都是一致的。每个人的生活也各有各的面貌，其基本原理也是近似的。庖丁因为熟悉了牛的肌理，自然懂得何处下刀。生活也一样，如果能了解、领悟生活的道理，摸准了其中的规律，就能和庖丁一样，做到目中有牛又无牛，就能化繁为简，真正获得轻松。做事应处处小心，保持一种谨慎小心的态度，收敛锋芒，并且在懂得利用规律的同时，反复实践，像庖丁"所解数千牛矣"一样，不停地重复，终究会悟出事物的真理所在。人类社会充满着错综复杂的矛盾，人处世间，只有像庖丁解牛那样避开矛盾，做到顺应自然，才能保身、全生、养心、尽年。

这个故事还说明，求道与一个人的地位无关，与一个人的职业无关，一个人只要向道求道，潜心摸索，刻苦修炼，心无旁骛，就能达到道技合一、浑然天成、游刃有余的境界。

第三，静心体悟生命之道。

在庄子看来，有了空间、时间、义利、心灵、生死的负累，就是有待的，就不会有真正的逍遥之游，就不会有真正的自由。只有超越空间、时间、义利、心灵、生死，才是无所待，才是绝对的自由，也是审美的至境。

颜回曰:“回益矣。”仲尼曰:“何谓也?”曰:“回忘仁义矣。”曰:“可矣,犹未也。”

他日复见,曰:“回益矣。”曰:“何谓也?”曰:“回忘礼乐矣。”曰:“可矣,犹未也。”

他日复见,曰:“回益矣。”曰:“何谓也?”曰:“回坐忘矣。”仲尼蹴然曰:“何谓坐忘?”颜回曰:“堕肢体,黜聪明,离形去知,同于大通,此谓坐忘。”仲尼曰:“同则无好也,化则无常也。而果其贤乎！丘也请从而后也。”(《大宗师》)

“坐忘”就是静心排除一些私心杂念,就是连“自我”都要忘掉,回到“天人合一”的状态。至于“坐忘”的方法,就是由外向内,一层一层去清除障碍。“坐忘”不仅要求“去仁义、礼乐”,还要求“堕肢体,黜聪明”,最后达到“离形去知,同于大通”的高度。这便展现出一片虚寂空明的心灵境界,这种心灵境界便同于无所不通的大道了。

“吾丧我。”(《齐物论》)陈鼓应先生解释:“吾丧我:摒弃我见。‘丧我’的‘我’,指偏执的我。‘吾’,指真我。由‘丧我’而达到忘我、臻于万物一体的境界。”这种“吾”与“我”的关系,就是庄子所说“大知”与“小知”的关系。人们通过“小知”而获得的关于“物”的具体的知识、理论,是“大知”把握“道”、领悟“道”的最大障碍。因此,“去小知而大知明”(《外物》)。

“贵、富、显、严、名、利六者,勃志也;容、动、色、理、气、意六者,谬心也;恶、欲、喜、怒、哀、乐六者,累德也;去、就、取、与、知、能六者,塞道也。此四六者不荡胸中则正,正则静,静则明,明则虚,虚则无为而无不为也。”(《庚桑楚》)这 24 种因素就是扰乱人心的,是消解人的意志的,是束缚人的心灵的,是负累人的德行的,是阻碍人的大道的。只有把这 24 种干扰因素彻底排除,才能使心灵得到解放、使精神得到自由,才能游向逍遥的天地,才能抵达诗化的人生。

所以庄子悟道的方法,不是从思虑上去认知,也不是从耳目的见闻上去判别,而是从心灵直接的经验中去感悟。要使这种心灵经验的感悟专一不二,便须摒弃耳目及智慧的干扰。他所提出的正确的体悟道的方法——“心斋”“坐忘”,就是针对这一点说的。

回曰:“敢问心斋。”仲尼曰:“若一志!无听之以耳而听之以心,无听之以心而听之以气。听止于耳,心止于符。气也者,虚而待物者也。唯道集虚,虚者,心斋也。”(《人间世》)“无听之以耳而听之以心”是说不用耳朵去听,而要用心去领会。“无听之以心而听之以气”,“心”指主观的思虑活动,因为主观的思虑难免会掺杂偏见,而“气无情虑”(成玄英疏),是一片虚寂空明的心灵境界,能顺自然以待物。“道”就存在于这种摒去耳目思虑、虚寂空明的境界中。从以上“心斋”“坐忘”的悟道方法来看,“道”绝非从知识的学习积累中或耳目知觉的见闻判断中能够获得的,而是从内在心灵的澄化中体验得来的。

第8课　《史记》的中国逻辑

《史记》是由司马迁撰写的中国第一部纪传体通史，记载了上自上古传说中的黄帝时代，下至汉武帝太初四年间共3000多年的历史，内容贯穿古今，包罗万象，诸如政治、经济、文化、学术、民族、社会以及自然界的景象、历法、地理等。《史记》最初没有固定书名，或称“太史公书”，或称“太史公传”，也简称“太史公”。“史记”本是古代史书通称，从三国时期开始，“史记”由史书的通称逐渐成为“太史公书”的专称。

这部书对后世的史学与文学都产生了深远的影响，被鲁迅誉为“史家之绝唱，无韵之《离骚》”。毛泽东说中国有两部大书，一曰《史记》，二曰《资治通鉴》。

《史记》的最后一篇是《太史公自序》。文章的前一部分是司马迁的自传，交代他的身世、经历和写作的情况。

司马迁，字子长。青年时曾在家乡耕田放牛，十岁开始读古文，二十岁时就是很有才情的学者了。二十壮游是司马迁一生中的一件大事。他获得了许多在书本中闻所未闻的知识，网罗了天下“放失旧闻”。司马迁“浮于沅、湘”，追寻屈原和贾谊的遗迹，写出了《屈原贾生列传》，创造了古今人物的合传、类传。这是历史比较法的雏形，这种方法使《史记》别开生面。司马迁“上会稽，探禹穴，窥九疑”，收集了关于五帝三代的古代传说，为他后来写《五帝本纪》和《夏本纪》做了准备；“观孔子之遗风”，创作了《孔子世家》；司马迁还广泛考察各地物产、商业及民风，创作了《货殖列传》；司马迁还着意收集了古今人物遗事，如苏秦、张仪等说士发迹的故事、刘邦好酒及色的故事，等等。

司马迁的游历考察，兼有历史学家和文学家的特性。对于历史事件，大至秦始皇的破魏战争，小至战国时的一个城门名字，他都要力求掌握第一手资料。除历史事件外，他对有关人物遗事、生动的民间歌谣俚语等，无不广泛地加以记载。至于山川地理、古今战场，他更是了然于胸。回到长安，司马迁做了皇帝的侍从人员。司马迁扈从汉武帝去过很多地方，后受命去西南。顾炎武评论说：“秦汉之际，兵所出入之途，曲折变化，唯太史公序之了如指掌。”这是司马迁在史事方面所得游历之助。苏辙云：“太史公行天下，周览四海名山大川，与燕、赵间豪俊交游，故其文疏荡，颇有奇气。”

司马迁的父亲司马谈是汉武帝时代的太史令，也是汉武帝时代著名的学者，为完成修史理想，他不耻下问，广博地学习。历史学家司马谈的思想品格和学问对司马迁的影响是不可估量的。司马迁曾从古文学大师孔安国学古文《尚书》，从今文学大师董仲舒学《公羊春秋》。他写《史记》是为了完成父亲的嘱托与遗愿。父亲去世三年后，他做了太史令。司马迁利用这个条件，几乎读尽了当时的书籍。可见，担任太史令为司马迁撰述《史记》提供了不可缺少的重要条件。

司马迁写《史记》时四十一岁，写了六年之后，大祸临头。司马迁因遭受李陵案的株连而下狱受了宫刑。受宫刑对于司马迁来说是极大耻辱，是对精神与肉体的极大摧残。但是司马迁靠着一种使命感，靠着非凡的人生观、生死观，硬挺着活了下来，继续完成自己未竟的事业。

司马迁的一位朋友任安因事入狱，求司马迁疏通说情，司马迁给他写过一篇有名的书信《报任安书》。信中司马迁写到自己的遭遇、不幸与痛苦的情感，但是他更多地在表达自己的生死观与人生信念。“人固有一死，或重于泰山，或轻于鸿毛，用之所趋异也。”司马迁认识到生与死的价值，并作出了毫不含糊的解释。这种人生观发扬了孟子“生”与“义”的精髓，并将其发展到了一个更高的境界。他的目标是“仆诚以著此书，藏之名山，传之其人，通邑大都，则仆偿前辱之责，虽万被戮，岂有悔哉？”从中也不难看出，此时《史记》已经完成，因为有李陵案的前车之鉴，司马迁对任安婉转地表达了世事难料、无能为力的态度。

《史记》是一部伟大的著作，共一百三十篇，五十二万余字，包括“本纪”“世家”“列传”“书”“表”五个部分。司马迁自述写书的目的是“究天人之际，通古今之变，成一家之言”。这里只就几点谈谈主要感受。

一、帝国的前世今生

中国是一个史学发达的国家，“以铜为鉴，可正衣冠；以古为鉴，可知兴替；以人为鉴，可明得失”。摸索规律，总结经验教训，力求长治久安成为史家的传统与责任，也成为中国人的思想传统与文化特性。

汉武帝时代政治稳定，经济繁荣。思想上，罢黜百家，独尊儒术；学术上，开始整理、综合前代成果。因此，探索历史发展变化的原因，总结秦亡汉兴的历史经验，巩固西汉的强盛，在汉初成为具有紧迫感的现实问题。在司马迁以前，中国已有了不少历史著作，如《尚书》《春秋》《左传》《国语》等。但这些历史著作基本上都是在春秋战国纷乱割据时代出现的，只是记载某个时期或某个地区的历史，而且各书作者的历史观点又极不一致。因此，对以往复杂又不统一的历史著作进行一番整理，编写出一部从古到今、内容全面的通史成为当务之急。统一、强盛的西汉王朝，不仅提出了总结历史的要求，而且提供了修史的条件。汉武帝时，“建藏书之军，置写书之官，下及诸子传说，皆充秘府”。于是，“百年之间，天下遗文古事，靡不毕集太史公”。这一宏阔昂扬的时代精神，就是司马迁撰述《史记》的历史背景。《史记》的编撰，具有以下几个方面的思想导向与价值认同。

（一）同祖正统的合法性

确立正统，维护大汉正统的合法性，是司马迁写《史记》的重要目的。在《历书》中司马迁明确提出“王者易姓受命，必慎始初，改正朔，易服色，推本天元，顺承厥意”。刘姓得天下，是顺乎天意，受命于天。在《高祖本纪》中，太史公曰：“夏之政忠。忠之敝，小人以野，故殷人承之以敬。敬之敝，小人以鬼，故周人承之以文。文之敝，小人以僿，故救僿莫若以忠。三王之道若循环，终而复始。周秦之间，可谓文敝矣。秦政不改，反酷刑法，岂不缪乎？故汉兴，承敝易变，使人不倦，得天统矣。”意思是说，自周至秦，违背了“三王之道”,汉兴就是承接“三王之道”,顺应天统。

自夏朝建立以来,中国历史上出现过许多统治政权,史书在反映各政权的历史时,往往会在政权的统绪问题上产生纷争,即所谓的正统之争、正闰之争、“中国”之争等,那些被认为有前后相承或相继关系的历代政权构成了中国历史上的一种政治统绪,而另一些政权则被视为非正统的,有的甚至被认为“闰朝”。中国史学这种政治统绪认同意识,在《史记》中就已经有了比较明显的表现,它集中地反映在《史记》所提出的“圣王同祖于黄帝”的思想,以及在此基础上做的精心编排。

在汉代经学史上,有一种关于“圣王感生”说和“圣王同祖”说的争论,一般来说,今文经学家持“圣王感生”说,而古文经学家持“圣王同祖”说。从本质上说,它们都是天命史观,前者宣扬的是一种君权神授论,后者则鼓吹一种报德思想。这种对官方意识形态的争论,必然要反映到史学当中。史学家司马迁生于今文经学盛行的西汉时代,他的历史观自然会深受今文经学的影响,《史记》当中反映出大量的“圣王感生”说,便是具体例证。然而,《史记》同时又宣扬一种“圣王同祖”说,认为“五帝”(《史记》以黄帝为五帝之首,故此实指其他四帝)、“三王”皆同祖于黄帝,从而开启了西汉末年古文经学兴起后极力宣扬的“圣王同祖”说的先河。

据《史记・太史公自序》记载,司马谈最初所拟修史计划,其时间断限是“述陶唐以来,至于麟止”的,而后来成书的《史记》,其时间断限则是“述历黄帝以来至太初而讫”。司马迁为何要将《史记》时间断限上溯至黄帝,司马迁应该有以下三方面的考虑。

首先,从史料角度来讲,黄帝以降的历史是大致可以被看作信史的。《五帝本纪》赞语中说:“而百家言黄帝……孔子所传宰予问《五帝德》及《帝系姓》,儒者或不传。余尝……南浮江淮矣,至长老皆各往往称黄帝、尧、舜之处……予观《春秋》《国语》,其发明《五帝德》《帝系姓》章矣。”《三代世表》序中也说:“余读谍记,黄帝以来皆有年数。”这里所谓百家言黄帝,《五帝德》及《帝系姓》,为孔子所传和《春秋》《国语》等史书所称引的重要典籍,也是司马迁亲身游历所闻,以及谱牒资料的记载,等等。它们都可以说明黄帝以降的历史的可信性。

其次,从历史功业来讲,黄帝是中国历史上第一个结束混战、完成统一的帝王。《五帝本纪》记载了黄帝之前天下的形势,说此时“神农氏世衰。诸侯相侵伐,暴虐百姓,而神农氏弗能征”。正是黄帝“修德振兵”,战胜炎帝、杀蚩尤,从而结束了诸侯混战的局面,完成了对天下的统一。自此以后,“诸侯咸尊黄帝为天子”“天下有不顺者,黄帝从而征之”。毫无疑问,司马迁以黄帝为《史记》撰述之始,与黄帝始建大一统功业是分不开的。

最后,也许是最为重要的原因,那就是司马迁认为黄帝是三代及其以前中国古代帝王的共同祖先。《史记》以《五帝本纪》开篇,而《五帝本纪》又以黄帝为第一帝。黄帝之后的四帝,司马迁认为他们与黄帝都有血缘关系,其中颛顼为黄帝之孙、昌意之子;帝喾为青阳(黄帝子)之孙、极之子;帝尧为帝喾之子;帝舜为颛顼之后、瞽叟之子。《五帝本纪》又认为夏王朝的开创者大禹也是黄帝之后,乃颛顼之孙、鲧之子。因此司马迁说:“自黄帝至舜、禹,皆同姓而异其国号。”《史记》的《三代世表》还提出了商、周始祖契和后稷也都是黄帝的后代。应该说,司马迁为宣扬“圣王同祖”而作的三代以上的世系排列是很值得怀疑的。但在这里,历史的真实与否并不重要,重要的是司马迁提出了“圣王同祖于黄帝”的思想及其蕴含的深刻含义。

《史记》的“圣王同祖于黄帝”之说还有更深一层的理论意义,那就是它从王权统系上反映出了一种关于中国古代历史的认同意识。《史记》以“圣王同祖于黄帝”的思想作指导,通过《五帝本纪》《夏本纪》《殷本纪》《周本纪》《秦本纪》《秦始皇本纪》《项羽本纪》和西汉前期诸帝《本纪》,以及《三代世表》《十二诸侯年表》《六国年表》《秦楚之际月表》等篇的撰述,已经清晰地描述出了一个从五帝、三王到秦、项(羽)、刘汉的“治统”轨迹。这一政治统绪的编排,是司马迁对中国历史上这些政权的建立与统治的一种认可,反映了他的一种治统认同意识。由《史记》奠定下来的自“五帝三王”以来的中国历史统绪,其基本内涵是普遍被后人所接受的,“五帝三王”由此成为中国历史上治统的渊源。而这种治统观念的缔造,又深深影响着此后中国人的思想意识。随着历史的发展,人们对于治统高度重视,治统意识也愈益强烈。人们对于历史上治统的认同,其实也就是对共同历史文化的认同,而这种对共同历史文化的认同,自然也有助于国家统一意识和国民凝聚力的加强。从这个角度来看,《史记》宣扬的“圣王同祖于黄帝”的思想,体现了关于中国古代政治统绪的认同意识,对中国古代政治思想与史学思想的形成与发展有着重要影响和深远意义。

(二)同族共存的延续性

司马迁生于汉代多民族国家实现政治大一统的伟大时代,他敏锐地意识到了华夷民族关系对于这种政治大一统局面形成与巩固的重要意义。《史记》通过对历史上华夷民族关系的深入考察，不但宣扬了华夷各民族同源共祖的思想，肯定华夷民族的一体性，而且强调夷夏一统，重视维护夷夏一统的大一统政治，这无疑是对中国古代夷夏观念和民族认同意识的重大突破。

首先，《史记》宣扬华夷各民族同源共祖的思想。《史记》所宣扬的"同祖黄帝"说还蕴含着一种民族同祖的思想，即认为华夷各民族同源共祖于黄帝，各少数民族都与黄帝有着血缘关系，都是黄帝的后代，他们与华夏民族及其后来的汉民族是同宗同祖的兄弟。春秋时期，吴、越、楚、秦各诸侯国被人们视为蛮夷之国，《史记》则明确说明这些蛮夷之国的诸侯王都是黄帝的后代。如秦国，《六国年表》中说："秦始小国僻远，诸夏宾之。"但是，这个在最初被诸夏看不起的偏远小国，它的始祖大业也是黄帝之后。《秦本纪》中说："秦之先，帝颛顼之苗裔孙曰女脩。"当然，吴、越、楚、秦在战国以后就不再被当作蛮夷之国了。不过，即使到汉朝仍被视为蛮夷的匈奴等民族，《史记》也肯定其与黄帝有着血脉关系，是黄帝的后代。《匈奴列传》中说："匈奴，其先祖夏后氏之苗裔也，曰淳维。"夏后氏的后代，当然也就是黄帝的后代。《史记》重视交代蛮夷之国的渊源，既是其历史意识的体现，也是其民族同源共祖意识的体现。

当然，承认华夷同源共祖，却并不能因此而否认夷夏有别的事实。由于蛮夷之国多地处偏远，后来的历史发展使得它们普遍落后于中原华夏之国，与拥有先进礼乐文明的诸夏相比，它们自然显得愚昧落后，这是一个客观事实。对此，《史记》并没有加以回避，而是尽可能客观地论述不同民族社会发展的这种不平衡性，肯定夷夏之间的礼乐文明存在着高低之分。

不过，这种夷夏之别，只是社会发展水平和文明程度存在高低，与民族属性和特性并没有关系。其实，从夷夏各民族发展史来看，历史上既有夷出自夏而后落后于夏的状况，也存在着夏出自夷、夏变为夷的现象。如圣王大禹便是“兴于西羌”，与羌族有渊源关系，后来却成了夏后氏的始祖。“帝颛顼之苗裔”的秦，是到先祖大费以后，其子孙才“或在中国，或在夷狄”的。周人在夏商文明的基础上建立起了“郁郁乎文哉”的发达礼乐文化，可是，周的先世却是“奔戎狄之间”，只是到了古公父时期，才开始“贬戎狄之俗”。因此，蛮夷与华夏之间本来就存在着密不可分的关系，夏可变为夷，夷也可变为夏，二者不是泾渭之分，而是你中有我、我中有你的关系。

其次，《史记》的民族史撰述体现了民族国家一统的思想。如上所述，既然中华民族本来就是一个同宗同祖的大家庭，这就从血缘上和伦理上论证了夷夏民族国家一统的必要性和必然性。纵观《史记》一书的民族史撰述，其民族国家一统的思想有下列具体表现。

第一，《史记》纳各民族史传于《七十列传》之中，其民族史撰述体例体现了民族国家一统的思想。《史记》是一部通史，它记载了从黄帝到汉武帝三千年的历史；同时《史记》又是一部全史，它把那个时期中原华夏族与四邻各少数民族的历史都纳于其中。《史记》一书总共立了六篇少数民族列传，分别记载了北方、东南、南方、东北、西南和西北之环绕华夏的四邻各少数民族，如匈奴、百越、西南夷、朝鲜、西域等各族的历史，其中有些记载超出了当时和今天的国境范围。从编撰体例来看，司马迁将它们以列传的形式编入《七十列传》之中,与其他列传之间是一种并列的关系,不存在主次之分。很显然,司马迁是将蛮夷民族历史作为中华全史的一个组成部分来写的。

在司马迁那个时代,《公羊传》和以董仲舒为代表的公羊学家们在夷夏关系上是主张“内其国而外诸夏,内诸夏而外夷狄”的,《史记》立定的民族史传的撰述体例,无疑是对这种异内外思想的否定。在这方面,东汉史学家班固则是承继了公羊学家的异内外思想。《汉书·叙传》明确指出“西南外夷,种别域殊”。基于这种四夷观,《汉书》在编撰体例上将民族史当作外传,以类传的形式编于列传之后。由此来看,司马迁将蛮夷民族史作为内传、视作通史的一个组成部分,无疑是体现了他的大一统思想和进步的历史意识的。

第二,《史记》视夷夏为中国历史的共同创造者,其国家政治观体现了民族国家一统的思想。在司马迁看来,既然夷夏各族都是黄帝的子孙,同宗共祖,在这个民族大家庭里,各民族理应是一种并列的关系,而历史的事实也证明了夷夏是中国历史的共同创造者。从《史记》的记载来看,中央政权早在大禹时期就已经对四夷实行了五服制,从那时起,四夷之于中国就是一种行政隶属关系。自此以后,四夷与中原交往日益频繁,关系不断得到加强。他们多以藩臣的身份参与各个时期的政治事务,并起到拱卫中央大一统政权的作用。在《太史公自序》中,司马迁对为何要做这些蛮夷民族史列传作如是说:“汉既平中国,而佗能集杨越以保南藩,给贡职。作《南越列传》第五十三。吴之叛逆,瓯人斩濞,葆守封禺为臣。作《东越列传》第五十四。燕丹散乱辽间,满收其亡民,厥聚海东，以集真藩，葆塞为外臣。作《朝鲜列传》第五十五。唐蒙使略通夜郎，而邛笮之君请为内臣受吏。作《西南夷列传》第五十六。”在此，所谓“保南藩”“葆守封禺为臣”“葆塞为外臣”“请为内臣受吏”，其实说明了这些边区蛮夷民族实际上是肩负起了为中央大一统政权保守一方之土的重任。在司马迁的眼里，中华民族的历史从来都是由各民族共同创造的，在中国历史大舞台上登台亮相的，从来就不只是一个华夏民族。由上可知，司马迁其实是通过对历史事实的叙述，从政权隶属和历史活动等方面肯定了华夏民族与四夷从来就是一个不可分割的大一统国家的整体。

（三）泱泱大国的一统性

中国人比较明确的国家地理观念始于战国。一统江山，蕴含着中国人深厚的国家意识与归属情怀。《尚书·禹贡》已经借用夏禹的名义提出了“九州”和“四海”的概念，这九州就是当时中国的地理区划，指的是冀州、兖州、青州、徐州、扬州、荆州、豫州、梁州和雍州；而四海则代指天下。《禹贡》认为在九州之外，围绕着九州的还有甸服、侯服、绥服、要服和荒服之所谓的“五服”之地，九州与五服之地便共成四海，认为当时的大禹已经是“声教讫于四海”了。其实《禹贡》所论禹迹九州，实乃战国七雄之版图，地方不过三千里，这是战国时的“中国”地理观。而当时的四海，无非是在中国之外加上羌、胡、白越之地，约计两千里。正如顾颉刚所说：“中国方三千里，天下方五千里，为战国之世言之也。”战国后期，阴阳家邹衍提出了“大九州”之说，其“天下”的范围要比《禹贡》广得多。据《史记·孟子荀卿列传》记载，邹衍认为，中国有九州，这是小九州；被“裨海”环绕的世界一区中有九个像中国一样大的九州，这是大九州;而天下被“大瀛海”环绕,共有九个区,即九个大九州。应该说《尚书·禹贡》的“九州”之说具有真实性,而邹衍的“大九州”之说更具有想象力,他们的共同之处是都以“九州”指称中国。

随着秦汉王朝大一统政治局面的出现,当年《禹贡》所叙述的“五服”之地,大多已经被纳入中央政权直接统治的国家版图之内。这种政治大一统局面,大大开阔了人们的眼界和思路,反映在汉代史学撰述上,《史记》则明显地体现出了一种对民族国家地理的认同意识。这种意识主要表现在重视对中国地理沿革的历史考察和全面反映,以及热情颂扬汉王朝的大一统政治格局两个方面。

首先,《史记》重视对中国历代国家地理沿革的历史考察。司马迁认为,黄帝既是中华民族的人文始祖,也是中国第一个实现统一的古圣王。在《五帝本纪》中,司马迁对最初统一政权的政治统治作出了这样的叙述:当时的国家疆域已是东至于海,西至于空桐,南至于江,北“合符釜山,而邑于涿鹿之阿”。在这样的国家版图范围内,黄帝“置左右大监,监于万国”“天下有不顺者,黄帝从而征之”。由于黄帝“修德振兵”,从而使“万国和,而鬼神山川封禅与为多焉”。因此,黄帝是一个有着广大统治区域、能自由行使王权、使境内万国和谐的圣王。这种描述显然是带有一定的美化成分的。

司马迁认为,中国的统治版图到大禹时又有了发展。《夏本纪》名为记载夏王朝历史,实际上绝大部分篇幅是记载大禹的事迹,而记载大禹事迹又主要是以大禹治水为主线,详细记载大一统政治在这一时期的重大发展情况。《夏本纪》关于大禹治水的记载,完全接受并抄录了《禹贡》的说法。它肯定大禹当时治水的足迹已遍及整个九州，也就是当时中国的疆域范围。它认可《禹贡》关于大禹治水取得了重大成功的说法，认为自此以后中国"九州攸同，四奥既居，九山刊旅，九川涤原，九泽既陂，四海会同"。在司马迁看来，大禹治理九州水患，是大一统国家的帝王对其辖境的一次大规模的国土整治，而这种国土整治，有利于九州之民的相互交往，从而有利于巩固国家的统一。同时，《夏本纪》也采纳了《禹贡》的"五服说"，认为正是由于大禹治理九州取得成功，从而使得中国九州之外的四夷都顺服于他，当时"天子之国"的影响力已是"东渐于海，西被于流沙，朔、南暨：声教讫于四海。……天下于是太平治"。在司马迁看来，他相信《禹贡》的说法，认为大禹时代就是这样一个九州一统、天下一统的时代。

对于秦朝的力政，《史记》多有批评，但是对于秦朝的统一功业，《史记》则给予了充分的肯定，认为"世异变，成功大"。司马迁认为历史上古圣王统一大业靠的是"德"，而秦朝的统一靠的是"力"，二者有着高下之分，但都是需要付出长期而艰辛的努力的，都来之不易。所以在《秦楚之际月表》中，司马迁说："秦起襄公，章于文、缪、献、孝之后，稍以蚕食六国，百有余载，至始皇乃能并冠带之伦。……用力如此，盖一统若斯之难也。"《秦始皇本纪》还详载了秦始皇刻石颂功之事，而所"颂"之"功"，当然主要是指他的统一大业。《史记》重视记载此事，也蕴含了司马迁对秦皇朝大一统事业的肯定。

其次，《史记》全面反映并热情颂扬了汉王朝的大一统政治格局。《史记》全面反映汉王朝的大一统政治格局，主要体现在它的多民族史的撰述上。通过《史记》的六篇少数民族史传的撰述，我们便可以清楚地了解汉王朝辽阔的疆域和大一统的政治格局。

《史记》不但重视反映大一统政治格局的历史,而且对于汉朝的“海内一统”和国家强盛作了热情的颂扬。其具体表现,一是热情讴歌文景盛世时期出现的经济繁荣局面。《平准书》说:“汉兴七十余年之间,国家无事,非遇水旱之灾,民则人给家足,都鄙廪庾皆满,而府库余货财。京师之钱累巨万,贯朽而不可校。太仓之粟陈陈相因,充溢露积于外,至腐败不可食。众庶街巷有马,阡陌之间成群,而乘字牝者傧而不得聚会。”这就从根本上改变了汉初“自天子不能具钧驷,而将相或乘牛车,齐民无藏盖”的经济残破局面。同时,这一时期的商业也得到了前所未有的大发展,《货殖列传》中说:“汉兴,海内为一,开关梁,弛山泽之禁,是以富商大贾周流天下,交易之物莫不通。”二是对汉武帝为加强中央集权而消除封国势力给予了充分的肯定。《汉兴以来诸侯王年表》对汉初高祖分封同姓子弟为王的原因做了分析:“天下初定,骨肉同姓少,故广强庶孽,以镇抚四海,用承卫天子也。”也就是说,汉初刘邦的分封是出于当时政治形势的需要,有其合理性。但是,随着诸侯王势力的不断增长,便越来越构成了对中央政权的威胁。不削弱以至于铲除诸侯王势力,大一统局面就得不到巩固。汉武帝即位后,采纳主父偃推恩令建议,才最终消除了封国势力对中央政权的威胁。司马迁对汉武帝以推恩之法最终消除封国势力的做法给予了肯定,认为只有这样才能形成“强本干,弱枝叶之势,尊卑明而万事各得其所矣”的局面。同时,司马迁对那些反叛中央的诸侯王则给予否定。如他对淮南王、衡山王的反叛之事评论道:“淮南、衡山亲为骨肉,疆土千里,列为诸侯,不务遵藩臣职以承辅天子,而专挟邪僻之计，谋为畔逆，仍父子再亡国，各不终其身，为天下笑。”在司马迁看来，藩臣的职责是承辅天子，而不是反叛朝廷。

中华文明历经数千年仍延绵不绝，表明我们这个统一多民族的国家具有一种强大的民族凝聚力，而历史文化认同意识，则是形成这种强大的民族凝聚力的重要保证。《史记》作为中国古代第一部纪传体通史，已经从政治统绪、民族关系与国家地理等方面表现出了一种强烈的对中国历史文化的认同意识。《史记》的正史地位，对于我们这个有着重史传统的统一的多民族国家的历史文化认同意识的形成与强化，无疑是具有重要作用和深远影响的。

二、人与历史的风云激荡

创立以记人为中心的纪传体例是《史记》最伟大的创设。这不仅大大突破了前人写史的思想与方式，也对后世产生了深远、深刻的影响。这是司马迁通过对历史的深沉思考而形成的一种自觉行为。司马迁的宗旨是要通过“究天人之际，通古今之变”以“稽其兴坏成败之纪”。他在三千年的历史进程和风云变幻中深刻洞察到历史的发展是由那些有着强烈的自觉意识并有志于立功名于天下的人推动的。他明确说道：“古者富贵而名磨灭，不可胜记，唯倜傥非常之人称焉。”他们的生死荣辱直接关涉到他们所处时代的兴衰成败。在《史记》中，司马迁常常把人物的“为人”与其“功业”相联系。因为司马迁认识到这些历史人物的性情与“为人”总是与历史相关涉，都会对历史进程带来关键性的影响。正是基于这样一种深刻的历史认识，司马迁确立了以人物为中心来记述历史的方式，通过“原始察终”的方式来展现个人及其所处时代的兴衰成败，总结其中的内在之理。

所以纪传体这一撰史体裁有助于司马迁对天人关系的探讨，纪传体也是司马迁借以陈述自己历史观和历史见解的文字载体。正因为司马迁深刻地认识到人物的精神特质与社会历史发展的密切关系，历史人物的个性、意志、欲望、才智等自然就成为其写史时所重点关注的对象。也正因如此，他的《史记》才会那样的鲜活真实并富有生命的张力，成为一部有灵魂的历史。

人是历史的创造者，又是历史的产物，在这样一种关系中，人的个人史是家国历史的一部分，传承有序，生生不息，同时历史的责任、时势的变化又会使有为有功之人站到历史情境的中心。《史记》按“本纪”“世家”“列传”分类与编排，就是按有益于“国”“家”“人”的重要性与功绩性进行处理的。

司马迁对“本纪”体例的设计体现了其对儒家大一统观念的推崇。《史记》确立了明确的政治中心，形成了大一统的历史观。西汉中叶以前，历史撰述缺乏明确的政治中心，许多史书都将政治上的中心与当时的诸侯国地位并列起来，没有看到政治中心居于独尊的地位。《史记》在大一统历史观的指导下，特别强调政治中心的作用，将历代帝王作为全国的政治中心。

《五帝本纪》将黄帝、颛顼、帝喾、尧、舜作为全国的政治中心，《夏本纪》《殷本纪》《周本纪》《秦本纪》《秦始皇本纪》等，都将各朝各代的天子作为全国的政治中心，而把各诸侯国的历史列为世家，从而彰显天子与诸侯、世家之间地位的不同，这样就在历史观上将全国统一起来，也为大一统的汉王朝的存在找到了历史根据。

司马迁认为,血亲纽带是民族文化认同的重要表现,对巩固大一统王朝有重要作用,所以将五帝三王、秦汉帝王、春秋以来的列国诸侯等视为黄帝子孙,他们的共同祖先都是黄帝,由此将中华民族从血统上统一了起来。

司马迁创本纪之体的原意是以编年的形式,排比历史大事,提纲挈领地叙述王朝兴衰的历史,这里面有两篇比较特殊。

一是《吕太后本纪》。汉高祖刘邦死后,虽然由他的儿子汉惠帝即位,但是惠帝性格慈爱,在位时间短,没有什么特别的建树。而高祖的妻子吕后性格强悍,是个铁腕人物,汉惠帝生前和死后,都由吕后掌握实权,而且吕后把天下治理得很好。司马迁在《吕太后本纪》的赞语里说:"故惠帝垂拱,高后女主称制,政不出房户,天下晏然。刑罚罕用,罪人是希。民务稼穑,衣食滋殖。"意为:惠帝端坐在帝位上却并不做事,而是吕太后以女王的身份主持政务。制定政策法令,不必离开宫室,天下都非常安定,很少使用刑罚。犯罪的人也很少,人民全心全意进行农田耕作,社会的物质财富一天比一天增多。所以司马迁在《史记》中不给惠帝作本纪,而给吕后作本纪。这当然是出于尊重历史的事实,按照历史的本来面目去写作。但是给一个女人作本纪,而且是给一个并未称帝的女人作本纪,这是以后的史家所不敢想象的。

二是《项羽本纪》。司马迁把项羽也列入本纪,因为他认为当时项羽虽非天子,却在实际上有着和天子等同的地位和作用。"三年,遂将五诸侯灭秦,分裂天下,而封王侯,政由羽出,号为'霸王',位虽不终,近古以来未尝有也。"

关于《史记》撰写"世家",司马迁在《自序》中明确指出:"二十八宿环北辰，三十辐共一毂，运行无穷，辅拂股肱之臣配焉，忠信行道，以奉主上，作三十世家。”意思是说，世家要记载那些股肱辅佐大臣，他们如同众星环北斗、车辐环集车毂一样，忠信行道，以奉事主上。“世家”体例的设计亦体现了司马迁卓越的史识。

他将《吴太伯世家》列为三十世家之首，这一处理是以《论语》中孔子对吴太伯“三让天下”的高度评价为依据的，这体现了司马迁对儒家礼仪道德的高度认同。在《陈涉世家》中，司马迁对陈涉作了高度评价，表明他有热情歌颂人民起义的进步立场和历史编纂上的独特见识。

反观后世史学家，拘守“世家”应专记诸侯和勋贵的事迹，批评司马迁破例立《陈涉世家》为不当，这恰恰反衬出批评者历史见识的肤浅和苍白。司马迁以他敏锐的历史见识为指导，详细地记载了陈涉首义的场面和曲折过程，刻画了陈胜富有反抗精神的鲜明个性。他在评价陈胜反秦的历史作用时说：“陈胜虽已死，其所置遣侯王将相竟亡秦，由涉首事也。”应该说，他对陈胜历史功绩的定位是准确的，也与《太史公自序》中称颂其与汤、武革命相比拟的撰述义旨前后呼应。可见，司马迁肯定了陈涉对历史进程、历史发展所起的重大的推动作用，故为陈涉立世家是同客观历史实际相吻合的，并不是自乱体例的表现。

再如司马迁对孔子的赞语：“孔子布衣，传十余世，学者宗之。”正是基于孔子是圣人、教化之主，司马迁才将孔子列为世家，目的是尊崇孔子。他在《太史公自序》中云：“周室既衰，诸侯恣行。仲尼悼礼废乐崩，追修经术，以达王道，匡乱世反之于正，见其文辞，为天下制仪法，垂六艺之统纪于后世。作《孔子世家》第十七。”司马迁正是从孔子关乎天下治乱盛衰这一角度，阐释了他作《孔子世家》的理由。

“列传者，谓列叙人臣事迹，令可传于后世。”简而言之，列传是各方面代表人物的传记，是记载历史上重要人物的一种体裁。列传中以《货殖列传》最具史识。《货殖列传》表面上是人物传记体裁，实际上是一篇汉代经济发展的史论专篇。

总之，《史记》将整个社会划分为五个层次。第一个层次是帝王、时势主宰者，他们处在社会的中心地位，这是本纪所记述的人物。第二个层次是诸侯王、贤圣、领袖人物与国家的重臣，这是世家所包括的人物，他们起着“拱辰共毂”的作用。第三个层次是谋臣将相，他们中有的人在中央朝廷，有的人在诸侯王国，他们是第一、二层次中的帝王与国君的出谋划策者、政令执行人，在具体的政治、军事活动中，他们实际发挥的作用很大。以上三个层次，是《史记》中记载最突出的，这也表明司马迁有帝王将相历史观。帝王将相历史观，是唯心史观，但相对于天命、神意的历史认识，又是进步的，是看到了人的社会历史主体作用的结果，这很有意义。第四个层次是属于士大夫一层的。他们处于社会的中下层，他们依附于上三个层次，他们活动的多样性，丰富了社会历史的内容。他们因为比较靠近社会的最底层，所以有时能反映出一些民众的痛苦呼声与愿望要求，如游侠就是。第五个层次是社会的直接生产者，如《货殖列传》中所说的农虞工商。司马迁对这一层人物的实际作用的认识很充分，认为他们中的一些人因为没有适当的财富以供衣食之用而被奴役，但他们中是蕴藏着巨大能量的，尤其是广大的农民，如果上层的统治者政策长期失误，他们是有可能形成促使国家的“土崩”之势的潜在力量。在那样的情况下，他们的集体力量可以改变历史的某些进程，秦末农民大起义就是这样。

司马迁写的《史记》毕竟是一部史书，史书最重要的原则就是要冷静客观地记载历史，而司马迁又要在历史记载中凸显历史人物的主观情感和性格特质，那么，如何才能达到二者的有机结合呢？毫无疑问，“春秋笔法”的运用在其中起着至关重要的作用。司马迁运用“春秋笔法”，既成功地实现了对人物形象的刻画，也完成了“以人述史”的历史宏愿。所以，深入把握《史记》的文本意图并熟悉《史记》中所使用的“春秋笔法”，是我们了解司马迁成功塑造人物形象的方法及其在人物形象中所寄寓的深远主旨的重要途径。

“春秋笔法”本是孔子修订《春秋》时以“笔则笔，削则削”等方式寄寓褒贬大义的书写原则和思想法度。《左传》最早把它归纳为“五例”，即“微而显，志而晦，婉而成章，尽而不污，惩恶而劝善”，司马迁将其创造性地运用于《史记》的书写，在人物形象的塑造上主要表现为三个方面。

首先，寓人于事，即把人物置于特定的历史事件之中，让历史人物在历史事件中变得鲜活而真实。《留侯世家》曰：“非天下所以存亡，故不著。”在人物事件的选择上，司马迁倾向于选择那些与人物荣辱和历史盛衰密切相关的重要事件，既真实刻画了人物，也达到了借史料之取舍传心中之隐曲的目的。比如，司马迁在《项羽本纪》中写项羽，只选取了吴中起事、巨鹿之战、鸿门宴、垓下之围等几个历史事件。在司马迁看来，这几个历史事件对项羽来说，是他人生兴盛衰败的标志，也是最能显露项羽自身性格特质的事件。

项羽的个性就在对这些重大事件的处理中得以直观呈现，人物形象真实而又饱满。通过这几个宏大历史场面的再现，一个多面而又鲜明的项羽形象就展露在我们面前：他叱咤风云，勇冠三军，剽悍勇狠又心存不忍，自矜功伐又缺乏政治头脑。项羽的性格与行事方式不仅改变了个人的命运，而且也改写了项羽所处时代的历史走向，让我们深刻认识到人的性格、智慧与谋略在历史发展中的重要作用。

司马迁还善于通过互见法来刻画人物形象。比如汉高祖刘邦，司马迁在《高祖本纪》中，向我们展现了一位能够在与项羽的激烈角逐中取得天下的具有雄才大略、仁而爱人、宽厚豁达和知人善任的大政治家形象，而这些好的品行是刘邦得以建成帝业的关键因素。但是，在政治家的光环之下，刘邦的性格中也有自私、狡诈、狠毒、猜忌多疑等阴暗的一面，这些性格特质使得整个汉朝笼罩在巨大的政治危机之中。对于刘邦性格中的阴暗面，司马迁在其他篇章中作了翔实记载，如《萧相国世家》通过记载刘邦对待萧何的三件事就把刘邦的猜忌心理表露得淋漓尽致：刘邦、项羽在荥阳相持时，“上数使使劳苦丞相”，在鲍生的建议下，萧何“遣君子孙昆弟能胜兵者悉诣军所”，作为人质扣押在刘邦身边，“汉王大说”；陈豨、韩信谋反后，“吕后用萧何计，诛淮阴侯”，刘邦“使使拜丞相何为相国，益封五千户，令卒五百人一都尉为相国卫”，但是故秦东陵侯召平却认为萧何大祸将临，应该“让封勿受，悉以家私财佐军”，萧何以计而行，“高帝乃大喜”；汉十二年秋，黥布反，刘邦在平定叛乱的同时，“数使使问相国何为”，萧何在“客”的劝说下，“多买田地，贱贳贷以自污”，“上心乃安”。司马迁通过互见法就把刘邦的个性特征全面立体地展现了出来。

司马迁还经常把不同人物的行事方式放在一起进行对比，以直现其人、其心、其魂。如《刘敬叔孙通列传》，刘敬与叔孙通皆是汉高祖时期的大臣，二人皆以“口舌得官”，但二人为人截然相反。司马迁把二人合传在一起，通过二人行事方式的对比，就把敢于秉直正言、无所畏惧的刘敬和以阿谀逢迎为能事的叔孙通展现了出来。司马迁以人物为中心叙写历史，在历史事件中刻画人物形象，实现了人物与历史的高度统一。

其次，小中见大，以细微之处凸显人物的内心世界和灵魂本质，使之更富有生命力。司马迁非常善于通过对人物的动作、神态、语言等细节的描摹来刻画人物。他在《李将军列传》中说：“谚曰‘桃李不言，下自成蹊’。此言虽小，可以谕大也。”

在司马迁看来，小中亦可以见大。如《项羽本纪》记载，项羽“顾见汉骑司马吕马童，曰：‘若非吾故人乎？’马童面之，指王翳曰：‘此项王也。’”司马迁妙用“指”这一动作，就把吕马童因撞见项羽而惊惧慌乱的心理表现了出来，同时项羽英勇威猛的英雄气概也被衬托了出来。《魏其武安侯列传》曰：“是时上未立太子，酒酣，从容言曰：‘千秋之后传梁王。’太后欢。窦婴引卮酒进上，曰：‘天下者，高祖天下，父子相传，此汉之约也，上何以得擅传梁王！’太后由此憎窦婴。”“孝景三年，吴楚反，上察宗室诸窦毋如窦婴贤，乃召婴。婴入见，固辞谢病不足任。太后亦惭。”在这里，司马迁通过写窦太后的一“欢”、一“憎”、一“惭”的面部神态的变化，就把汉景帝时后宫干政的历史真相呈现了出来，而窦太后的心态变化又直接影响着梁王与窦婴的命运起伏。

《伍子胥列传》记载伍子胥在伏剑自裁前仰天长叹:“嗟乎！谗臣嚭为乱矣,王乃反诛我。我令若父霸。自若未立时,诸公子争立,我以死争之于先王,几不得立。若既得立,欲分吴国予我,我顾不敢望也。然今若听谀臣言以杀长者。”司马迁以让伍子胥独白的方式自言心声,把他那腔忠而见疑、有大功而遭谗害的愤恨之气倾泻而出,真实而又感人。

《淮阴侯列传》中穿插了一段刘邦和韩信的对话:“上问曰:‘如我能将几何?’信曰:‘陛下不过能将十万。’上曰:‘于君何如?’曰:‘臣多多而益善耳。’上笑曰:‘多多益善,何为为我禽’? 信曰:‘陛下不能将兵,而善将将,此乃信之所以为陛下禽也。且陛下所谓天授,非人力也。’”韩信明明知道“汉王畏恶其能”,但是,在比较将兵才能的时候,他仍然不知收敛,自负其能。他的话语里对刘邦充满了揶揄和挑衅,并认为刘邦能当皇帝是“所谓天授,非人力也”,这显然是对刘邦才能的一种否定,为韩信被诛杀一事埋下了伏笔。司马迁一方面通过这些细节描写真实而又微妙地展露出人物的精神世界,同时又把它们作为展现和改变历史进程的一个重要场域。司马迁这种艺术的表达手段,起到了“不着一字,尽得风流”的效果。

最后,一字褒贬,即运用简约的语言达到曲笔诛心的艺术效果。司马迁对《春秋》的“一字褒贬”法多有称颂,如《孔子世家》即云孔子作《春秋》,“约其文辞而指博”。司马迁继承了这一笔法并用来刻画和褒贬人物。如《平津侯主父列传》中记载,公孙弘“每朝会议,开陈其端,令人主自择,不肯面折庭争。于是天子察其行敦厚,辩论有余,习文法吏事,而又缘饰以儒术,上大说之”。司马迁以“缘饰”二字就把公孙弘曲意奉承的情态和汉武帝表面推崇儒学而实际上推行外儒内法的政治本质暴露了出来。

《萧相国世家》曰：“淮阴、黥布等皆以诛灭，而何之勋烂焉。”韩信、黥布是汉之功臣，但萧何为了自己，协助刘邦、吕后诛灭有功之臣，故司马迁用“烂”字来予以评价，正话反说，嘲讽之意尽出，其意深远。

《屈原贾生列传》曰：“屈原既死之后，楚有宋玉、唐勒、景差之徒者，皆好辞而以赋见称；然皆祖屈原之从容辞令，终莫敢直谏。”宋玉之徒虽然承继了屈原的辞赋传统，但是没有承继屈原的直谏精神。一个“终”字就使人物的灵魂、品格有了高下之分，屈原的忠心报国、心系国家安危与宋玉等一心为己、心系个人安危的操行不言自明。

《绛侯周勃世家》曰：“條侯果饿死。死后，景帝乃封王信为盖侯。”因为周亚夫不许给王信封侯，景帝虽默然而止，但后来便故意请他吃饭不放筷子，给他难堪，直到逼死他后，“景帝乃封王信为盖侯”。司马迁用一“乃”字冷然写出景帝的刻薄寡恩和逞个人之志的帝王本质。

司马迁还常使用一些固定的表达模式来褒贬人物，如《酷吏列传》中的“上以为能”和《汲郑列传》中的“上默然”等。这种表达往往以插入语的方式冷言出之，看似不经意却极具深意，既深刻暴露了人物的丑恶灵魂，同时也寄寓了作者对当时政治的批判和嘲讽。

在这个过程中，司马迁看到了人作为社会化群体的成员，在参与历史活动的过程中，自然会表现出其自身的某些共同特性。这些特性隐含着对于“人”“人的生命与价值”的理解与选择。

《史记》认识到作为历史发展中主体地位的人，是具有独立的人格和风格的真实个人，他们都是经过历史的洗礼和锤炼，而又各自具有特殊的典型风貌和形象的个人。由此，他们所参与的社会活动及所创造的历史业绩，就相应地具有人的代表性和普遍意义。因而《史记》能够看到人的诸多作为，并由此综合地表现出社会历史的发展变化，切实摆脱神灵意识的羁绊，正是历史观念的一次飞跃性的进步。

三、变与不变的中国逻辑

《史记》"通古今之变"，认为历史的运动应该合理把握"变"与"不变"的规律与逻辑。

第一，大一统是历史发展的趋势。

《史记》的十二本纪构建起了从五帝时代到秦汉时代的中国通史系统。黄帝不仅是中华民族的人文始祖，而且是开创中国大一统的上古圣王。

黄帝通过统一炎黄和九黎部落，使黄河中下游流域产生更加密切的联系，为华夏文明的形成和发展奠定了第一块基石。《五帝本纪》载述，中华文明的历史，由黄帝纪元开端，黄帝"修德振兵""天下有不顺者，黄帝从而征之""置左右大监，监于万国"，创立有相对固定版图、境内万国和谐的最初的大一统时代。在司马迁看来，中国的大一统到大禹时有了新的发展。他在《夏本纪》中，以大禹治水为主线，详细论载大禹平治九州即当时中国疆域范围的伟大功业，他采纳《禹贡》的"五服"说，认为大禹通过"五服"制度，建立了“东渐于海,西被于流沙,朔、南暨:声教讫于四海。……天下于是太平治”的“天子之国”。司马迁认为,大禹是对中国大一统政治做出重大贡献的古代圣王。

司马迁对秦汉时代的大一统亦十分赞赏。他虽然批评秦政之弊,但充分肯定秦始皇所完成的中国前所未有的统一大业,而且批评了世俗“不察其终始”的偏失之论。《六国年表》说:“秦取天下多暴,然世异变,成功大。……学者牵于所闻,见秦在帝位日浅,不察其终始,因举而笑之,不敢道,此与以耳食无异。悲夫!”

汉王朝是司马迁亲眼所见的大一统王朝。司马迁对西汉前期消除封国势力而加强大一统局面的做法给予高度评价,十分赞同文帝时贾谊、景帝时晁错的“削藩”主张和汉武帝时主父偃的“推恩”建议,认为这些做法是夯实“强本干,弱枝叶之势,尊卑明而万事各得其所”的大一统局面的明智之举。

第二,盛衰取决于民心。

《史记》始终把历史作为一个兴衰完整的过程进行把握。《殷本纪》写汤以后的历史呈现出由“兴”到“衰”“复兴”“复衰”“复兴”“衰”“益衰”“亡”的变化。《周本纪》《十二诸侯年表》在描写春秋战国时,着重写周室衰微与诸侯国兴盛的关系,写齐、晋、秦、楚争霸与各国兴衰的关系,写秦的强大与其他诸侯国衰落的关联。《秦本纪》《秦始皇本纪》作为一个整体,将秦由西陲小国逐渐富强进而蚕食六国,到秦统一天下,再到二世而亡的全过程展示了出来。

司马迁认为,盛衰变化的原因来自事物的内部,取决于民心向背。秦始皇统一天下后,威震四海,并采取一系列措施加强统治,以为关中之固可以让秦朝万世长存,但随着陈涉一呼,秦朝很快土崩瓦解。这是为什么呢?司马迁十分赞同贾谊所论,那就是“仁义不施而攻守之势异也”。《平准书》分析了汉朝由开国到武帝的“盛世”可能存在的历史变化。“汉兴七十余年之间,国家无事,非遇水旱之灾,民则人给家足,都鄙廪庾皆满,而府库余货财”,但“盛世”里又隐藏着由盛转衰的因素,《万石张叔列传》《汲郑列传》《匈奴列传》《李将军列传》《卫将军骠骑列传》《酷吏列传》等亦对武帝好大喜功、大兴兵戈所带来的政治危机予以含蓄的揭露,向汉代统治者发出严重警告。司马迁认为“形势虽强,要之以仁义为本”,否则强大的力量也将变成弱势。

第三,与时俱进才能生生不息。

司马迁总结出一个历史教训:“承敝易变,使人不倦。”

司马迁描写了很多因遵循这一原则而取得成功的政治变革。管仲“与鲍叔、隰朋、高傒修齐国政,连五家之兵,设轻重鱼盐之利,以赡贫穷,禄贤能,齐人皆说”,使齐桓公一度“九合诸侯,一匡天下”。商鞅变法之初,“百姓苦之”,但“居三年,百姓便之”,“行之十年,秦民大说,道不拾遗,山无盗贼,家给人足。民勇于公战,怯于私斗,乡邑大治”,为秦统一中国奠定了坚实基础。赵武灵王卓有成效的改革,基本立足点亦是“利其民而厚其国”。如果任弊政自流而不改,灭亡是不可避免的。《秦始皇本纪》通过贾谊总结秦灭亡的教训:“秦王足己不问,遂过而不变。二世受之,因而不改,暴虐以重祸。子婴孤立无亲,危弱无辅。三主惑而终身不悟,亡,不亦宜乎?”

第四,包容开放。

在民族问题上，华夏民族同源共祖，你中有我，我中有你。《史记》为中原的周边民族以及与中原王朝有交往的国外民族专门立有《匈奴列传》《南越列传》《东越列传》《朝鲜列传》《西南夷列传》《大宛列传》等，是《史记》的一个创举。在司马迁看来，华夷各民族都同源共祖，蛮夷与华夏是你中有我、我中有你的关系。《史记》记载，颛顼、帝喾、唐尧、虞舜等都是黄帝的子孙，春秋时期吴、越、楚、秦各国虽被中原视为蛮夷，但它们的诸侯王也都是黄帝的后裔。

司马迁认为少数民族是大一统国家的重要组成部分。

在对外关系上，各种文明需要交流互鉴。《史记》的《大宛列传》是记述西域诸国的传记。文中记述了西域诸国的物产风情，着重写了张骞两次出使西域的经过，说明中国与西域诸国有着悠久的经济和文化交流的历史，存在着政治和人员的往来关系。

在叙事中，司马迁对汉武帝派张骞打通西域，努力控制河西走廊，维护中国的统一和强大，促进汉朝和中亚诸国间的经济文化交流的做法给予肯定。

第五，文化繁荣与文化自信。

汉代虽然“独尊儒术”，但是并非思想禁锢保守，而是以儒术为中心，兼容并包各家各派思想学说，休养生息，文韬武略，宏阔豪迈。汉代是一个文化繁荣的时代，也是一个文化自信的时代。

春秋战国以来，面对社会变革，儒、墨、道、法、名诸子纷起，分别提出国家治理之道。战国后期，思想学术出现综合化趋势。后来秦朝用法家思想治国，二世而亡。汉初，黄老道家思想占据主导地位，但同时儒道间的矛盾斗争愈演愈烈。汉景帝时黄生与辕固、窦太后与辕固针锋相对，汉武帝时窦太后与窦婴、田蚡、赵绾、王臧展开斗争，直到元光元年（公元前134年），儒学开始上升为治国的主流思想。

司马谈著有《论六家要旨》，对诸子思想学说进行批判总结。该文开宗明义："《易大传》：'天下一致而百虑，同归而殊途。'夫阴阳、儒、墨、名、法、道德，此务为治者也。"明确指出诸子学说虽纷繁复杂，但可归纳为六家，诸子实质上都是在阐明治国之道，只不过是思考的途径不同罢了。对于阴阳、儒、墨、名、法、道德六家思想学说的长短得失，司马谈都作了深刻剖析，不仅充分肯定它们各自的思想价值，而且指出了它们各自的不足之处。

在司马迁那里，思想是历史的重要组成部分，对文化学术做出巨大贡献的人物的生平事迹、学术源流和社会贡献同样是历史的主要内容。司马迁在《太史公自序》中记载了《论六家要旨》，不但继承了其父平等估价诸子思想的立场，还在《史记》中相当完整地呈现出诸子思想的源流、代表人物及其社会影响，辨析了思想流派的源流，表达了自己独立的见解。

最重要的是，司马迁非常重视思想的实践价值，公正客观地分析各家学说在社会实践中的得失利弊。《史记》记载了邹衍"五德终始说"对国家政治的重大影响。秦始皇对此极为信奉，依所承之水德运，改正朔，易服色，进行了一系列"治各有宜"的变革。

汉代皇帝亦钟情于此。汉高祖"自以为获水德之瑞。虽明习历及张苍等，咸以为然……故袭秦正朔服色"。文帝时，曾围绕汉为水德运还是土德运争论不休，至黄龙现瑞，文帝才接受汉为土德运说，并为"治各有宜"做准备，但因新垣平事件而怠于改制之事。后来汉武帝根据"五德终始说"最终确立了合于土德的制度："汉改历,以正月为岁首,而色上黄,官名更印章以五字。”《史记》以相对较多的篇幅载述了孔子及其后学的代表人物、学术思想和社会影响,可见其在司马迁心目中的地位。

《史记》详细记载了孔子一生的经历,对孔子的崇高品格、卓越学识、突出才干及其具有悲剧色彩的仕途与命运做了充分展示,并寄寓了无限崇敬与感慨,对孔子整理、编定“六艺”以“达王道”的伟大业绩给予高度评价。但在《儒林列传》里,司马迁感叹汉武帝的“广厉学官之路”,在使儒学成为官学的同时也使其失去了孔子儒学的本来面目。《史记》记述了诸多汉代儒生,其中虽不乏如申培公、辕固等一些正直廉洁、颇有先秦儒家操守之人,但也产生了如叔孙通、公孙弘等一批以儒学进行政治投机之辈。

司马迁对儒学在汉代的实践效应持辩证态度。司马迁对汉初黄老思想的政治实践及其社会效果给予很高评价。在《吕太后本纪》中,司马迁称赞孝惠、高后之时“君臣俱欲休息乎无为”,“刑罚罕用,罪人是希。民务稼穑,衣食滋殖”。曹参施政,“其治要用黄老术”,“举事无所变更,一遵萧何约束”。汲黯执政,“学黄老之言,治官理民,好清静……责大指而已”,“岁余,东海大治”,达到了以静制动、以无为代有为的妙用。《史记》对法家的变法成效也给予充分肯定。《平准书》揭示出李悝首倡富国强兵对战国时局的影响:“魏用李克,尽地力,为强君。”“自是之后,天下争于战国,贵诈力而贱仁义,先富有而后推让。”《孙子吴起列传》记载吴起变法的成效:“于是南平百越,北并陈蔡,却三晋,西伐秦。诸侯患楚之强。”《商君列传》肯定商鞅变法的功绩与意义:“秦民大说,道不拾遗,山无盗贼,家给人足。民勇于公战,怯于私斗,乡邑大治”“秦人富强,天子致胙于孝公,诸侯毕贺”。《老子韩非列传》对申不害的功绩作了概括:“终申子之身,国治兵强,无侵韩者。”在肯定先秦法家及其变法成效的基础上,司马迁也揭示了其刻薄寡恩等缺点。《史记》叙述了名家的实践者所具有的历史能量,呈现出纵横家们论辩风采中所蕴含的独到的政治智慧。苏秦、张仪、范雎、蔡泽等虽出身寒微,但他们以非凡的激情与意志,在历史发展中成就了不凡的事业。他们善于发现各个诸侯国内政外交的犬牙局面,以“言其利不言其害”的出众辩才,左右时局的发展变迁。对于他们的历史作用,司马迁予以充分肯定,认为“战国之权变亦有可颇采者,何必上古”。

《史记》对于百家思想兼收并蓄的宽广胸怀,展现出海纳百川、开放包容的博大气魄。人类思想只有和而不同、共存发展,才能充满生机与活力。

第9课 《世说新语》的魏晋风度

《世说新语》由南朝宋临川王刘义庆组织一批文人编写，又称《世说》《世说新书》。因为汉代刘向曾经著《世说》（原书亡佚），后人为将此书与刘向所著相别，取名《世说新书》，大约宋代以后才改称《世说新语》。

《世说新语》是中国魏晋南北朝时期“笔记小说”的代表作，是我国最早的一部文言志人小说集。它原本有8卷，流传至今只保留下3卷。依内容可分为“德行”“言语”“政事”“文学”“方正”等36类（分上、中、下三卷），每类有若干则故事，全书共有1200多则，每则文字长短不一，有的数行，有的三言两语，由此可见笔记小说“随手而记”的诉求及特性。其内容主要是记载东汉后期到晋宋间一些名士的言行与轶事。书中所载人物均为历史人物，但有关他们的言论或故事则有一部分出于传闻，不尽符合史实。此外，书中相当多的篇幅杂采众书而成。如《规箴》《贤媛》等篇所载个别西汉人物的故事，采自《史记》和《汉书》。其他部分也多采自于前人的记载。

魏晋时期是中国历史上一个非常特殊的时期。李泽厚说它是“一个重大变化时期”。宗白华说“汉末魏晋六朝是中国政治上最混乱、社会上最苦痛的时代，然而却是精神史上极自由、极解放、最富于智慧、最浓于热情的一个时代。因此也就是最富有艺术精神的一个时代。王羲之父子的字，顾恺之和陆探微的画，戴逵和戴颙的雕塑，嵇康的广陵散（琴曲），曹植、阮籍、陶潜、谢灵运、鲍照、谢朓的诗，郦道元、杨衒之的写景文，云岗、龙门壮伟的造像，洛阳和南朝的闳丽的寺院，无不是光芒万丈，前无古人，奠定了后代文学艺术的根基与趋向。"谈"魏晋风度"最深刻独到的还是鲁迅的一篇文章，叫《魏晋风度及文章与药及酒之关系》，他在这篇文章中列举大量事例来证明，这些文人名士的言行无论多么超脱怪诞，都和那个时代的政治与文化存在密切的内在关系。

先讲两个故事。

第一个故事：王仲宣好驴鸣。既葬，文帝临其丧，顾语同游曰："王好驴鸣，可各作一声以送之。"赴客皆一作驴鸣。

王仲宣生前喜欢驴叫，他死的时候，曹丕带人去吊唁，说："这位先生生前喜欢驴叫，我们每个人学一声驴叫来送别他。"参加丧礼的人于是都学了一次驴叫。

第二个故事：桓宣武平蜀，以李势妹为妾，甚有宠，尝著斋后。主（温尚明帝女南康长公主）始不知，既闻，与数十婢拔白刃袭之。正值李梳头，发委藉地，肤色玉曜，不为动容，徐徐结发，敛手向主，神色闲正，辞甚凄惋，曰："国破家亡，无心至此，今日若能见杀，乃是本怀！"主于是掷刀前抱之："阿子，我见汝亦怜，何况老奴！"遂善之。

桓宣武（桓温）灭了蜀地，将蜀王的妹妹李氏纳为妾，很是宠幸这位妾。他夫人开始不知道这事，听说之后，带着几十个奴婢，持刀闹上门。李氏正在梳头，头发很长，拖到地上，肤色洁白如玉，看见一拨人气势汹汹地过来，很是平静，依然慢慢梳着头发，十分镇定从容，只是语气有点哀婉地说："国破家亡，我早就不想活，你们杀了我，正好了却我的心愿。"想不到桓温夫人把刀扔掉，上前抱住她，说："好孩子，我见了都喜欢，何况我家那个老色鬼。"于是待她很好。

"魏晋风度"这个词成为后世对魏晋时期最重要的判断与印象，就像谈"建安文学"用"建安风骨"来概括其主要特征一样。"魏晋风度"，虽然也指向当时的一种风气，或者说文人崇尚的一种生活方式与人生态度，但是"魏晋风度"首先还是"人"的一种风度。有人说，魏晋时期是"人的觉醒"的时代，也是"文的自觉"的时代，更是"美的发现"的时代，我想，魏晋时期最终是崇尚生命智慧的时代。

一、真实的风度

《世说新语》是一部记载人言行的书，其背后是对"人"的关注，对"人"的欣赏，对"个性""自由""真实""美"的崇尚。做真实的自我，是魏晋风度的重要特点之一。

其一，个人本色。

一个人的本色常常只有在对比中才能体现得更加鲜明。管宁、华歆共园中锄菜，见地有片金，管挥锄与瓦石不异，华捉而掷去之。又尝同席读书，有乘轩冕过门者，宁读如故，歆废书出看。宁割席分坐，曰："子非吾友也！"大致意思是：管宁和华歆这一对好朋友，有一天在花园里锄草，看见地里有块金子，管宁依然挥动着锄头继续锄草，而华歆却将金子捡了起来，但看见管宁的眼神后又扔了。还有一次大家一起坐着读书，有一个穿着礼服的人坐着很漂亮的车从门前经过，管宁依旧在读书，而华歆扔下书出门看热闹。于是管宁就忍不住了，割断席子和华歆分开坐，说："你不是我的朋友。"从管宁、华歆对片金和轩冕过门两件事的不同反应上，足以看出他们不同的志趣和抱负。一个淡泊清高，视金银为瓦石，另一个对金银俸禄不能忘怀，所以两人最终割席断交。后来的经历也验证了他们不同的志向。华歆官至太尉，管宁始终如一，甘于淡泊，数次征辟皆不就。

有一个叫钟会的人，此人出身名门，从小就聪明。就是这个人灭掉了三国中的蜀国。这个人的聪明在《世说新语》中有记载，也是通过兄弟俩性格的不同来加以反映的。

弟兄俩有一次趁父亲午睡时偷酒喝。钟毓偷酒喝之前先行礼，而钟会没有。他的父亲问为什么这样。钟毓回答：喝酒是用来行礼的，不敢不行礼。钟会回答：偷酒就是无礼，自然不必行礼。可见钟会的确有不凡的一面。

魏文帝听说这兄弟俩名声在外，就叫他们的父亲带他们来见他。见面时，钟毓汗如雨下，而钟会没有。魏文帝问为什么一个出汗一个没有，钟毓说"战战惶惶"，因为害怕紧张，所以出汗，钟会说"战战栗栗"，害怕得连汗都不敢出。

《世说新语·雅量》记载：

郗太傅在京口，遣门生与王丞相书，求女婿。丞相语郗信："君往东厢，任意选之。"门生归，白郗曰："王家诸郎，亦皆可嘉，闻来觅婿，咸自矜持。唯有一郎，在东床上坦腹卧，如不闻。"郗公云："正此好！"访之，乃是逸少，因嫁女与焉。

这是一个选女婿的故事。王羲之有弟兄多人，也都很优秀，听说郗家上门招女婿，个个表现得"矜持"，只有王羲之，露出腹部躺在东床上，好像没听说有这回事似的。奇妙的是，郗公听了门生的汇报后，居然就此认定这个与众不同的年轻人。接着郗公再去打听，得知这个年轻人就是王羲之，于是很痛快也很愉快地就把女儿嫁给了他。成语"东床快婿"就是由此而来。王羲之后来之所以能成为伟大的书法家和他的个性本色是密切相关的，他转益多师，无拘无束，最终自成一格，成为一代书圣。

阮公临家妇有美色，当垆酤酒。阮与王安丰常从妇饮酒，阮醉，便眠其妇侧。夫始殊疑之，伺察，终无他意。意思是：阮公（阮籍）邻居家的女人长得很美，在酒铺里卖酒。阮籍和王安丰（王戎）经常到女人这里喝酒，阮籍喝醉后，就在女人的身边睡着了。女人的丈夫开始还怀疑阮籍有不轨举动，就伺机观察，结果发现阮籍并没有什么企图。

另一则，阮籍嫂尝回家，籍见与别。或讥之，籍曰："礼岂为我辈设也？"阮籍的嫂子一次回娘家，阮籍和她告别。有人以此嘲笑阮籍，说《曲礼》中有云嫂叔不通问。故讥之。阮籍说："礼教难道是为我们这些人设的吗？"

还有一则：兵家有一个漂亮的女儿，她才貌双全，可惜未嫁就得病而死。阮籍根本不认识这家人，更不认识这位少女，可他听说这个消息后，很突兀地就跑到灵堂前大哭了一场，哭完之后一声招呼也不打，转头就走，只留下一屋子莫名其妙的家人。

这几则都是阮籍和几个女性之间的故事。他爱美、爱酒，敢于流露真情，同时又不拘礼俗，尽显本色。当他看见自己的嫂嫂要回娘家，他就主动上前问候。因为当时有“叔嫂不通问”的规矩，所以他的做法在当时是需要勇气的，胆小怕事的人就会循规蹈矩，可阮籍非但不是这样的人，还直接表态说，别人爱怎么说怎么说，他就是没有规矩。阮籍去隔壁美少妇家喝酒，喝酒是一个方面，欣赏美色也是一个方面。阮籍一喝就醉，醉了便就地侧卧。可是美少妇似乎并没有直接苛责他甚至驱逐他。而且，有意思的是，美少妇的丈夫一开始似乎也看不惯阮籍，甚至怀疑两人是否有不轨的行为，但是他偷偷地观察以后发现实际上什么事情都没有。至于一个才貌双全的未嫁少女去世了，阮籍前去吊唁，这种做法似乎很突兀，不合常规，但也是为真情所驱使，悼红伤怀，很有点黛玉葬花的情怀。这叫对生命的“一往情深”。

也有人显示出镇定无畏的风度。谢太傅盘桓东山，时与孙兴公诸人泛海戏。风起浪涌，孙、王诸人色并遽，便唱使还。太傅神情方王，吟啸不言。舟人以公貌闲意说，犹去不止。既风转急，浪猛，诸人皆喧动不坐。公徐云：“如此，将无归？”众人即承响而回。于是审其量，足以镇安朝野。意思是说，太傅谢安在东山居留期间，时常和孙兴公等人坐船到海上游玩。有一次起了风，浪涛汹涌，孙兴公、王羲之等人一齐惊恐失色，高呼要回去。谢安这时精神振奋，兴致正高，又朗吟又吹口哨。船夫因为谢安神态安闲，心情舒畅，便仍然摇船向前。过了一会儿，风势更急，浪更猛了，大家都叫嚷骚动起来,坐不住了。谢安慢条斯理地说:“这样看来,恐怕是该回去了吧?”大家立即响应,于是就回去了。从这件事里人们明白了谢安的气度,认为他完全能够镇抚朝廷内外,安定国家。后来谢安出山为仕,东山再起,在淝水之战中,谢安作为东晋一方的总指挥,以八万兵力打败了号称百万的前秦军队,为东晋赢得几十年的安静和平。

其二,率性而为。

《世说新语》“雪夜访戴”的故事。王子猷居住在山阴(今浙江绍兴市),一次夜里下大雪,他从睡眠中醒来,打开窗户,命令仆人斟上酒。四处望去,一片洁白银亮,他于是起身,慢步徘徊,吟诵着左思的《招隐诗》。他忽然间想到了戴逵,当时戴逵远在曹娥江上游的剡县,于是他便即刻连夜乘小船前往,经过一夜才到。可到了戴逵家门前他却又转身返回。有人问他为何这样,王子猷说:“我本来是乘着兴致前往,兴致已尽,自然返回,为何一定要见戴逵呢?”

王子猷名王徽之,是王羲之第五子。雪夜访戴就是一个典型的兴之所至、率性而为的故事。李白曾写道:“昨夜吴中雪,子猷佳兴发。万里浮云卷碧山,青天中道流孤月。”赞赏其孤高脱俗的风度气质。王子猷眠觉、开室、命酒、赏雪、咏诗、乘船、造门、突返、答问,一连串的动态细节,显示了他想到就做、洒脱无拘的个性。

有个性的人,很难与人相处,但是如果坚持自己的个性,人家理解了,倒也自得其乐,相安无事。譬如王徽之和桓冲的关系。王徽之曾在车骑将军桓冲手下担任骑曹参军,负责管理马匹。他不改旧习,一副落拓模样。桓冲故意问王徽之:“王参军,你在军中管理哪个部门?”王徽之想了想说:“不知是什么部门,时常见人把马牵进牵出,我想不是骑曹,就是马曹吧!”桓冲再问:“那你管理的马匹总数有多少?”王徽之毫不在乎地回答:“这要问我手下饲马的人。我从来不去过问,怎么能知道总数有多少呢?”桓冲又问:“听说最近马匹得病的很多,死掉的马有多少?”王徽之神色如常,说:“我连活马的数字也不知道,怎么会知道死马数呢?”桓冲听了,却也无可奈何,便不再问。还有一次。他骑马随桓冲出外巡视。不料,老天突然下起了暴雨,王徽之见桓冲坐着车,便下马钻入车中,说:“怎么能独自坐一辆车呢? 我来陪陪你吧!”桓冲见是王徽之,知他不拘小节,又见外面雨下得很大,便让他同坐。过了一会儿,雨停了,王徽之说声“打扰”,便下了车,重新骑上马,跟着桓冲前行。王徽之甚至看见自己喜欢的东西就夺人所爱。王徽之去拜访雍州刺史郗恢,郗恢还在里屋,王徽之看见厅上有毛毯,说:“阿乞(郗恢小名)怎么得到这样的好东西!”便叫随从送回自己家里。郗恢出来寻找毛毯,王徽之说:“刚才有个大力士背着它跑了。”郗恢也没有不满情绪。

但是这种随性而为的人并非生活中胡作非为之人,对于他所钟情之事,他的内心情绪是极其丰富和敏感的。《世说新语》中有不少关于王徽之的这些小故事,其中一则,便是说他有一次暂借人空宅小住,便令种竹。别人问他:“暂住而已,何必这么麻烦嘛?”他沉吟良久才说:“何可一日无此君!”一时传为美谈。王子猷、子敬俱病笃,而子敬先亡。子猷问左右:“何以都不闻消息? 此已丧矣。”语时了不悲。便索舆来奔丧,都不哭。子敬素好琴,便径入坐灵床上,取子敬琴弹,弦既不调,掷地云:“子敬子敬,人琴俱亡。”因恸绝良久,月余亦卒。

其三,敢爱敢恨。

爱与恨是一个人的本性,但是将爱与恨表现得鲜明而彻底,并不是一般人的性情与气度。

嵇康是安徽濉溪县人,是曹魏时期的思想家、音乐家、文学家。他其实是曹魏宗室的女婿,娶曹操曾孙女长乐亭主为妻,也曾官至中散大夫,世称"嵇中散"。后隐居不仕,屡拒为官。对于看不惯的人他坚决不待见,不理睬。

譬如上面讲到的钟会,他对年长其两岁的嵇康敬佩有加,但是嵇康却拒绝与其交往。《世说新语》记载:钟会撰写完《四本论》时,想求嵇康一见,可又怕嵇康看不上,情急之中,竟"于户外遥掷,便回急走"。显赫后的钟会再次造访嵇康,嵇康仍不加理睬,继续在家门口的大树下"锻铁",一副旁若无人的样子。钟会觉得无趣,于是悻悻地离开。嵇康在这个时候终于说话,他问钟会:"何所闻而来,何所见而去?"钟会回答:"闻所闻而来,见所见而去。"显然钟会对此记恨在心。后来嵇康就是遭钟会陷害而死。

这就是嵇康,不喜欢就是不喜欢,敢爱敢恨。这个人有脾气,不喜欢,看不惯,一定会直接表达出来,毫不掩饰。嵇康直到死的时候,都是从容淡定的,死了都要表示对钟会的鄙视。

朋友之间断交,是很正常的事情。一般人大不了大吵一场,或者争斗一场,然后分道扬镳。可嵇康认为这还不够,要正式写一封信,白纸黑字,立此为证。这种事嵇康干过两次,第一次居然不是为了自己,而是给朋友出气。第二次也很特殊,如果朋友得罪你,误解你,你因此和他们断交,这还情有可原,可事实上好朋友是为你好，是真正的好心，但是你非但不买账，还甚以为怀，忍无可忍，这就有点孤高绝世了。耐人寻味的是，这两篇绝交信居然成为历史上的美文。

本来吕巽、吕安两兄弟都是嵇康的朋友，但这两兄弟突然间闹出了一场大官司。吕巽急忙请嵇康从中调停。嵇康因与二人的关系非同一般，遂应吕巽之请，出面调停。可是，事后吕巽却倒打一耙，恶人先告状，说吕安不孝顺，竟然敢挝母亲之面。有口难辩的吕安想到了他心目中最仗义的朋友嵇康，便去请他帮忙。嵇康拍案而起，写下了《与吕长悌绝交书》，痛骂了吕巽一顿。他想通过绝交来表白自身的好恶，也想通过绝交来论证朋友的含义。吕安入狱后，为了说明真相，自然要说出嵇康调停之事，于是嵇康也因此被投入监狱。

《与山巨源绝交书》是魏晋时期文学家嵇康写给朋友山涛(字巨源)的一封信。这封信是在嵇康听到山涛由选曹郎调任大将军从事中郎，想荐举他代其原职的消息后写的。信中拒绝了山涛的引荐，洋洋洒洒说出了一大堆的道理，最后要和山涛绝交。其中一个重要的理论是：夫人之相知，贵识其天性，因而济之。就是说，好朋友要知道对方的天性，同时从这个方面理解和帮助他，如果不明白这一点，就不是真正的朋友。不是真正的朋友，就没有相处的必要了。

当然，第一封绝交书是真绝交，第二封绝交书则并没有如对待钟会、吕巽那样一刀两断，旗帜鲜明。这封绝交书反倒更像是一篇自我宣言书：告诉各位朋友不要再做好心但是我不领情的事情。事实上，从人情与生活的层面来说，嵇康知道，真正对他好而且令他放心的，其实还是山涛。嵇康临死之前，没有把自己的一双儿女托付给自己的哥哥嵇喜，没有托付给他敬重的阮籍，也没有交给向秀，而是托付给了山涛，并且对自己的儿子说："山公尚在，汝不孤矣。"（一说"巨源在，汝不孤矣。"）这才叫真正的朋友，这才叫真正的知己。

在嵇康死后，山涛对待嵇康的儿子就像对待自己的儿子一样。山涛没有辜负嵇康的重托，一直把嵇康的儿子养大成才。山涛和王戎，在嵇康被杀害之后，对嵇绍一直都特别的照顾。他们尽到了朋友应尽的道义与责任，使得这个孤弱的孩子即使失去了父亲，却还拥有他们慈父般的关怀与教导，不再那么无依无靠，这便是成语"嵇绍不孤"的由来。十八年后，嵇康的儿子嵇绍也在山涛的大力举荐下，被晋武帝"发诏征之"，后来还成为晋朝的忠臣。朋友之间感人至深的信义与友情，也成为千古传扬的佳话。

嵇康在生命将终之际，把儿子托付给山涛，说明他内心深处其实并不希望儿子重走自己与时为仇的老路。嵇康唯一遗憾的是他死之后，《广陵散》会随之失传。当世人都知道他的绝活儿是精于《广陵散》，而且当时只有他一人会弹此曲。当年袁孝尼多次哀求，希望能跟从他学习此曲，他都没答应，如今一切都来不及了！也正因为心存此憾，他才决定在掉脑袋之前，再认认真真地弹奏一遍。《广陵散》究竟是首什么样的曲子，值得他如此挂怀呢？此曲又名《广陵止息》，是古代一首大型琴曲，据蔡邕《琴操》记载，此曲在汉末已经深为士子所爱，应璩在《与刘孔才书》中就提到："听广陵之清散。"琴曲的内容是颂战国时铸剑工师之子聂政为报杀父之仇，刺死韩王，然后自杀的悲壮故事。此曲在嵇康死后就失传了，直到明代，人们才从宫廷秘藏的《神奇秘谱》中发现了它。全曲共分开篇、小序、大序、正声、乱声、后序六大部分。正声之前，表达的是对聂政无辜丧父的同情，正声之后，则着力表现聂政无畏的复仇意志。正声是乐曲的主体，表达了聂政从怨恨到愤慨，以致誓死复仇的感情发展过程。全曲融哀、苦、怨、愤、怒、烈为一，含杀伐之气，表现了被压迫者反抗暴君的无畏精神，起伏跌宕，催人泪下。嵇康临终时说"《广陵散》于今绝矣"，不只是说此曲将绝，曲中猛士与复仇的精神也将不复存在。

二、栖居的智慧

魏晋时期是一个动荡的时期，同时也是英雄辈出的时期。正因如此，《三国演义》成为一本关于英雄的故事书，也成为一部关于智慧的故事书。魏晋时期各种各样聪明的人太多，似乎随处可见，遍地可视。什么叫聪明，就是智商情商都很高。智商高就是学习能力强，反应快，谈吐不凡，甚至才华横溢。情商高是虽然各有个性，但是并非不懂人情世故，迂腐顽愚。换句话说，魏晋时期是一个崇尚有思想、有个性的时代，也是一个需要智慧去生存的时代。

其一，话语智慧。

魏晋时期，社会上盛行"清谈"之风。"清谈"是相对于俗事之谈而言的，亦谓之"清言"。士族名流相遇，不谈国事，不言民生，谁要谈及如何治理国家，如何强兵裕民，何人政绩显著等，就被贬讥为专谈俗事，会遭到讽刺。因此，不谈俗事，专谈老庄、周易等，被称为"清言"。

这种“清言”在当时很流行,特别是统治阶级和有文化的人,更视之为高雅之事、风流之举。他们在一起讨论争辩,各抒歧异,摆观点,援理据,以驳倒他人为能事。由于上流社会的普遍参与,“清谈”成为时尚。

“清谈”的方式,绝大多数属于口谈。而就口谈而言,又有几种方式。一是两人对谈,即所谓主客对答。一个人对某一个问题提出自己的看法,谓之“主”;提出不同见解和质疑者,谓之“客”。主客互相质疑对答,往返难休,这是“清谈”的主要形式。二是一主多客或一客多主。不过主客双方都以一人为主,其余者可以插言。三是“自为主客”。当别人对问题都无高见可抒时,某人可以就此问题自己设疑,自己解答,以发表他高超的见解。

《世说新语·文学》记载:

> 支道林、许、谢盛德共集王家,谢顾谓诸人:“今日可谓彦会。时既不可留,此集固亦难常,当共言咏,以写其怀。”许便问主人:“有《庄子》不?”正得《渔父》一篇。谢看题,便各使四坐通。支道林先通,作七百许语,叙致精丽,才藻奇拔,众咸称善。于是四坐各言怀毕,谢问曰:“卿等尽不?”皆曰:“今日之言,少不自竭。”谢后粗难,因自叙其意,作万余语,才峰秀逸,既自难干,加意气拟托,萧然自得,四坐莫不厌心。支谓谢曰:“君一往奔诣,故复自佳耳。”

说的是支道林、许询、谢安等一些德高望重的人一齐来到王濛家中。谢安环顾四周对大家说:“今天真可谓群英聚会,时光既然不可留住,这样的会集固然也难得常有,应当好好地共同畅谈或吟咏一番,以抒发各自的情怀。”许询便问主人王濛说:“这里有没有《庄子》一书?”正好获得《渔父》一篇,由谢安出题,便让各自回到座位上去发言。支道林首先发言,作出了七百来句演讲,论述得精彩漂亮,表现出的才思文采奇特而出众,众人皆称赞他说得很好,于是四座各自发言。抒发情怀完毕,谢安问道:“大家都说完了吗?”皆说:“今日的发言,是少有的畅所欲言。”谢安最后粗略地列举了几点疑难之处,并就此陈述自己的意见,作出了犹如万言书的发言,从而表现出其才华已登峰造极,秀雅飘逸,您说的话要言不烦,境界高深,所以自然佳妙无比。

一场好的清谈,令人废寝忘食,但是如果落入俗套,没有新意,可能会被人瞧不起,甚至当面遭到反击。王濛曾经精心准备了一份材料,自以为相当不错,谁知道支道林不紧不慢地说,与先生阔别多年,怎么一点进步都没有?王濛只能“大惭而退”。“清谈”要“见人之所未见,言人之所未言,探求义理之精微而达于妙处”,同时还必须用高超的语言技巧来表达观点。有一次,刘尹到王濛家“清谈”,刘走后,王濛的儿子问其父:“你和刘尹谁胜了?”王濛说:“韶音令辞不如我,往辄破的胜我。”“韶音令辞”是指语言优美动听,“往辄破的”是说理论上一发即中。前者包括声调抑扬顿挫、和畅悦耳和词语准确犀利、精当有力,是讲“清谈”的形式;后者说的是清谈的内容。由此可见,王濛是把“清谈”的内容和形式并列起来看待的。

当时“清谈者”都流行手持麈尾,类似后来说的“羽扇纶巾”中的羽扇。它是身份的象征。殷浩有一次到王道家聚会,王道亲自解下挂在帐带上的麈尾，意思是久闻大名，低调接待。“清谈”说到兴头上，用此比比画画，说到激动处，挥洒不已。

谈得好，谈得妙，才会受人尊重，甚至成为美谈。有人问殷浩：“为什么一个人升官前总会梦见棺材，发财之前总会梦见大便？”这本来就是刁难对方。殷浩回答：“官本是臭腐，所以将得而梦棺尸；财本是粪土，所以将得而梦秽污。”众皆称好。

有一个人因为说了三个字受到重用和提拔。《世说新语·文学》：阮宣子有令闻，太尉王夷甫见而问曰：“老庄与圣教同异？”对曰：“将无同。”太尉善其言，辟之为掾。世谓“三语掾”。意思是阮修名声很好，太尉王衍见到他，问老庄与儒家学说是同还是不同，阮修说了三个字，用今天的话说就是也许相同或者不相同。王衍觉得他说得对，就提拔他做了幕僚。可见见解独特、出言不凡就会被认为是有才华的人。其实这个故事还没有结束，卫玠嘲笑阮修说，只要一个字就可以，何必三个字。意思是，对方还没有达到最高境界。阮修说，如果是天下所敬仰的人，也可以一字不说被人起用，何必再说一个字。卫玠和阮修于是成了好朋友。

“清谈”的人中也有孩子。谢尚从小就很孝顺。七岁时兄长去世，他哀恸的感情超出礼法，亲戚无不感到奇异。八岁时，谢尚更显得聪明早熟。谢鲲曾带谢尚为宾客饯行，有客人说：“这小孩子是座中的颜回啊。”谢尚应声答道：“座中没有仲尼，怎能辨别出颜回？”一席的宾客没有不惊叹的。

孔融让梨是大家知道的，那时孔融才四岁。十岁那年他随父亲到达京城洛阳。当时，名士李膺在洛阳任职，如果不是名士或者他的亲戚，门人一般不通报。孔融想看看李膺是个什么样的人，就登门拜访。他对门人说:“我是李君的亲戚。”守门人通报后,李膺接见了他。李膺问他说:“请问你和我有什么亲戚关系呢?”孔融回答道:“从前我的祖先孔子和你家的祖先老子有师资之尊(孔子曾向老子请教过关于周礼的问题),因此我和你也是世交呀!”当时很多宾客都在场,对孔融的回答感到十分惊奇。后来太中大夫陈韪来到李膺府第,宾客把这件事告诉他,陈韪却不以为然地说:“小时候聪明,长大后就不一定聪明。”孔融立即反驳道:“那么您小时候一定很聪明吧。”陈韪无话可说。李膺大笑,说:“你这么聪明,将来肯定能成大器。”

这里面,还有女性的风采。郑玄家里婢女都读书。有一次一位婢女做事不合郑玄心意,郑玄要鞭打她。婢女想要解释,郑玄因为正在气头上,所以不听,叫人把她拖到泥水中。过了一会儿,又来了一位婢女,问:“胡为乎泥中?”婢女答道:“薄言往愬,逢彼之怒。”这位婢女不仅有才,而且独有风采。这回答是《诗经》中的一句,意思是,我要去诉说心中的怨苦,正遇到他大发雷霆。

司马太傅斋中夜坐,于时天月明净,都无纤翳,太傅叹以为佳。谢景重在坐,答曰:“意谓乃不如微云点缀。”太傅因戏谢曰:“卿居心不净,乃复强欲滓秽太清邪?”太傅司马道子夜时在书房闲坐,当时天空明澈、月光皎洁,没有一点阴云遮蔽。太傅赞叹不已,认为美极了。谢景重当时也在座,回答说:“我以为还不如有点微云点缀。”太傅便打趣谢景重说:“你自己心地不清净,竟然强要弄脏了这明净的天空吗?”

其二,雅量智慧。

雅量,指宽宏的气量。魏晋时代讲究名士风度,强调七情六欲都不能在神情态度上流露出来。不管内心活动如何，只能深藏不露，表现出来的态度应是宽容平和、若无其事，就是说，见喜不喜，临危不惧，处变不惊，遇事不改常态，这才不失名士风流。

> 嵇中散临刑东市，神色不变，索琴弹之，奏《广陵散》。
>
> 夏侯太初尝倚柱作书，时大雨，霹雳破所倚柱，衣服焦然，神色无变，书亦如故。

这些都是将生死看得很淡的人，这就叫置之度外，我自泰然。

雅量，还表现在对人能理解与宽容、包容，能智慧地处理和他人的关系，尤其是与个性突出的人打交道，雅量不仅是容忍的体现，也是避免自身尴尬与被动的体现。

> 王蓝田性急。尝食鸡子，以箸刺之，不得，便大怒，举以掷地。鸡子于地圆转未止，仍下地以屐齿蹍之，又不得，瞋甚，复于地取内口中，啮破即吐之。

王蓝田性子很急。有一次吃鸡蛋，他用筷子扎鸡蛋，没有扎到，便十分生气，把鸡蛋扔到地上。鸡蛋在地上旋转不停，他接着从席上下来用鞋齿踩，又没有踩到。愤怒至极，又从地上拾起鸡蛋放入口中，把蛋咬破了就吐掉。王羲之听说以后，哈哈大笑，说就是他的父亲有这样的脾气，都不值得一提，何况是他的儿子？意思是不值得大惊小怪，一家人都是这样的急性子。

谢无奕性粗强，以事不相得，自往数王蓝田，肆言极骂。王正色面壁不敢动，半日，谢去。良久，转头问左右小吏曰："去未？"答云："已去。"然后复坐。时人叹其性急而能有所容。

谢无奕性情粗暴蛮横，因事和王蓝田不和，就自己跑到王蓝田那里数落他，破口大骂。王蓝田神情严肃地面对墙壁，一动不动。骂了半天，谢无奕走了。过了很久，王蓝田才掉过头来，问手下的仆吏："走了吗？"仆吏回答："已经走了。"王蓝田这才回到座位上。当时人们赞赏王蓝田虽然性急却能宽容。这也是一种雅量与气度。

其三，生存智慧。

魏晋是一个乱世时期。各种政治势力、家族势力、个人利害关系盘根错节，稍有不慎，随时会有杀身之祸。曹操就是这样一个复杂的人物。他求贤若渴，知人用人，但是有时又疑人杀人。被他亲自葬送的就有不少优秀的人，譬如孔融、杨修等。

可以看看竹林七贤的命运。

这七贤，就是嵇康、阮籍、山涛、向秀、刘伶、王戎及阮咸七人。七人常集于竹林之下，肆意酣畅，故世谓竹林七贤。他们本来可以相处更长时间，但是嵇康被人陷害致死，使得他们不得不思考一个重要问题：既要坚持做人的原则与风格，尽量不去做自己不愿意做的事情，同时又要避免招致是非，躲避不测。这就需要考量一个人的智慧。

《世说新语》中有很多关于刘伶喝酒的故事。刘伶常常纵情饮酒，任性放诞，有时脱掉衣服，赤身裸体待在屋中。有人看到后讥笑他，刘伶说："我把天地当房子，把房屋当裤子，诸位为什么跑到我裤子里来?”刘伶曾在喝醉酒时与别人争执,那人扯住他的衣袖挥拳要打。刘伶缓缓地说:“我瘦得像鸡肋,不能让你的拳头打得舒服。”那人就笑着不打了。刘伶因饮酒过度而导致身体不适,感到异常口渴,就向妻子讨酒喝。他妻子把酒倒掉,把酒器毁坏,哭着劝道:“你喝酒过量,这不是养生的办法,必须要把酒戒掉!”刘伶说:“很好。但我不能自己禁,只能向鬼神祷告,自己发誓来戒掉酒瘾。你就准备祭祝用的酒肉吧。”妻子说:“我按照你交代的去办。”于是把酒肉供在神前,请刘伶去祷告发誓。刘伶跪着说:“天生我刘伶,酒是我的命。一次喝一斛,五斗消酒病。妇人之言辞,千万不能听。”说完拿起酒肉就吃喝起来,颓然醉倒了。刘伶常常坐着鹿车,带一壶酒,使人扛着锹跟着,他:“死了就把我埋了。”

其实刘伶喝酒并不只是好酒如命,而是一种生存策略。此人不是平庸之辈,天下人都知道他有才,所以朝廷屡次要招用他。朝廷派特使征召刘伶入朝为官,而刘伶不愿做官,听说朝廷特使已到村口,赶紧把自己灌得酩酊大醉,然后脱光衣衫,朝村口裸奔而去。朝廷特使看到刘伶后深觉其乃一酒鬼,于是作罢。刘伶最终一生不再出仕,老死家中。

阮籍是人才,他深知一旦进入官场,政敌就在眼前。他要做一个对别人没有什么障碍与威胁的官。所以阮籍请求当步兵校尉。步兵校尉一职,虽然是中央政府的属官,但不像散骑常侍那样与皇帝有亲近的关系;虽然是武职,但又不执兵权,不会给司马氏造成压力,引起司马氏的猜忌。阮籍担任此官职时间最长,所以后世通常称之为“阮步兵”。即便这样,还是有人想算计他。

钟会是司马氏的心腹,曾多次探问阮籍对时事的看法,阮籍都用酗醉的办法获免。司马昭本人也曾数次同他谈话,试探他的政见,他总是以发言玄远、口不臧否人物来应付,司马昭不得不说"阮嗣宗至慎"。司马昭还想与阮籍联姻,阮籍竟大醉60天,使事情无法进行。

景元四年(公元263年)十月,司马昭被晋封为晋公,位相国,加九锡,这是司马昭正式实施其篡权阴谋的重要一步。按照例行公事,由曹魏傀儡皇帝曹奂下诏加封晋爵,司马氏谦让一番,然后再由公卿大臣"劝进"。当时阮籍担任步兵校尉之职,也被受命执笔,但阮籍依旧喝酒,等到使者来催稿时,阮籍只好带着酒意拟稿塞责。

阮籍知道时局之乱,身居其险,他心里比谁都明白。他的策略是,日常生活中,自得其乐,我行我素;工作上马马虎虎,不求上进;关键时,守口如瓶,装疯卖傻。能装,装得像真的一样,装一辈子,这种清醒与隐忍也非常人能做到。他的文章也体现出这样的风格。鲁迅说,阮籍做文章和诗都很好,他的诗文虽然也慷慨激昂,但许多意思都是隐而不显的。

七贤之中,山涛品德威望最佳。他很高寿,活了七十九岁。死后的待遇也很高。皇室亲自为他操办葬礼,甚至解决他家人的生活困难。他是竹林七贤中的重要人物,连嵇康都愿意"托孤"给他,可想而知他的风度与魅力。他做官也做得很大,做得很好,似乎也没有招惹什么过节祸端。他的处世之道的特点是什么呢?粗略地分析,就是他能够将人生的原则坚持到底,这一原则就是正派、清白。

正派就是尽心尽力做人做事,不计较个人得失。能做就多做,不能做就主动退出。所以,山涛年老之时,就主动辞官,连皇帝都挽留不住。太康三年(公元 282 年),被拜为司徒,山涛又执意辞让,司马炎下诏说:“您年迈而德高,是朝中元老,因而授给台辅之位,但您崇尚谦让之远名,反复推辞,令我心中忧虑。您应该坚持始终辅助我呀。”山涛又上表说:“臣侍奉朝廷三十余年,对德政教化无毫厘功效。陛下私心爱臣不已,枉授三司之任。臣听说德行薄陋而位高,力量少而责任重,这样导致上有败坏国事之祸,下有损伤家庙祖宗之咎。希望陛下念累世君臣之恩,乞求骸骨以归故里。”司马炎下诏说:“您辅助朝政,保护治理皇家,匡扶之功,为朕所依赖。司徒之职,实掌国家教化,因而敬授予您,以满足群臣百姓之望,怎能只顾谦让而贬低自己呢!”司马炎下令不准山涛再上章表辞职,使者把印绶交给卧病在床的山涛。山涛说:“将死之人,怎能玷污官府呢!”于是卧病乘车归家。

清白就是清廉自律。山涛做官之前,家徒四壁,待显贵之后,仍正派节俭,虽爵同千乘之君,但不养婢妾,俸禄赏赐,都散给亲戚故人。

三、深情的生命

第一,身体崇拜与崇尚俊秀之美。

魏晋士人对身体、容貌之美的热情是前所未有的。长得好是一件自豪的事情。

《晋书·王濛传》中记载王濛“美姿容,尝揽镜自照,称其父字曰:‘王文开生如此儿邪!’”书中还说,王濛在病危之际,临终遗言竟然是:“如此人曾不得四十也!”王濛的事例传达出他对自身容貌的高度自信,以及对美好生命即将消逝的痛惜。相反,如果容貌不俊秀，纵然有才情，也是有缺陷的。

女性对于美男子的追捧，也是当时的时尚。女性见到美男子主动示好、送礼物的事例不胜枚举，在“掷果潘郎”“看杀卫玠”“老妪赠帽”“贾氏窥帘”等故事中，也彰显出了魏晋时期人们对男性之美的痴迷。

如同四大美女一样，古代也有四大美男。关于四大美男，有两个版本：第一个说法是潘安、兰陵王、宋玉、卫玠；第二种说法是潘安、兰陵王、嵇康、卫玠。四大美男中至少有两个是魏晋时期的。

潘安的名声无论在当时还是后世，都要大于卫玠。

《世说新语》记载：“潘岳妙有姿容，好神情。少时挟弹出洛阳道，妇人遇者，莫不连手共萦之。左太冲绝丑，亦复效岳游遨。于是群妪齐共乱唾之，委顿而返。”潘安这个人才貌双全，同时至孝至情。他貌美如神，受到追捧，但是并不花心，夫妻感情深厚，妻子杨氏死后，他不再续娶。

应该说，卫玠在当时受到人的追捧是一件值得回味的事情。这个人也是美男子。

卫玠五岁那年，有一次他坐着羊车在洛阳城中游玩。人们看见后，都忍不住跑到卫玠的羊车旁围观。当时，小卫玠出众的风度仪态让众人甚为羡慕。有人失声感叹道：“这是哪家的孩子啊，就像是用玉璧雕琢出来的小人儿。”后来，人们就称卫玠为“璧人”（玉人）。

卫玠善于“清谈”与“玄谈”，但没有什么著作流传下来。在当时，他却像男神一样受到崇拜。琅邪人王澄有名望，很少推崇别人，每当听到卫玠的言论，就叹息不已，为之倾倒。为此，当时的人说:“卫玠谈道,王澄倾倒。”王澄与王玄、王济都有盛名,但都在卫玠之下,世人说:“王家三子,不如卫家一儿。”

《世说新语·容止》记载:“卫玠从豫章至下都,人久闻其名,观者如堵墙。玠先有羸疾,体不堪劳,遂成病而死。时人谓‘看杀卫玠’”。卫玠于永嘉六年(公元312年)去世,时年二十七岁。从这个角度看,卫玠代表了另外一种典型,有“玉人”之美,有“慈悲”之心,有“玄妙”之言。

总体上来说,魏晋时期,人们推崇的体貌特点是:修长俊秀,神清气朗,举止不凡。

第二,自然崇拜与人格之美。

首先是魏晋人发现了自然美。这个时期的诗文就集中地体现了这一点。《世说新语》也记载:

> 顾长康从会稽还,人问山水之美,顾云:“千岩竞秀,万壑争流,草木蒙笼其上,若云兴霞蔚。”

> 简文帝入华林园,顾谓左右曰:“会心处不必在远。翳然林水,便自有濠、濮间想也,觉鸟兽禽鱼自来亲人。”

> 王司州至吴兴印渚中看,叹曰:“非唯使人情开涤,亦觉日月清朗。”

> 王子敬云:“从山阴道上行,山川自相映发,使人应接不暇。若秋冬之际,尤难为怀。”

对自然之美的发现，使得魏晋之士走进自然，归隐自然，甚至皈依自然，让生命摆脱人世的喧闹与纠缠，以此得到放松与闲适。

庾道季见戴安道所画行像，谓之曰：“神明太俗，由卿世情未尽！”以戴安道画技之高，旁人还说是世情未尽，无怪他气得回答说：“唯务光当免卿此语耳！”

用自然之美要求一个人的人格之美。

> 王武子、孙子荆各言其土地人物之美。王云：“其地坦而平，其水淡而清，其人廉且贞。”孙云：“其山嶵巍以嵯峨，其水泙渫而扬波，其人磊砢而英多。”

第三，生命的悲情与忘形。

> 孙子荆以有才，少所推服，唯雅敬王武子。武子丧时，名士无不至者。子荆后来，临尸恸哭，宾客莫不垂涕。哭毕，向灵床曰：“卿常好我作驴鸣，今我为卿作。”体似真声，宾客皆笑。孙举头曰：“使君辈存，令此人死！”

孙子荆前来祭祀，恸哭之后，说死者生前最喜欢自己作驴鸣，于是作驴鸣。遭到宾客哄笑后，他生气地对众人说：“为什么王武子死了，你们这些人还活着。”这是真正具有深厚友情的人才会有的举止。

这种方式固然雅致，其实深切真实的感情是一样的。顾彦先平生好琴，及丧，家人常以琴置灵床上。张季鹰往哭之，不胜其恸，遂径上床鼓琴,作数曲竟,抚琴曰:“顾彦先颇复赏此不?”因又大渤,遂不执孝子手而出。

总之,生命的短暂、脆弱和死亡的现实与体验,成为魏晋之士思想与情感关切的重要问题,也成为那个时期诗文的重要主题。无论是出于什么原因,死亡总是那么敏感地萦怀于心。

> 支道林丧法虔之后,精神霣丧,风味转坠。常谓人曰:“昔匠石废斤于郢人,牙生辍弦于钟子,推己外求,良不虚也。冥契既逝,发言莫赏,中心蕴结,余其亡矣!”却后一年,支遂殒。

悲从心来、情不自禁可能与亲疏无关,与年龄无关,甚至与恩怨无关。如阮籍就貌似唐突但是真情流露地去祭祀一位未嫁女子。王戎丧儿万子,山简往省之,王悲不自胜。简曰:“孩抱中物,何至于此?”王曰:“圣人忘情,最下不及情。情之所钟,正在我辈。”简服其言,更为之恸。专注于生命,悲情于生命的逝去,物伤其类,正是他们的情感特征。

> 王东亭与谢公交恶。王在东闻谢丧,便出都诣子敬道:“欲哭谢公。”子敬始卧,闻其言,便惊起曰:“所望于法护。”王于是往哭。督帅刁约不听前,曰:“官平生在时,不见此客。”王亦不与语,直前哭,甚恸,不执末婢手而退。

总而言之:魏晋时期,既是一个乱世,又是一个崇尚真实、自由,热爱自然、生命的时期。

第 10 课 《坛经》的佛心禅悟

佛教源自印度。创立者是释迦牟尼(公元前 565 年—公元前 485),和孔子是同时代的人。佛教传入我国的最初年代很难确定,其中两种说法较为可信。第一种是裴松之注《三国志》,有汉哀帝时大月氏王派人来汉地传授佛教的记载。第二种是流传广泛的"白马驮经"的故事。东汉汉明帝派人去西域,邀请僧人来内地,僧人用白马驮着佛像与经卷来到洛阳,汉地最早的佛寺就叫"白马寺"。三国时,一个叫朱士行的人成为汉地第一位佛教僧侣。东汉末年,关中、洛阳战乱不息,佛教随之传入江南。尤其是南朝,佛教在帝王的普遍提倡与支持下兴盛起来,最有名的就是梁武帝,他热衷于修建佛寺,很多王公贵族纷纷仿效,盛况空前。杜牧的诗句"南朝四百八十寺,多少楼台烟雨中",就是描述当时的情景。梁武帝自己还有四次"舍身""为奴"的经历,客观上推动了江南佛教的发展。

也就是在这个时期,有一个从海上来中国的高僧叫达摩,也见到了梁武帝,是他带来了中国佛教的一场革命。

一、《坛经》与惠能

传说，释迦牟尼在灵山“说法”，并没有说一句话，只是手持一枝金色婆罗花向与会大众展示，众人疑惑不解。《五灯会元》卷一记载：世尊在灵山会上，拈花示众，是时众皆默然，唯迦叶尊者破颜微笑。世尊曰：“吾有正法眼藏，涅盘妙心，实相无相，微妙法门，不立文字，教外别传，付嘱摩柯迦叶。”“正法眼藏”就是“普照一切的根本大法”。“拈花示众”，就是要弟子们领会佛教的根本精神，迦叶破颜微笑，则暗示他得了佛的思想精神。释迦牟尼知道迦叶可以担当此任，当众宣布将“正法眼藏”给他。由此论定禅宗的第一代宗师是迦叶，其渊源是释迦牟尼。

这应该是传说，类似的传说也存在于中国禅宗的历史中。譬如，中国禅宗的初祖是菩提达摩。据说达摩在印度佛教史中是二十八祖，二十七祖希望他将佛教传到中国，送给达摩一首偈颂（固定字数组成的通俗诗），其中有两句：“路行跨水复逢羊，独自栖栖案渡江。”预示他在广州上岸，要到长江以北传法。

菩提达摩从印度航海到达中国广州，是在梁武帝普通八年（527）九月二十一日。他于同年十一月初一北上入京，到了建业（今南京），梁武帝立即派人接菩提达摩进入皇宫，以特别嘉宾的礼仪盛情款待。彼此寒暄一番以后，梁武帝开始十分认真地请教菩提达摩有关佛法的道理。梁武帝恭敬地请教菩提达摩说：“我自从即位以来，对振兴佛教十分用心投入，诸如建寺、安僧、写经、造像，做了很多利生事业，我这样做，究竟有什么功德？”菩提达摩很严肃地回答说:“没有功德!”梁武帝原意是希望得到菩提达摩的赞赏,但没想到菩提达摩的回答令他如此的失望,便用不愉快的语气追问说:“为什么会无功德呢?”菩提达摩很认真地回答说:“您所做的这些行为都是外在的表现,这都是属于世俗的有为法,称不上是真功德。”梁武帝又追问:“怎么做才是真功德?”菩提达摩回答:“净智妙圆,体自空寂,这样的功德,不可以用世俗的心态求得!”以上菩提达摩的一番佛法真义,梁武帝好像不得要领。梁武帝又想出了第二个问题说:“什么是圣谛第一义?”菩提达摩随即回答说:“廓然无圣!”梁武帝此时真是有如丈二金刚,摸不着头脑。他提高语调,再问:“对朕者谁?”菩提达摩随声应答:“不认识!”梁武帝不明菩提达摩话中之真义,只好无趣地离去。菩提达摩深深知道话不投机半句多的道理,云游他方。当然梁武帝后来懊悔不已,打算挽留,可达摩已脚踏芦苇、悠然过江,一路向北到了洛阳。这就是“一苇渡江”的来历。

这件事在《坛经》中也有记载。有人就这样的事情向惠能提出疑问。惠能肯定了达摩的回答,说:“造寺度僧,布施设斋,名为求福,不可将福便为功德。功德在法身中,不在修福。……自修性是功,自修身是德。善知识!功德须自性内见,不是布施供养之所求也,是以福德与功德别。”

二祖慧可,法名神光。他原本是读儒道之书,后改读佛教,四十岁时到嵩山少室峰求道于达摩,立雪中以利刀断左臂,以示求法之决心。达摩看慧可意志如此坚定,便准请收为弟子,后世遂称其为断臂慧可。三祖僧璨,是个神秘人物,史料最少,生活于北周灭佛时期,转到南方安庆太湖县司空山活动。四祖道信的地位重要得多，事迹明确，住在湖北黄梅双峰山，开创东山法门，为五祖传法、六祖惠能立宗创造了条件。

五祖弘忍，祖籍江西九江（浔阳）。弘忍七岁时，被尊为禅宗四祖的道信遇见，道信叹曰："此非凡童也……苟预法流，二十年后，必大作佛事。"于是就派人跟随他回家，征求他家人的意见，问能否让他出家作为道信的弟子。他的家人欣然同意，这样，弘忍就被带到了道信主持的双峰山道场。最后道信"付法传衣"，弘忍成为五祖。

惠能俗姓卢。父亲原在范阳（今北京附近的涿州）做官，后来被贬迁流放到新州（今广东新兴县）。惠能于贞观十二年（638）在新州出生。幼年时父亲就去世了，后来他们母子二人移居广州南海。惠能长大后以卖柴维持生活。有一天，"见一客诵经，惠能一闻经语，心即开悟"。客人告知诵的是《金刚经》，且是黄梅双峰山弘忍大师讲的《金刚经》。惠能觉得与佛法宿世有缘，决定去参礼。大约经过一个月时间，惠能到了黄梅，见到了弘忍。

弘忍问："汝何方人，欲求何物？"惠能说："惟求作佛，不求余物。"弘忍不知是有意还是无意，说：你是未开化的南方人，如何做得了佛？惠能答说："人虽有南北，佛性本无南北，獦獠身与和尚不同，佛性有何差别？"弘忍心里已经十分赏识惠能，但是不知是避嫌，还是觉得需要继续考量，就让他随同大家劳动干活。惠能不甘心，又说："我的本心是要成就佛道，不知道还要我干什么？"弘忍觉得惠能是有慧根的，但是依然派他在后院破柴踏碓。那时惠能还是"行者"，没有剃度。直到八个多月后，弘忍忽见惠能，说："我知道你是可用之人，为什么那天没有与你深谈，是不希望恶人害你。"

惠能说:“我知道师父的用心,所以从来不敢到前堂大殿上去,以免被人察觉。”

一天,弘忍集合门人,要大家作一首偈,察看各人的见地,以便付法,为第六代祖。大家都觉得神秀是唯一人选,非他莫属,因为神秀深受弘忍器重,令为教授师。神秀其实并不自信,可又不能不作偈,于是将偈写在廊下的壁上:

身是菩提树,心如明镜台。
时时勤拂拭,勿使惹尘埃。

弘忍认为此偈“未见本性,只到门外,未入门内”,但是又觉得此偈可以持诵,一方面可以偈修,另一方面希望弟子进一步修悟。惠能是不识字的,听见童子唱诵,也觉得“未见本性”。他不放心,找了一个叫张日用的官员当面念了一遍。惠能听过以后,说:“我也有一偈,拜托写在上面。”张日用嘲笑他,惠能说:“欲学无上菩提,不得轻于初学。下下人有上上智,上上人有没意智。若轻人,即有无量无边罪。”意思是不要轻视初学佛法的人,轻视别人,那是大大的罪过。张日用还是不相信他,甚至有点不耐烦地说:“赶紧说吧,我给你写。你要得了法,先来度我吧。”于是写上了惠能口授的偈:

菩提本无树,明镜亦非台,
本来无一物,何处惹尘埃。

弘忍看过以后,发现了惠能的见地,觉得惠能才是传法之人。

这里就有一个问题,为什么这两个偈,弘忍的评价截然不同?有三个方面的原因。其一,前者是有功利心的。作偈示偈的目的,神秀自己也知道,“求法即善,觅祖即恶,却同凡心夺其圣位奚别?若不呈偈,终不得法,大难大难”。这是一种矛盾心理,根本原因还是“法内”与“法外”的矛盾。而惠能不是。其踏碓八月有余,闻听堂前有偈礼拜,求人念诵,即口占偈,言为心声,非有他意。其二,就偈而论,前者强调渐修,主观自觉,有心而为。其旨意并无不妥,故弘忍觉得“依此偈修,有大利益”。惠能之偈,显然是针对神秀之偈,另有感悟,一个重“有”,一个重“无”,无物入空,即心即佛,破遮入门。其三,弘忍考察传人,重文、重言,亦重行,弘忍自与惠能一见之后,其实弘忍已经心生赞许。惠能八个多月的无闻劳作,实为潜心修悟的过程,亦深得弘忍认可,绝非一偈定人这么简单。

但是真正要传法授衣给惠能,无论哪个方面都是难以服众的,一个舂米的、尚未剃度的人,还不识字,论资格、学识、威望,几乎一样不占。怎么办?只能秘传。所以弘忍把偈擦掉,还说“未见性”,用了障眼法。

第二天,弘忍悄悄来到碓房。惠能正弯腰在费力地舂米。弘忍赞赏道:“求佛道的人,为佛法忘记自身,就应该这样”。(这也符合禅道的旨意,时时有禅,处处有禅)弘忍问米熟了没有?惠能说:“米早就熟了,就差筛子筛一下子了。”“筛”字下面是“师”,惠能的意思是,我是觉得行了,就差过老师这一关。这些话语都是充满智慧的,也可叫作“禅语”,唯有悟性之人才能心领神会。弘忍当然也懂了,就用手杖在碓上敲了三下,惠能立刻明白五祖的意思,当晚三更，从后门进入弘忍内室。据说《西游记》中孙悟空拜师的情节就是在这个基础上改写的。

弘忍给惠能讲《金刚经》，惠能大悟。弘忍秘传“顿教及衣钵”。“顿教”就是主张“顿悟传法”，这是禅宗尤其是南宗的主要特点。“衣钵”就是袈裟、铁钵总称，这是禅宗师徒相传的信证。弘忍封惠能为“六代祖”。当天晚上，弘忍就送惠能去九江驿，回岭南。

其实弘忍对惠能的考察并没有结束。这里有一段送别的文字：

> 祖相送直至九江驿。祖令上船，五祖把橹自摇。惠能言：“请和尚坐，弟子合摇橹。”祖云：“合是吾渡汝。”惠能云：“迷时师度，悟了自度，度名虽一，用处不同。惠能生在边方，语音不正，蒙师付法，今已得悟，只合自性自度。”祖云：“如是如是。以后佛法，由汝大行。汝去三年，吾方逝世。汝今好去，努力向南，不宜速说，佛法难起。”

这里同样是禅语。“渡”与“度”同义，“迷时师度，悟了自度，度名虽一，用处不同”“蒙师付法，今已得悟，只合自性自度”。弘忍连连称是，交代之后，惠能辞别南去。惠能遵照弘忍的吩咐，隐姓埋名，历经坎坷，有人抢夺他的衣钵，也有恶人寻逐他，惠能曾混迹于猎人队伍中，有十五年之久。当时神秀在北方传法，受到武则天追捧，地位很高，影响很大。惠能觉得没有什么危险，决定出来传法。

惠能来到广州法性寺，值印宗法师讲《涅槃经》。时有风吹幡动,一僧曰风动,一僧曰幡动,议论不已。惠能进曰:“不是风动,不是幡动,仁者心动。”众人都很惊讶,请他到上席坐下,询问佛法之意,惠能“言简理当,不由文字”,也就是并不按经书上的讲,而是用自己的话说出来,言简意切。众人这才知道他就是六祖。惠能出示衣钵,印宗给他剃发,惠能正式在菩提树下,开讲弘忍传授的佛法。于是惠能在岭南升坛,说法,收徒,创立了禅宗的南宗。从此,禅宗分为南北宗,北宗以神秀为代表,南宗以惠能为代表。

那么最后在中华大地风行的,是哪一个宗派呢?就是惠能的南宗,以后说到的禅宗也基本上指南宗。从当时的实际情况看,神秀的北宗兴盛的时候,惠能还隐姓埋名。北宗对于惠能得到衣钵之事是耿耿于怀的,曾经有人一路寻逐惠能,有夺衣钵的,有纵火烧山的,也有潜室暗杀的,但是都没有阻止惠能传法事业的蒸蒸日上。事实上南宗与北宗走了不同的路线,南宗的影响力最终胜过北宗。惠能实际上成为中土禅宗的始祖。依佛教传统,只有记叙佛祖释迦牟尼言教的著作被称为“经”,弟子及佛徒的著作称为“论”,惠能的说法被称为“经”,这是佛祖才有的待遇。这部著作就是《坛经》,又叫《六祖坛经》。

《坛经》中记载了惠能的言行,也记载了他的传奇故事。这些故事所表达的思想其实和禅宗的思想要义是一致的,亦可以说是“现身说法”。为什么《坛经》开篇即讲惠能的事迹,就是向惠能学习,惠能就是明证。惠能的故事也就成了禅宗传法的重要构成。惠能故事的启示主要有三个方面。

第一,众生平等。

当五祖见到惠能时,就说,你是岭南人,又是“獦獠”,你怎么能成为佛呢？惠能说:“人虽有南北,佛性本无南北,獦獠身与和尚不同,佛性有何差别?”一句话就深得弘忍赞许。赞许之理由,一是契合佛法精髓,“一切众生皆有佛性”。达摩面对梁武帝,不仅不认其“圣位”,就连其“功德”也不认可,最后干脆过江传法,其原因是佛法首先是众生平等,其次是依法度人,与向佛人的身份与业绩无关。二是惠能乃一介贫民,能够直言以对,言简意明,无遮无阻,可谓本心使然,慧心可嘉。可以说,惠能直悟其道。众生平等是佛教深得民心的群众基础,尤其是在一个等级森严、社会不公的时代,佛教是具有进步意义的“精神避难所”。

第二,平凡成就传奇。

惠能是一位生活在底层的穷苦人。惠能自述:早年丧父,家境贫寒。孤儿寡母相依为命,年龄稍长,就不得不“于市卖柴”维持家计。及至去黄梅求法,还是靠别人救助老母才得以出行。惠能从闻经得悟、黄梅参拜五祖、腰石踏碓、比偈得衣、隐姓埋名、躲逃寻逐、隐遁怀会,到风幡之议、剃度为师、开坛传法,从二十四岁直到三十九岁,从一个樵夫,到行者,到和尚,到大师,是一个底层民众由“向佛”到“成佛”的励志故事。如果说一方面佛法主张众生皆有佛性,众生平等,那么另一方面就是惠能明证了成佛不问出处,众生皆可成佛。

第三,成佛人人可为。

惠能的成长有几点和常规出家修行的人不一样,他似乎没有什么特别的理由、功利等外在原因、外在目的。他就是闻经之后,突然识心见性,一心做佛,也突然悟出了做佛的精髓。他的拜师过程,并非冲着争夺法祖的地位去的,他只是希望得到五祖的真传,至于一偈惊人、五祖传衣、担当传法大任,并非他出家做佛的本意。

惠能是不识字的,他闻经而不能读经,说法而不立文字。他提供了成佛的新路径。成佛其实很简单,“放下屠刀,立地成佛”。人可成佛,生活皆禅。关键在于是否“心有悟性”。

二、《坛经》的要义

禅宗主张自性成佛。成佛就是佛陀,是“浮屠”“浮图”的音译,就是“觉悟者”。成佛要满足三个条件:第一是自己觉悟;第二是让他人觉悟;第三是觉行圆满。总之,觉悟是关键。“摩诃般若波罗蜜”的意思是“大智慧到彼岸”。成佛,是个别人才能做到的事情,还是所有人都能做到的呢?禅宗主张众生皆有佛性,这也符合佛祖“普度众生”的宏愿与慈悲情怀。这里的众生,其实不只是指人类,也指一切生灵,所以佛教是主张“不杀生”的。这与儒家主张“性本善”,道家尊重自然万物,在思想方法上有相似性,但禅宗将其推向更高的精神境界。

那么成佛难吗?说难也难,说不难也不难,只有两个字的差别,即“悟”与“迷”。“迷即佛众生,悟即众生佛;愚痴佛众生,智慧众生佛。”“迷”也好,“愚痴”也好,佛就成了众生;“悟”也好,“智慧”也好,众生就是佛。成不了佛,就是因为执迷不悟,能成佛,是因为“自悟不迷”。

为什么会“执迷不悟”?从思想上来说,原因主要是来自佛教三毒,即“贪、嗔、痴”,“贪”是贪爱五欲,“嗔”是嗔恚无忍,“痴”是愚痴无明。此三种烦恼,系毒害众生出世善心中最甚者,为根本烦恼之首。要解决这个问题，需用佛教三学来解决，这就是“戒、定、慧”。尤其是“定慧”，惠能说，“定”和“慧”的关系，就好比灯光，有灯就有光，没有灯即是黑暗。灯是光的本质，光是灯的功用。两者名称虽不同，本质却是统一的。“定慧”之理也是如此。

《坛经》与传统佛教的不同之处主要表现为如下几个方面。

（一）持戒。在传统佛教中，“戒”作为佛教的“三学”之首、大乘的“六度”之一，在佛教中一向占有重要的地位。但由于各家各派所遵循的教理不一，故所持戒律也有不同。但其根本精神都是“诸恶莫作，众善奉行，自净其意”。《坛经》开篇就讲，惠能在大梵寺为僧俗授“无相戒”。所谓“无相戒”，顾名思义，就是建立在“无相”之理念基础上的戒。

因为佛性、心体都是无相之实相，所以可称之为“无相戒”。惠能所说的“四弘誓愿”“无相忏悔”“三皈依”和“无相颂”等，都可以说是对“无相戒”精神的具体应用。这使得戒体被坚实地建立在心体之上。因而惠能的“无相戒”也就表现出了与传统戒法的很大区别。有学者认为“《坛经》摈弃了律学的各种主张，将戒体统一于修体，并定修体为无相，使得戒律的意义完全变了。因为戒律是种外在的行为规范，需要以特殊的仪表相状贯穿于衣食住行等各种宗教和非宗教生活中。假若取消了这种仪表相状，使戒律仪规置于不着诸相的原则之下，就等于消解了它们应有的拘束、制约的功能”。这段评论揭示了惠能的“无相戒”与传统佛教戒律的不同，但对其意义稍多贬抑。

（二）读经。在佛教传统中，“佛、法、僧”被视为三宝，因而一般都重视读经。而禅宗是主张“读经无用”的。惠能认为，“一切修多罗及诸文字,大小二乘,十二部经,皆因人置,因智慧性,方能建立。若无世人,一切万法本自不有”。因而相对于读经,惠能更注重强调“顿现真如本性”。而这是不假文字的,关键在于自性自悟。所以,惠能强调“修行”。但修行又离不开理论指导,所以惠能也没有完全否定读经的作用。最后的落脚点是修行,而不是读经。

惠能说:“经有何过,岂障汝念!只为迷悟在人,损益由己。口诵心行,即是转经;口诵心不行,即是被经转。”意思是,佛经没有错,念不念在于自己。是执迷还是开悟都是靠个人自己。口中念诵,心中奉行,这叫转经;口中念诵,心中不奉行,就是被经牵引束缚。

(三)坐禅(禅定)。惠能把修禅融于日常的行住坐卧之中,并对“坐禅”做了新的解释。他说:“何名坐禅?此法门中,无障无碍,外于一切善恶境界,心念不起,名为坐;内见自性不动,名为禅。”“何名禅定?外离相为禅,内不乱为定。外若著相,内心即乱。外若离相,心即不乱。本性自净自定,只为见境思境即乱。若见诸境心不乱者,是真定也。”“外离相即禅,内不乱即定。外禅内定,是为禅定。”这就是说,对于一切外在的善恶境界,不起心动念,本性不乱,就是坐禅或禅定了。如果执着于“坐禅”,追求入定,那是障自本性,与道违背,是障道因缘。

(四)定慧。佛教说“三毒”即“贪、嗔、痴”,当重“三学”即“戒、定、慧”。“定”和“慧”是佛教修行观中颇为重视的一对范畴。惠能反对把两者区别看待,而主张定慧一体。他说:“我此法门,以定慧为本。大众勿迷,言定慧别,定慧一体,不是二。定是慧体,慧是定用,即慧之时定在慧,即定之时慧在定。若识此义,即是定慧等学。诸学道人,莫言先定发慧、先慧发定各别。”又举例说:“定慧犹如何等?犹如灯光。有灯即光,无灯即暗,灯是光之体,光是灯之用。名虽有二,体本同一。”惠能强调定慧一体不二,互为体用。但实际上是以慧摄定,通过突出自性的智慧本性,倡导世人当下觉悟成佛。这是惠能禅学的重要特色。

(五)出家。出家修行是印度佛教的传统。当佛教传入中土时,出家的形式遭到注重儒家纲常伦理的士人的普遍反对,但出家形式还是在佛教中被坚持下来,成为中国佛教僧人基本的修行和生活方式。惠能在此提出了不同的看法,他说:“若欲修行,在家亦得,不由在寺。在家能行,如东方人心善;在寺不修,如西方人心恶。但心清净,即是自性西方。”惠能认为在家还是出家,形式是次要的。若出家而不能正确地修行,也没有什么意义。在惠能看来,只要认真切实地修行,在寺与在家并无二致。惠能破除对出家形式的执着,使得禅宗吸引了更多的信徒。

(六)净土。净土观念在惠能时代已深入人心,影响很大。所以,有人问惠能:“弟子常见僧俗,念阿弥陀佛,愿生西方。请和尚说,得生彼否?愿为破疑!”惠能回答说:“迷人念佛求生于彼;悟人自净其心。所以佛言:‘随其心净,即佛土净。’”“使君东方人,但心净即无罪。虽西方人,心不净亦有愆。东方人造罪,念佛求生西方;西方人造罪,念佛求生何国?”这段话旨在破除对“西方净土”观的迷恋。惠能指出,东方西方原无两样,只是迷人自生区别。因此,贵在觉悟,自净其意。后世禅宗所谓“唯心净土”的思想显然受到了惠能的影响。

(七)功德。佛教传入中土后,在建寺、造像、立塔、写经之类的事上花费了大量的钱财。拜佛求福,一方面造成社会迷信风气流行,另一方面求福就要布施,实际上就形成了有权有钱的人才能得到佛祖庇佑的情形,他们还将此称为功德。惠能将修福与功德做了明确区别,有钱造寺、布施、供养,并不等于有了功德。真正的功德在于自修其心,礼敬众生。这种看法改变了以往只有布施、造像等才能积累功德、获得福报的传统观点,应该说具有积极的意义。

最后简要概括《坛经》的"三大思想"。

思想之一:心性论。在惠能禅学中,明确地把"佛性"转化为"心性"(自性)。"心性"(自性)是惠能禅学的核心概念。惠能借鉴、吸收了先秦儒家的心性修养理论,阐述了一系列关于"心"的概念,如心、自心、本心、自本心、真心和妄心等,也论述了一系列关于"性"的概念,包括自性、本性、自本性、真如本性、本觉性、菩提性、佛性与净性等。惠能认为,人的心性、自性就是人之所以能够解脱成佛的唯一根据。

思想之二:顿悟论。何谓顿悟?顿悟是识心见性的内省,直指人心的自觉,自心烦恼的顿除,自心佛性的顿现,一念相应的瞬间,完全彻底的开悟,瞬间实现的永恒,自性自度的自主。

在《坛经》的首篇《行由品第一》中,惠能开门见山地提出:"菩提自性,本来清净,但用此心,直了成佛。"这四句话是《坛经》的纲要,也是禅宗精髓。惠能认为,每个人生来就具备佛性的"种子",这个佛性的"种子"就在每个人"当下"的心中,凡夫只因被七情六欲等各种"烦恼"所困,不能"明心见性",一旦遇"善知识"指点,即可顿除迷情,超凡入圣。就像天空的本色就是湛蓝清明的,只因被乌云所遮蔽,不现光明,一旦大风驱散乌云,蓝天的本来面目便自然呈现。这一思想在《坛经》中被反复申述。

“顿悟”是如何“悟”的？这是认识的途径或认识的方法问题，禅宗归之为“修”与“悟”的关系。众所周知，人的心一刻不停地在思虑，按佛教所说，这是妄念流转，心猿意马。佛教开出的戒、定、慧“三学”，即是为了制约身心。

《坛经》中有一个著名的思想，就是“即心即佛”“烦恼即菩提”。按一般的理解，“烦恼”与“菩提”正好相反，二者绝不可以画等号。但这里的“即”不是“等号”，而是“当下”之意。按照禅宗“无念为宗”的逻辑，“烦恼”与“菩提”都不过是“心之一念”，只要“于念而不念”，便能于无形之中刹那实现“转念”。所谓“前念迷即凡，后念悟即佛”，要么是“迷”，要么是“悟”，人的心只有这两种状态。“即心即佛”亦作如是观。“即心”就是“当下之心”，因为“心”的“无念”“无相”“无住”，便可当下呈现“清净”之性或“本来面目”。

思想之三：无修之修。惠能禅法反对刻意为之的修习行为，反对看心看静式的坐禅，反对渐修，其重在“顿修”“顿悟”。惠能所开创的顿修之法被后继者发扬光大，形成一系列禅宗教学方法，最著名的有“机锋”“棒喝”“手势”和“参话头”四类，每一类基本上都是从惠能的“顿悟”“顿修”法门引申而出。

总之，禅宗之前，中土思想是以儒道为主要体系，及至佛教传入，其影响还是有限的。北朝还曾两度废佛灭佛。禅宗兴起，不仅是佛教中土化的体现，也是一种新的思想的确立。

它的特征就是中国化（本土化），其又分为三方面。

（一）入世倾向特征，或者说生活化特征。众所周知，印度佛教是出世的。自传入中国后,就开始了佛教中国化的历史过程。

惠能向佛,其成长的启示就是直接从"自身"通过"顿悟"而向佛,他是受到佛法的点拨而开悟,自觉走向向佛成佛的道路。事实证明,其顿悟成佛的境界与获得,一方面提供了面对"自身"又走出"自身"的可能性与可行性,另一方面其"现身说法""另辟蹊径"的方式又为传法提供了重要经验。禅宗坚持"人间化""生活化""众生化"是由惠能自身的经验所带来的。一个生活在社会底层的人,一个不识字的樵夫,其人民性、民间性、实践性的特点,使得惠能自身的经验隐含"中国经验"的象征意义。是他开辟了裹挟儒道、同时又同儒道有所区别的一条新的精神之路。

惠能强调"佛法在世间,不离世间觉;离世觅菩提,恰如求兔角",认为佛法与菩提只存在世间,如果离开了人的现实生活而求佛法解脱,是不可能实现的。关于出家修行的问题,惠能又强调"在家亦得,不由在寺"。这就是说,不管是"在家"还是"出家",都只是形式而已,并不是问题的本质所在。换句话说,只要认真切实地修行,在寺与在家并无二致。这就破除了对出家形式的执着,使得禅宗吸引了更多的信徒。特别是禅宗还提倡"一日不作,一日不食"的理念,将修行融于日常的亦农亦禅的生活之中,从而解决了寺院的经济来源问题。这样无论在经济上还是在纲常伦理上,都极大地拓展了中国佛教"入世"的深度与广度,从而极有利于禅宗的发展壮大。近代以来,中国佛教倡导并践行"人间佛教"的理念,可以认为是中国佛教的入世倾向在新的历史条件下的逻辑发展。

(二)儒学化特征。所谓"儒学化",是指中国佛教伦理认同和接受儒家纲常伦理。原始佛教伦理以人与佛的关系为中心,以超越现实社会、追求精神解脱为根本目的。这使得古印度沙门不拜王者，甚至反过来接受王者的礼拜。这对中国儒家伦理观念是一种巨大的挑战，尤其是佛教的沙门不敬王者和不礼拜父母，与中国纲常伦理的矛盾更为突出。为了缓和这种矛盾，早在东晋时期，高僧慧远尽管主张沙门不敬王者，但仍不忘宣扬佛教“助王化于治道”。惠能出家前是个孝子，出家成为六祖后，更注重调和佛法与儒家名教之间的关系，他说：“心平何劳持戒？行直何用修禅？恩则孝养父母，义则上下相怜。让则尊卑和睦，忍则众恶无喧。……听说依此修行，西方只在目前。”这就是说，在现实生活中遵循纲常名教也是理所当然的，并不妨碍修习佛法。这就解决了一些人既想信奉佛教，又想忠孝两全、不愿抛弃世俗生活的心理问题。

值得注意的是，印度佛教尽管也提倡尊敬父母，但“孝”并不居于重要地位。中国佛教则把“孝”提高到了最高地位。例如，契嵩的《孝论》是中国佛教学者阐发孝道的最重要的著作之一，契嵩在《孝论》说：“夫孝，诸教皆尊之，而佛教殊尊也。”把佛教说成诸教之中最为尊孝的教派。

另外，中国佛教的儒学化还表现为中国佛教徒以佛教“五戒”比附儒家“五常”，即“不杀生——仁”“不邪淫——义”“不饮酒——礼”“不偷盗——智”“不妄语——信”。这使得中国佛教最大限度地调和了与儒家伦理的矛盾。

（三）道家思想的渗透。老子主张清静无为，抱朴守一；惠能主张定慧一体，一行三昧。他们的共同倾向，都在于超越世俗的欲望执着，平息由于世事扰动所引发的躁动不安的心态，回归清静自如的本性，在现实实践中去体味生命本真的意趣等。道家思想在演变的过程中,衍生出中国道教,崇尚“自然”“自由”“长生”等价值观,追求归隐山林、脱离世俗、清静自修等生活方式,这和禅宗的修悟方式与玄妙旨趣亦有相似之处。

总之,由于惠能禅学具备了上述中国化特征,从而使佛教适应了中国人的思维方式与价值观念。这意味着佛教已经变为“中国佛教”,而不再是“印度佛教”或者说“佛教在中国”了。这是佛教中国化的标志性成果,也是中外文化交流史上的一个杰出典范。

三、禅宗与生活

佛教、《坛经》及禅宗不仅对宗教有着重要的影响,其影响同时也波及社会生活的方方面面,包括中国人的思想观念、文学艺术、生活方式等。

譬如绘画方面。自佛教传入中国后,绘画方面多了许多与佛教相关的题材与形式。魏晋隋唐时期,佛画题材盛极一时,出现了张僧繇、曹仲达、顾恺之、吴道子等画家。到了宋代,文人画成为中国画的主流,文人书画家深谙佛学,将禅理禅趣融入书画中,笔墨之中处处流露出禅机禅意。这种传统实际上是受到了王维山水画的影响。苏轼曾经评价王维:“味摩诘之诗,诗中有画;观摩诘之画,画中有诗。”明代董其昌指出绘画也有南宗派、北宗派,王维是南派绘画的开创者。“八大山人”朱耷是明末清初时的画家,他本是皇族后裔,但为躲避祸乱只能出家为僧,国破家亡之后,他一度精神失常,最后在禅宗中找到精神归宿。他 71 岁时作《猫石图》,描绘的是一只白猫蹲伏在大石上,猫的色彩与石头的色彩一致,分不清猫与石的界限，猫闭目养神，一副看破红尘、了无牵挂、守心如石的模样，充满禅理禅趣。这个时期有四位僧人画家，号称“清初四僧”，除了朱耷，还有大画家石涛。他在《石涛画语录》中就提出“一画”说，惠能曾经说：“一切即一，一即一切”，“夫画者，从于心也”。画来自画家自在的心性。这种传统一直延续到现代。李叔同是丰子恺的老师，李叔同出家后被人尊称为弘一法师，受其影响，丰子恺也皈依佛门，成为佛教居士。丰子恺的漫画表现日常，表现童趣，正源自禅宗“真如本性”“本源真心”的感悟。《护生画集》是他重要的代表作，画集以爱护生命为题材，以养护慈悲心为宗旨。“护生”，也是禅宗的重要思想。

再譬如生活方面。禅宗中有一个公案。一位源律禅师问大珠慧海禅师：“和尚修道，还要用功吗？”大珠慧海回答：“当然用功啦。”源律禅师又问：“如何用功？”大珠慧海说：“饿了就吃饭，困了就睡觉。”源律禅师说：“所有的人不都是这样？这跟您用功是一样的吗？”大珠慧海说：“不同，别人吃饭时，不肯好好吃饭，却百般思虑；睡觉时又不肯好好睡觉，要千般计较，所以不同。”这段简单的话含有什么禅理禅道呢？首先，禅宗主张顺其自然，该做什么就做什么。这种看似简单的道理很多人未必知道，或者知道也未必能做到。饿了不去吃饭，困了不去睡觉，这是违背生命本性，也是违背生命本心的。其次，禅宗主张静心、安心、放心地做好每一件事。吃饭就是吃饭，就做好吃饭的事情，而不是吃饭时还心烦意乱。睡觉就是安享睡眠，而不是胡思乱想，辗转反侧。也就是吃饭要吃得香，睡觉要睡得甜。保持心性平和、身心愉悦、追求自然健康而充满活力的生活，才是养生的根本之道。从容面对现实生活的任何处境,即便在简朴苦难的生活中,也能真正享受日常生活的愉悦与美好,这是中国人的一种生活理想。

本书着重讲讲《坛经》、禅宗对于中国诗歌的影响。为什么要讲禅宗与诗歌,主要是两个原因。

第一,诗歌不仅是中国文学、中国人言志抒情的重要形式,也是文化教育、文化传承的重要形式。很多人也许并不了解禅宗,但是肯定读过一些诗,从小或多或少受过诗教,其实很多诗歌,尤其是唐宋之后的诗歌,里面是有禅意的。

譬如苏东坡的《题西林壁》:“横看成岭侧成峰,远近高低各不同。不识庐山真面目,只缘身在此山中。”这首诗可能有很多种理解方式,譬如,前面两句就似乎说明一种经验,一个道理,就是每个人看同一个事物,都是千差万别的,因为角度不同,视角不同,个体之间存在差别。有些人进一步理解,认为此诗给人的启示是,人是千差万别的,人与这个世界的关系是存在个性差异的,这就为确立人的主体性、积极性、创造性找到了依据,当然也为反对权威、反对思想僵化、反对一成不变找到了依据。但是,诗歌意思的重要部分其实是后面两句,就是“真面目”与“此山中”的关系,为什么“不识真面目”,就是你身在此中的遮蔽,身在此中,是无法真正得到真相的。言下之意,就是要跳出“三界之外”来看。从这个角度看,前面两句是诗歌否定的,看到的不仅不是“真面目”,而且是“不识”的表现,由此跳出“遮蔽”、走出自我才是本诗的内在旨意。这与禅宗主张的直指人心、迷而不悟是一致的。从这个意义上来说,这首诗歌中的“远近高低”都是“自迷不悟”的表现,这首诗是具有反讽与否定意味的,它具有更深切的思想启悟与精神指向。

再譬如朱熹的《观书有感》:“半亩方塘一鉴开,天光云影共徘徊。问渠那得清如许?为有源头活水来。”读书的感受是微妙难言的,诗人用“半亩方塘一鉴开,天光云影共徘徊”来形象地描述读书的状态与感受,“书”如方塘又如明镜,映照着天光云影,静观有得,天云自动,可谓妙不可言。是什么使它清澈如许?是因为具有“源头活水”。反过来理解:从源头活水到清澈如许,再到天光云影、开卷有益,最终强调的是源头活水,就是心有所念、心有所往、心有所行,才能心有所得。这种读书体验与禅宗提倡的心性修悟有异曲同工之妙。

再譬如清代袁枚所作的一首小诗《苔》:“白日不到处,青春恰自来。苔花如米小,也学牡丹开。”袁枚是主张“性灵”的。他一再声称自己不喜佛禅。他不持斋,不佞佛,不信阴阳祈祷之事。但是这并不意味着他没有受到禅风的影响。他反对的恰恰是佛教传法中迷信、虚妄的表现。他所强调的诗人之“赤子之心”,与后期禅宗中的“本心”“真心”之说很是相近。他对诗歌的灵动活脱的追求,与禅家的“活泼泼地”有很大的相通之处。“活”是南宗禅最重要的一个特征,主要是指无拘无束的处世方式,或者一种灵活自由、活泼无碍的思维方式。袁枚以禅入诗还具体表现在他的诗论中。他在《续诗品・神悟》中这样写道:“鸟啼花落,皆与神通。人不能悟,付之飘风。惟我诗人,众妙扶智。但见性情,不著文字。宣尼偶过,童歌沧浪。闻之欣然,示我周行。”即如《苔》这首小诗,就有众生皆佛、自有光明的禅味,关键还在“自来”,与禅宗“自性”有相似之处。

第二,禅与诗歌关系密切。佛教传法、论法中,有一种特殊的形式,叫“偈”。“偈”即佛经中的唱颂词。每句三字、四字、五字、六字、七字以至多字不等,通常以四句为一偈。也就是说,佛教在传法、讲法、论法中,通常用偈的形式,也就是类似诗歌的形式说法表意。由此可见,诗歌与佛教本就有着不解之缘。

魏晋时期,玄学与玄言诗受到女人的青睐。受佛教思想影响,佛教般若空观开始融入诗歌,为玄言诗增添了恬静闲适的优美境界,如谢灵运的诗歌,就善于将山水自然之美与般若性空思想结合,呈现一种幽远深邃的意境,对后世诗歌创作产生积极的影响。随着禅宗兴起,禅宗与诗歌的关系进一步融合。袁行霈写的《中国诗歌艺术研究・诗与禅》说得比较清楚:禅对诗的渗透,可以从两方面看:一方面是以禅入诗,另一方面是以禅喻诗……

总之,禅与诗歌关系密切,相互融合。以至于明代王士禛在《香祖笔记》中说:“舍筏登岸,禅家以为悟境,诗家以为化境,诗禅一致,等无差别。”

最后欣赏传世禅诗三首。

唐代布袋和尚有诗:“手把青秧插满田,低头便见水中天。六根清净方为道,退步原来是向前。”一般人总以为人生应该一路向前走,这首诗告诉我们,有时候后退才是真正的前进。在功名利禄之前退让,专注当下,脚踏实地,看似退步,实则海阔天空,收获满满。

宋代一位无名女尼有诗:“尽日寻春不见春,芒鞋踏遍陇头云。归来笑拈梅花嗅,春在枝头已十分。”这是尼姑参禅开悟所作,意思是求道如同寻找春天,从早到晚四处寻找都不见踪迹,回到家中庭院,庭院中早开的梅花,已经显示春天的来临。诗歌暗含禅理即美好的东西不在远处，就在身边，不在外面，而在内心。不悟，就常常南辕北辙，悟道，立地就是。

无门慧开禅师有诗："春有百花秋有月，夏有凉风冬有雪。若无闲事挂心头，便是人间好时节。"人生之境，有如百花、凉风、皓月、白雪，每一个时节、每一个阶段，都有其独特的价值与意味。无论是顺境还是逆境，都要顺其自然，知足感恩。最关键的还是放下心头闲事，从容自在，安享生命的每时每刻。